中國倫理思想研究文叢

三 編

王澤應 主編

第 9 冊

當代中國倫理道德的求索：魏英敏文集
（第一冊）

魏英敏 著

花木蘭文化出版社

國家圖書館出版品預行編目資料

當代中國倫理道德的求索：魏英敏文集（第一冊）／魏英敏 著
-- 初版 -- 新北市：花木蘭文化出版社，2015〔民104〕
目 8+236 面；19×26 公分
（中國倫理思想研究文叢 三編；第9冊）
ISBN 978-986-404-238-8（精裝）
1. 魏英敏 2. 學術思想 3. 倫理學
190.9208   104012134

ISBN- 978-986-404-238-8

9 789864 042388

中國倫理思想研究文叢
三 編 第九冊
ISBN：978-986-404-238-8

當代中國倫理道德的求索：魏英敏文集（第一冊）

作　　者　魏英敏
主　　編　王澤應
總 編 輯　杜潔祥
副總編輯　楊嘉樂
編　　輯　許郁翎
出　　版　花木蘭文化出版社
負 責 人　高小娟
聯絡地址　新北市中和區中安街七二號十三樓
　　　　　電話：02-2923-1455／傳眞：02-2923-1452
網　　址　http://www.huamulan.tw 信箱 hml 810518@gmail.com
印　　刷　普羅文化出版廣告事業
初　　版　2015 年 9 月
全書字數　676626 字
定　　價　三編 12 冊（精裝）新台幣 22,000 元

當代中國倫理道德的求索：魏英敏文集

（第一冊）

魏英敏　著

作者簡介

魏英敏（1935.6 ～ 2014.11），當代中國著名倫理學家，北京大學哲學系教授、博士研究生導師。1935 年 6 月出生於遼寧蓋州，滿族，1956 年 7 月入中國人民大學哲學系哲學專業學習，1960 年畢業留校任教，曾任中國人民大學校團委常委、宣傳部長，1970 年調入北京大學哲學系，從事馬克思主義哲學、倫理學等的教學與研究工作。曾任北京大學哲學學科委員、學位委員，北京大學倫理學教研室主任，北京大學哲學系黨總支副書記，北京市倫理學會副會長，中國倫理學會常務理事、副秘書長、副會長，國家職業技能鑒定專家委員會道德指導委員會副主任委員，中國東方文化研究會學術委員等。著有《倫理、道德問題再認識》、《當代中國倫理與道德》，主編有《倫理學簡明教程》、《新倫理學教程》、《毛澤東倫理思想新論》、《孝與家庭倫理》等，在《北京大學學報》、《紅旗》、《哲學動態》、《道德與文明》、《倫理學研究》等發表學術論文 120 餘篇。《新倫理學教程》、《簡明倫理學教程》獲北京大學優秀教材獎，《倫理道德問題再認識》獲北京市哲學社會科學優秀成果二等獎，《傳統倫理與家庭道德建設》獲北京市社會科學聯合會優秀成果一等獎。魏英敏教授在倫理學基礎理論、毛澤東倫理思想研究方面作出了突出貢獻，2010 年獲中國倫理學會「終身成就獎」。

提　　要

　　魏英敏教授是當代中國著名倫理學家，在倫理學基礎理論和應用倫理學等領域頗有造詣和建樹。他提出了善惡問題是倫理學的基本問題，社會主義道德三原則論，保護環境是社會主義道德的主要規範，立黨為公、執政為民是當代幹部道德的基本原則，市場經濟條件下必須加強道德建設，樹立「人人為我，我為人人」的倫理價值觀等觀點，主張會通古今中西，建構具有中國特色和中國氣派的倫理學理論體系，對中西倫理學主要理論和派別率先作出比較性的研究。文集分上下兩卷，上卷主要以理論文章為主，下卷以時論、短評、回憶錄為主，附錄有學生紀念文章。

目
次

首編：倫理學基礎理論

倫理學基本問題之我見

　　倫理學是關於道德問題的科學。換言之，倫理學就是關於道德的思想、觀點的科學理論。倫理學以道德爲對象，所以道德的基本問題，自然也就是倫理學的基本問題。

　　那麼，究竟什麼是倫理學的基本問題呢？學術界的看法很不一致。其中有代表性的一種見解，就是所謂：「道德與社會歷史條件的關係問題。」「這個問題有兩個方面：一方面是社會歷史條件決定道德，是道德的基礎，另一方面道德對社會歷史條件又有反作用」。筆者認爲，此種見解很值得商榷。

　　道德與社會歷史條件的關係問題，無疑是倫理學中的一個重要問題，它關係道德的一般本質及其職能和作用問題。但把它說成是倫理學的基本問題，則是不正確的。社會歷史條件決定道德，道德反作用於社會歷史條件，這只能說明道德作爲一種意識形態的最一般性的特點，並沒有指出它的特殊性來。或者說，這只揭示出道德的一級本質，並沒有揭示出它的二級本質，即作爲一種特定的意識形態的特殊本質。

　　社會歷史條件決定什麼，是什麼的基礎，什麼又反作用於社會歷史條件，這種概括，不僅適用於道德，而且對所有的其他意識形態，諸如政治、法律、宗教、藝術、哲學等都適用。例如，我們可以說，社會歷史條件決定政治，是政治的基礎，政治又反作用於社會歷史條件。政治與社會歷史條件的關係問題，就是政治的基本問題。按照同樣的邏輯，同樣的道理，我們可以說，社會歷史條件與法律的關係是法律的基本問題，社會歷史條件與宗教的關係問題是宗教的基本問題；社會歷史條件與藝術的關係問題是藝術的基本問題，社會歷史條件與哲學的關係問題，是哲學的基本問題等等。如此說

來，任何一種意識形態，它的基本問題，就都是它同社會歷史條件的關係問題。正因爲如此，道德也就不能成其爲任何一種特殊的意識形態的基本問題，當然也包括倫理學在內。換言之，照這種邏輯推論下去，它的必然結論就是一切意識形態同社會歷史條件的關係問題就是一切意識形態的基本問題。這樣將如何區別各種不同的意識形態和不同的社會科學研究領域呢？顯然，這種觀點是不能成立的，是不能令人信服的。

眾所周知，問題就是矛盾，基本問題，就是基本矛盾。矛盾不但具有普遍性，而且具有特殊性。天下萬事萬物都有它的特殊的矛盾性。毛澤東同志說：「任一物質的運動形式所具有的特殊的本質，爲它自己的特殊的矛盾所規定。這種情形，不但在自然界中存在著，在社會現象和思想現象中也是同樣地存在著。每一種社會形式和思想形式，都有它的特殊的矛盾和特殊的本質」。又說：「科學研究的區分，就是根據科學對象所具有的特殊的矛盾性，因此，對於某一現象的領域所特有的某一種矛盾，就構成某一門科學的對象。」（《毛澤東選集》第 1 卷，第 284 頁）

毛澤東同志關於矛盾特殊性的思想是我們揭示倫理學基本問題之謎的鑰匙。倫理學是以道德爲對象的科學。那麼道德中特殊性的矛盾是什麼呢？我認爲是善與惡的矛盾。善惡問題，是道德的特殊矛盾，也是倫理學的基本問題。爲什麼這樣說呢？這是因爲：首先，善與惡的矛盾是道德中特有的矛盾，只有在道德中才存在善與惡的問題，也只有在倫理學中才研究善惡矛盾。這是道德之所以是道德，倫理學之所以是倫理學的根本原因。

我們知道，美與醜的關係問題是藝術中所特有的矛盾；思維和存在的關係問題是哲學中所特有的矛盾；正統派與異端派的關係問題是宗教中所特有的矛盾，統治階級的意志與被統治階級的意志的關係問題，是法律學中所特有的矛盾；剝削階級與被剝削階級的矛盾，革命階級與反動階級的矛盾，是政治中所特有的矛盾。正因爲有這樣一些特殊矛盾，才構成了不同的意識形態，不同的研究部門。當然這並不是說，善與惡的問題與藝術、宗教、哲學、法律、政治等毫不相干。但只有對道德才能概括爲善與惡的問題，也只有倫理學才研究善與惡的問題，這是不容否認的客觀事實。其他關於意識形態的科學，雖然不能不涉及善惡問題，但並不專門研究善惡問題。

其次，善與惡的問題是古今中外一切倫理學家，一切倫理學派別普遍注意研究的重大課題。

　　哲學家、倫理學家們，由於他們的世界觀不同，階級立場不同，所以，對什麼是善，什麼是惡，善與惡的起源與善惡評價標準，儘管有不同的看法，但沒有不研究善惡問題的。古希臘的柏拉圖認為，善就是知識，「善的典型是最高的知識，所有別的東西，惟有利用善的典型，才能變為有用和有益的。」「沒有善的典型，則其他任何的知識或財產，都於我們毫無益處。」（《西方倫理學名著選輯》上卷，第 16 頁）德謨克利特以辯證法的觀點研究善與惡，並認為善與惡有同一來源。他說：「善從那裡來，惡和避免惡的辦法也從那裡來。」（同上書，第 9 頁）又說：「尋求善的人只有費盡千辛萬苦才能找到，而惡則不用找就來了」（同上書，第 78 頁）。他特別強調學習善的知識的重要，「對善的無知，是犯錯誤的原因」（同上書，第 76 頁）。亞里士多德認為中庸就是善。伊壁鳩魯主張快樂就是善。他說：「每一種快樂都是善，每一種痛苦都是惡。」（同上書，第 104 頁）中世紀教父哲學的代表人物奧古斯丁認為，生活的目的就是追求善。他說：「永生是至善，永劫是極惡。而我們生活的目的，則在於求永生，避永劫。」（同上書，第 355 頁）十七世紀英國唯物主義哲學家霍布士認為，「服從君主的命令就是善，違背的就是惡」。他甚至把道德哲學定義為善惡意義的科學。他說：「關於自然法的科學，乃是真正而僅有的道德哲學。因為道德哲學不外是人類社會和生存關係關於善與惡的意義的科學。」（同上書，第 671 頁）十八世紀德國古典哲學家康德認為，符合「善良意志」的行為就是善，否則就是惡。以邊沁、密爾為代表的功利主義倫理學認為，社會公眾的快樂，即最大多數人的最大幸福，就是善。現代日本著名的唯心主義哲學家西田幾多郎說：「所謂善，就是人格的實現。」（《善的研究》，商務印書館，1981 年版，第 122 頁）

　　我們中國從古至今各派倫理學說，對善與惡的研究也相當的普遍與深入，特別是人性善惡的研究，可以說是中國倫理思想史的一個核心問題。這是關係道德起源、道德評價以及道德修養的極其重要的問題。先秦時代孟子的性善論，荀子的性惡論，告子的性無善惡論，世碩的人性有善有惡論等，中間經過漢唐、宋元明清時代，這些問題一直在討論著。今天我國學術界，也還在討論人性問題，其中很自然的要涉及到善惡問題。

　　馬克思主義倫理學，也同樣重視對善惡問題的探討。恩格斯在《反杜林論》一書中，在對杜林形而上學的真理觀作批判的同時，正面闡述了馬克思主義的善惡觀。他說：「如果說，在真理和謬誤的問題上我們沒有什麼前進，

那麼在善和惡的問題上就更沒有前進了，這一對立完全是在道德領域中，也就是在屬於人類歷史領域中運動，在這裡所播種的最後的、終極的眞理恰恰是最稀少的。善惡觀念從一個民族到另一個民族、從一個時代到另一個時代變得這樣厲害，以至它們常常是互相直接矛盾的。」（《馬克思恩格斯選集》第3卷，第132頁）在這裡恩格斯指出善惡矛盾是道德領域中特有的矛盾。善惡觀念是可變的，沒有永恒不變的善惡觀念。

第三，善與惡的矛盾是道德發展的動力，人類社會道德發展史，就是善與惡矛盾鬥爭史。對立面又統一又鬥爭，決定一切事物的生命，推動一切事物的發展，這是普遍規律。道德和道德思想史，也是如此。以一定經濟關係爲基礎的客觀存在的善惡矛盾及其在思想上的反映，構成道德和道德思想發展史。誠如毛澤東同志《在省市自治區黨委書記會議上的講話》中所說；「眞理是跟謬誤相比較，並且同它作鬥爭發展起來的。美是跟醜相比較，並且同它作鬥爭發展起來的。善惡也是這樣，善事、善人是跟惡事、惡人相比較，並且同它作鬥爭發展起來的。」（《毛澤東選集》第5卷，第346頁）《在全國宣傳工作會議上的講話》中又說道；「任何時候，好同壞，善同惡，美同醜這樣的對立，總會有的。有比較才能鑒別，有鑒別，有鬥爭，才能發展。」（《毛澤東選集》第5卷，第6頁）道德和道德思想史是這樣，一個人在道德上的完善也是這樣，從一個普通的人成爲一個有道德的人，進而成爲道德高尚的人，從思想、感情，到行爲和品質必須努力進行道德修養，堅持揚善祛惡的鬥爭。舉世聞名的偉大物理學家愛因斯坦十分注重科學家的人格和品德修養。他說：「個人所能做的就是作出好榜樣，要有勇氣在風言冷語的社會中堅定的高舉倫理的信念。長期以來，我就以此律己，取得了不同程度的成績。」（《愛因斯坦文集》第1卷，第414頁）

第四，善與惡的矛盾貫穿在人類道德生活的一切領域並貫穿道德生活的始終。

善與惡的矛盾是人類社會生活的普遍矛盾，它存在於一切道德現象之中。在道德意識中有善惡矛盾，如「用心良苦」，「不懷好意」，前者爲善，後者爲惡，在道德關係上有善惡矛盾，如「與人爲善」，「以鄰爲壑」，前者爲善，後者爲惡，在道德行爲上也有善惡矛盾，如「助人爲樂」，「落井下石」，前者爲善，後者爲惡。此外，個人道德、婚姻家庭道德、社會公德、職業道德等各領域都貫穿有善與惡的矛盾。

　　善與惡的矛盾，不但存在於一切道德現象之中，而且貫穿於一切道德現象的始終。如道德行為，從開始到末了，從動機的選擇和確立到最終所取得的效果，都存在有善與惡的問題。

　　第五，善與惡是倫理學範疇的核心。

　　在倫理學範疇體系中。善與惡的範疇是最廣泛，最基本的範疇。可以說，它是一切範疇的核心。如義務範疇，以怎樣的態度對待道德上的義務，其中就有善與惡的區別。凡是自覺自願的無條件地履行道德職責，就是善，否則就是惡。又如良心，有良心就是善，違背良心就是惡。再如榮譽，通過正確的途徑和手段爭取個人或集體、國家的榮譽，就是善，否則就是惡。對幸福，如何看幸福，怎樣對待個人與集體的幸福，都離不開善惡的問題。善與惡的範疇是道德評價所能使用的唯一的科學概念。沒有善惡範疇，無法進行科學的倫理評價。

　　從這個意義上說，沒有善惡範疇，也就沒有倫理學。當然，善惡評價的客觀標準，因為時代不同、階級不同而不同，儘管如此，善惡範疇卻是不可能少的。蘇聯哲學家阿爾漢格爾斯基說：「問題在於善的範疇（如與其對立的惡的範疇一樣）是其它一切範疇中最廣泛的範疇，它比較充分地包括並吸取了其他範疇的內容。況且善的概念指示了這種或那種道德的全部原則的內容。因此，善的範疇的具體內容是通過倫理學範疇和道德原則的全部總和而揭示出來的。另一方面，其他範疇的內容直接依賴於善的概念。」（原載蘇聯《哲學科學》1961 年第 3 期）

　　綜合上述可見，善惡矛盾是道德的基本矛盾，也是倫理學的基本矛盾，應當是毫無疑義的了。

　　研究善與惡的矛盾，對於認識倫理學這一門特殊的哲學社會科學，對掌握道德和倫理學的發展規律，對人們的道德意識、情感和行為品質的修養有重要意義。

論兩種對立的人道主義

　　自粉碎「四人幫」以來，我國學術界出現了人道主義熱，各種報刊雜誌發表了數百篇文章，討論人道主義問題。基中一個帶有根本性的問題，就是馬克思主義與人道主義的關係問題。在這個問題上，大致有三種不同的意見。一種意見認為，人是馬克思主義的出發點，人的解放是馬克思主義理論的最終目標，因而，馬克思主義不僅包含有人道主義的一般內容，而且是最「徹底的人道主義」、「最高的人道主義」。

　　這種觀點，顯然是不正確的，它混淆了馬克思主義與資產階級人道主義的界限，把馬克思主義降低為一種人道主義，把它看成是人道主義發展的一個環節，或一個派別。另一種意見認為，馬克思主義是同人道主義根本對立的兩種不同的思想體系。青年馬克思雖然也使用過人道主義的概念，那是不成熟的表現，成熟時期的馬克思則拋棄了人道主義概念，並對人道主義作了批判。因此，馬克思主義與人道主義毫不相干，是根本對立的。這種看法，有正確的一面，亦有不正確的一面。誠然，馬克思主義與資產階級人道主義是根本對立的兩種不同的思想體系。但是說馬克思主義中根本就沒有任何人道主義的內容，不免過於簡單化，而陷人形而上學。

　　第三種意見認為，馬克思主義與資產階級人道主義雖然是根本對立的思想體系，但是馬克思主義中包含有資產階級人道主義的某些合理的因素。

　　筆者認為，第三種意見是比較正確的。事實上，人道主義有各種各樣；不但有形形色色的資產階級人道主義，而且也有無產階級的人道主義，即革命人道主義，亦即社會主義人道主義。

　　社會主義人道主義從屬於馬克思主義唯物史觀。它是馬克思主義政治

學、倫理學和美學的一個基本準則，或規範。

蘇聯共產黨和國家卓越領導人之一加里寧，把革命人道主義看作是共產主義原則的一部分，看作是和愛國主義具有同等地位的一個道德準則。同時加里寧認爲，革命人道主義是對蘇維埃青年進行共產主義教育的主要內容之一，是社會主義一代新人應當具備的道德情感和道德品質。他說：「共產主義原則，簡言之，就是具有高度學識的、誠摯的和先進人們的原則，就是愛戴社會主義祖國、友愛、同志情誼、人道主義、正直、熱愛社會主義勞動及其他每個人都瞭解的高尚品質」（《論共產主義教育》，中國青年出版社，1979 年版，第 52 頁）。又說：「我們說的是要教育青年，使他們具有高尚的、人性的、其正是人道主義的情感，是要培植青年，使他們養成一種深入肺腑的高尚情感」（同上書，第 275 頁）。

毛澤東同志把革命人道主義既看作是一種政治準則，又看作是一種道德準則。他說：「救死扶傷，實行革命的人道主義」（《防空和戰傷救護常識》，第 6 頁）。

那麼，究竟什麼是資產階級人道主義，什麼又是社會主義人道主義呢？兩者的區別和界限又在哪裏呢？

一

資產階級人道主義是資本主義生產方式的產物，是資產階級利益的理論表現，是資產階級的世界觀和完整的思想體系。

資產階級人道主義的三個主要內容，是以人爲中心，提倡注重人的價值，維護人的權利，追求人的幸福，實現人的解放。

資產階級人道主義，從文藝復興開始到馬克思主義產生前後，大體上經過了幾個時期，即文藝復興時期，十七、十八世紀資產階級革命時期，十九世紀資產階級趨向沒落反動時期。

文藝復興時期，是資產階級人道主義發端時期。此時，資本主義生產方式已經出現。封建等級制度和宗教神學是資本主義經濟發展的嚴重障礙。爲適應資本主義發展的客觀需要，資產階級的思想家們，針對宗教神學以神爲中心，貶低人的價值，奉行禁欲主義，否定物質利益，他們提出了以人爲中心的人道主義思想，與之抗衡。他們歌頌人的偉大，肯定人的價值，提倡尊重人的尊嚴；鼓吹意志自由和個性的自由發展；強調現實生活的意義，大膽

地提出了享樂的塵世要求。例如，文藝復興時代最初的詩人但丁說過：「人的高貴就其許許多多的成果而言，超過了天使的高貴」。十六世紀法國大作家拉伯雷在他所著《巨人高康大與其子傳》中，鼓吹意志絕對自由，主張人應順從自己的意欲而生活，想做什麼，就做什麼，想怎樣做，就怎樣做。他說：「他們整個的生活起居，不是根據法律、憲章或規則，而是按照他們自己的意願和自由的主張來過活的。他們高興什麼時候起床，就什麼時候起床；其它如喝、吃、工作、睡覺，都是喜歡在什麼時候就在什麼時候。沒有人來吵醒他們，沒有人來強迫他們吃、喝，或者做任何別的事情。高康大是這樣規定的。他們的會規，就只有這麼一條：想做什麼，就做什麼」（《西方倫理學名著選輯》上卷，第 403 頁）。

十七、十八世紀資產階級革命時期的人道主義，以人性論為基礎，以自然法為根據，以天賦權利為中心，把自由、平等看作是人的價值之所在，把追求個人的利益和財富看作是幸福。例如，十八世紀法國啓蒙思想家盧梭認為，自由與平等，是人的天賦權利。他在《論社會契約》裏說：「既然人人都生來平等和自由，就只有為了自身的利益才讓渡自己的自由」（《十八世紀法國哲學》，第 163 頁）。盧梭的天賦人權說，對法國資產階級革命的全部過程，發生了巨大的影響。這個革命本身，就是在人權、自由、平等的口號下進行的。這些口號，就是他們革命的政治綱領。一七八九年資產階級革命不久，頒佈了《人和公民權利宣言》即人權宣言，共計十七條。以法律的形式肯定了資產階級人道主義，並賦予它以憲法的意義。

十九世紀，歐洲一些國家資產階級革命勝利了，一些國家革命尚未成功。以《共產黨宣言》的發表和一八四八年西歐革命為界，在此之前是資產階級領導的反對封建專制制度的革命鬥爭，在此之後，是無產階級領導的反對資產階級的革命運動。這也是資產階級人道主義從起進步、積極作用，變成起保守、反動作用的分水嶺。這個時期先後有空想社會主義的人道主義，德國啓蒙思想和古典哲學家的人道主義，俄國革命民主主義者的人道主義，孔德實證主義和密爾功利主義的人道主義等等。

十九世紀資產階級人道主義，把「博愛」看作是人道的中心和人性的主要內容。他們把個人自由、個人幸福，都放在博愛的口號下，求其實現。此外，還有什麼，人是目的，不是手段等。例如，德國古典哲學家康德，在他的名著《道德形而上學探本》一書中，以思辨的哲學語言，表達了他的人道

主義的基本思想，即人是目的，而不是手段。這就是說，人的財產和自由的權利是不容侵犯的。費爾巴哈以「利己與利他」相一致，「你」與「我」一體，「人對人是上帝」作論據，提出了普遍的愛，企圖建立「愛」的宗教。總之，資產階級人道主義，在文藝復興時期和資產階級革命時期，對打擊封建勢力、摧毀宗教思想、衝破禁欲主義起了很大的作用。它為資本主義經濟的發展，為資產階級政權的建立和鞏固，立下了汗馬功勞。但是十九世紀以後的資產階級人道主義日趨沒落，成為資產階級反對工人運動、反對人類進步事業的工具。

整個資產階級人道主義，作為資產階級的意識形態，有它階級的、歷史的和認識的局限性。第一，以抽象的人性論作為其人道主義的理論基礎。資產階級人道主義，不是把人性看作是具體的、社會歷史的產物，相反的倒是把抽象不變的人性看作是衡量歷史進步的尺度。顯然它的歷史觀是唯心主義的。

第二，自由、平等、博愛等資產階級人道主義原則，儘管打著全人類的旗幟，但始終是資產階級的口號，其實質是為資產階級經濟和政治利益服務的。從根本上說來，這些東西並不反映勞動人民的利益，資產階級革命成功後，對勞動人民有很大的欺騙作用。第三，資產階級人道主義，儘管五花八門，形形色色（特別是二十年世紀以來，名目繁多），但都是以個人主義為核心的，始終把個人利益看得高於一切。有時他們也講個人利益與社會利益相結合，但歸根到底還是為了個人利益。

二

作為同資產階級人道主義相對立的無產階級人道主義，即社會主義人道主義，不是從抽象的人性出發的，也不是從良好的個人願望出發的，而是從社會發展的客觀規律出發的。馬克思主義認為，只有消滅剝削、消滅私有制，才能有真正的人道主義。

廣義的社會主義人道主義，是科學社會主義的本質表現。資本主義社會以及一切其它人剝削人的社會，在馬克思主義者看來，都是不人道的、反人道的，因為那裡充滿著人對人的壓迫和奴役。只有消滅了私有制，消滅了剝削的社會主義和共產主義社會，人與人之間才能有其正人的關係，同志式的關係。這樣的社會，才是適合於人生活的社會，才是人道的社會。在這樣的

社會裏，革命人道主義是社會生活中一個普遍性的原則，完全是合乎邏輯的，是不容置疑的。

從狹義上說，可以把革命人道主義看作是共產主義道德的一個規範，因為它表現了人與人之間的新的關係和對人的新的態度。

革命人道主義，是馬克思主義經典作家對人類歷史上一切先進的人道思想以及對資產階級人道主義中的合理因素，如尊重人的價值、關心人的利益等批判地繼承；同時也是對工人運動中和革命隊伍內部所表現出來的新的人道關係的理論概括。它的真正的現實的基礎，則是生產資料的公有制。

革命人道主義的內容和特點，可以概括如下：

第一，尊重人的價值

馬克思主義認為，人是一切價值中最偉大的價值。毛澤東同志說：「世間一切事物中，人是第一可寶貴的。在共產黨領導下「只要有了人，什麼人間奇跡也可以造出來」（《毛澤東選集》第四卷，第 149 頁）。這樣，充分肯定了人的社會價值和它的最高地位，同時也表明了革命人道主義與資產階級人道主義的根本區別。

馬克思主義所說的人，不是抽象的孤立的個人，而是具體的歷史的、生活在一定社會關係中的人。正如馬克思指出：「個人是社會存在物」（《馬克思恩格斯全集》第四十二卷，第 1 頁）。人既是個體，又是群體，個人在歷史發展中有不可忽視的作用，但是歸根到底，人民群眾是歷史的創造者。毛澤東同志說：「人民，只有人民，才是創造世界歷史的動力。」《毛澤東選集》第三卷，第 980 頁）。又說：「人民群眾有無限的創造力。他們可以組織起來，向一切可以發揮自己力量的地方和部門進軍，向生產的廣度和深度進軍，替自己創造日益增多的福利事業」（《中國農村的社會主義高溯》中冊，第 578 頁）。在這裡，毛澤東同志深刻地闡述了人的價值（個人和群眾）就在於人有認識世界和改造世界的能力，以及把這種能力充分地發揮出來，為社會，同時也是為自己創造物質財富和精神財富。

馬克思主義認為，人的價值，本質上是一種社會關係概念。人所具有的認識世界和改造世界的能力，不是天生的，也不是上帝恩賜的，而是在長期的社會實踐中形成的。任何個人，包括歷史上傑出的偉大人物在內，他的知識、智慧與能力，都是前代人或同時代人所創造的一定的物質、文化生活條件的基礎上形成和發展起來的。而他只有在為人民服務、為社會做貢獻、努

力創造物質財富和精神財富的時候，他的價值才能表現出來，才能爲社會所承認。可見人的價值一點也離不開社會的存在和社會的需要。

無產階級革命人道主義所說的人的價值，不但是個人的價值，而且是群眾的價值。群眾是眞正的英雄，群眾具有偉大的創造力。在共產黨領導下，廣大的人民群眾，不但是偉大的物質生產力，「創造世界歷史的動力」，而且是自然的主人、社會的主人和自己命運的主人。個人是群眾中的一員，只有和群眾同呼吸、共命運，才能更好的顯示出他的價值。我們共產黨和社會主義重視個人的價值，更重視群眾的價值，因此，馬克思主義教導我們，要相信群眾、依靠群眾，尊重群眾的首創精神。可是有人卻站在錯誤的立場上，不顧起碼的客觀事實，寫文章作報告，或做藝術表現，轉彎抹角，含沙射影，甚至直截了當地說，社會主義貶損人的價值，於是大聲疾呼，要尊重人的價值，實現人的價值。這是蠱惑人心的無端指責。請問，在人類歷史上，究竟有哪個階級，哪個政黨，哪個社會，能像無產階級、共產黨和社會主義這樣尊重人的歷史地位、發掘人的潛力、調動人的積極因素呢？當然不可否認，我們的社會主義社會不夠完善，還有舊社會的痕跡，我們黨的工作也有缺點和失誤。因此，在某種條件下，或某個地方，也確有忽視人的價值的現象。如某些幹部因官僚主義而不關心群眾的疾苦等；又如，林彪、「四人幫」這樣一些壞人，打著共產黨的旗號，對革命幹部和知識分子進行迫害和摧殘。然而，這畢竟不是共產黨的本質，不是社會主義制度的問題，況且我們的黨、我們的國家，不是已經採取和正在採取各種措施消除這種不正常的現象嗎？

資產階級人道主義所謂人的價值，儘管說法很多，歸納起來，不外乎指人人都有同等的權利追求個人的利益和幸福，人是目的，不是手段。然而，這是十分抽象、空洞的宣言。在資本主義社會，有資產階級自由地追求個人利益和幸福的權利，但無產階級和其它廣大的勞動者，卻沒有同樣的權利。對此，恩格斯曾作過深刻的揭露。他說：「資本主義對多數人追求幸福的平等的權利所給予的尊重，即使一般說來多些，也未必比奴隸制或農奴制所給予的多」（《馬克思恩格斯選集》第四卷，第235頁）。至於說人是目的，不是手段，在人剝削人的資本主義社會裏，根本不可能實現。充其量資本家把自己看作是目的，把自己以外的其它一切人，都看作他個人發財致富、飛黃騰達的手段和工具。從理論上來說，這種觀點，也是根本不可能成立的。馬克思

在分析個人利益與公共利益矛盾的產生，以及如何求得這一矛盾的解決中曾經指出，在有分工和商品存在的條件下，人與人的關係，必然有如下的形式：「(1)每個人只有作爲另一個人的手段才能達到自己的目的；(2)每個人只有作爲自我目的（自爲的存在），才能成爲另一個人的手段（爲他的存在）；(3)每個人是手段，同時又是目的。(《馬克思恩格斯全集》第四十六卷，第 196 頁）可見，在資本主義的條件下，人既是目的，又是手段。就是在今天，在我們的社會主義社會裏，由於分工和商品經濟的繼續存在，所以人依然既是目的，又是手段，不過性質與情況和資本主義社會有所不同罷了。總之一句話，在進入共產主義社會之前，人始終是目的與手段的統一。可是那些抽象地談論人的價值問題的人，卻抓住資產階級的個人價值觀不放，大談人是目的，不是手段，人是主體，不是勞動力。這種觀點是極其錯誤的。筆者認爲，社會主義生產的目的，是爲了滿足人民群眾日益增長的物質、文化生活的需要，從這個意義上說，人是目的；但是生產總是依靠大家去幹，所以人又必須把自己看作是手段，是生產力。如果人人都說自己是主體，是目的，不是手段，不是勞動力，那豈不要坐吃山空嗎？

綜合上述，可見革命人道主義所說的人的價值與資產階級人道主義所謂人的價值，名詞一樣，但內容和意義卻有原則性的差別。不但如此，權衡人的價值的標準，也是不同的。革命人道主義認爲，看一個人有無價值，價值大小，唯一的尺度就看他對社會主義和共產主義事業的態度和貢獻，看他對祖國和人民的態度和貢獻。一個人全心全意爲人民服務，積極爲建設社會主義的物質文明和精神文明作貢獻，就是一個有價值的人；越是爲人民服務得好，越是貢獻大，他的價值就越大。資產階級人道主義相反，他們認爲，權衡人的價值的尺度是財富與權勢。有錢有勢的人，就有價值，錢多勢大，價值就大；反之，受壓迫、受剝削的工農大眾是沒有什麼價值的，如果說有，那麼也只是爲資本家創造超級利潤的生產工具的價值。

第二，以平等的態度待人

無產階級革命人道主義認爲，在革命隊伍內部，在人民群眾中間，要講平等，要尊重他人爲人。

一個人要求別人以平等的態度對待自己，那麼，他首先應以平等的態度待他人。馬克思說：「人首先是把自己反映在別一個人身上。一個名叫彼得的人所以會把自己當作一個人來看，只是因爲他把那一個名叫保羅的人看作是

自己的同種」（《資本論》第一卷，人民出版社，1963 年版，第 25 頁）。

毛澤東同志一貫重視以平等的態度待人，尊重他人的人格，就是對已經放下武器的敵軍俘虜，也不能侮辱他的人格，並且認爲這是一個根本態度問題。早在井岡山斗爭時期，毛澤東同志就提出，在紅軍內部實行民主主義，強調軍民一致，官兵一致。在抗日戰爭時期，在《論持久戰》一書中，又一次明確地說道：「很多人對於官兵關係、軍民關係弄不好，以爲是方法不對，我總告訴他們是根本態度（或根本宗旨）問題，這態度就是尊重士兵和尊重人民」。又說：「軍隊政治工作的三大原則：第一是官兵一致，第二是軍民一致，第三是瓦解敵軍。這些原則要實行有效，都必須從尊重士兵、尊重人民和尊重已經放下武器的敵軍俘虜的人格這種根本態度出發。那些認爲不是根本態度問題而是技術問題的人，實在想錯了，應該加以改正才對」（《毛澤東選集》第二卷，第 479 頁）。因此，一切共產黨員，一切領導幹部，都必須以一普通勞動者的姿態出現在群眾的面前，決不可自視高人一等，要採取民主的說服教育的方法進行工作，決不允許以命令和強制的手段。

無產階級革命的人道主義，要求以平等的態度待人。在革命隊伍內部，在人民內部，不論何種工作，不論職務高低，彼此間都以同志相待。這種平等的態度，是人與人之間的平等關係的反映。人與人之間，沒有尊卑貴賤的分別，人人是平等的，人人是主人，人人是勤務員。這種平等的、同志式的、兄弟般的友好情誼的關係，是在共同的階級利益、共同的對敵過程中產生的。在社會主義社會裏，由於消滅了剝削階級和私有制度，建立了生產資料公有制，實行不勞動者不得食，各盡所能、按勞分配的政策，人與人之間沒有根本的利害衝突。人們之間日益形成共同的利益，共同的道德，共同的理想，因此，相互間便產生一些新的平等的關係以及與之相適應的平等的態度。

社會主義社會，人與人之間的平等關係不限於政治上、法律上的平等，而且包括經濟上和社會上的平等。社會主義人道主義主張以平等的態度對待一切公民，反對任何人享有特權，不允許以不公正的態度待人。

社會主義人道主義所講的人與人之間的平等關係和平等的態度是資產階級人道主義所謂的「平等」無法比擬的。

資產階級人道主義的平等觀，儘管他們的思想家們，把它說成是什麼「天賦的」，「神聖不可剝奪」的，然而卻是虛僞的，狹隘的，也是不徹底的。它

不過是資產階級反對封建等級制，並欺騙無產階級的一種手段而已。馬克思主義認為，不消滅資本主義的剝削制度，不徹底消滅私有制，不可能有眞正的平等。資產階級人道主義的平等觀；講的是政治的和法律的平等，而不是經濟的和社會的平等。他們所講的平等只施於本階級內部，而不施於外部，對工人和其它勞動者並不講什麼平等。人與人之間充滿著競爭、欺詐、嫉妒、利用和「吞食」。

因而，在資本主義社會裏，「人對人是狼」，而不是「人對人是上帝」。他們的社會制度決定了他們不可能有對一切人的公正的、合理的態度。

第三，愛人民恨敵人

社會主義人道主義，同馬克思主義的階級鬥爭的理論是一致的。

我們的社會主義社會，已經消滅了剝削階級和剝削制度，階級鬥爭已經不再是我國社會的主要矛盾，但是階級鬥爭還將在我國社會的一定範圍內長期存在，並且在某種條件下還有可能激化。鄧小平同志指出：「在社會主義社會，仍然有反革命分子，有敵對分子，有各種破壞社會主義秩序的刑事犯罪分子和其它破壞分子，有貪污盜竊、投機倒把的新剝削分子，並且這種現象在長時期內不可能完全消滅」（《鄧小平文選》，第 155 頁）。因此，必須堅持人民民主專政，對人民講民主，對敵人要專政。

在人民民主專政的條件下，社會主義人道主義主張愛人民、恨敵人。

愛人民，一是關心群眾及其每個成員。關心人意味著關心每個人的物質、文化生活的需要，關心他們的切身利益、困難和要求。為此，就要有兄弟般的同情心、憐憫心，設身處地為他人著想，對別人抱善意的態度和在必要時給予無私的幫助。恰如毛澤東同志所說：「一切革命隊伍的人都要互相關心，互相愛護，互相幫助」（《毛澤東選集》第三卷，第 955 頁）。

關心人還意味著關心人的政治思想上的進步和事業上、業務上的成長，對人有嚴格的要求，批評其缺點，發揚其優點。

關心人還意味著以信賴的態度對待同志，尤其是對待犯過錯誤的同志，甚至犯了罪的人。人犯錯誤是不可避免的，只要改正就好，就要歡迎。對已經改正錯誤的同志，或者犯了錯但已經改邪歸正的人，不歧視他們，而是信任他們。

二是保護人民。保護人民群眾及其每個成員的生命、人身安全和一切應當享有的權利。對於危害人民群眾利益的行為，對於毒化人民身心健康的

東西，必須進行堅決的鬥爭。如對於侵犯人民群眾利益，破壞社會公共秩序的貪污盜竊分子、投機倒把分子和各種刑事犯罪分子，必須給予嚴厲的法律制裁。又如，對熱衷於搞精神污染的人，以不健康的思想、不健康的作品、不健康的表演，散佈資產階級和封建地主階級的腐朽、沒落的意識，散佈對社會主義和共產主義事業和對共產黨領導的不信任情緒，污染和毒化人民的靈魂，這是我們絕對不能容忍的，必須拿起批評與自我批評的武器進行鬥爭。

熱愛人民，關心人民，保護人民，為人民謀利益，這是社會主義人道主義最集中的表現。為了保護人民、捍衛人民的利益，無數的共產黨員和黨外志士仁人，流血犧牲，這裡充滿了共產主義和革命人道主義的精神。

熱愛人民，憎恨敵人是統一的，是革命人道主義中的一個問題的兩個方面。對人民講仁慈，但不能對敵人、對剝削階級、對社會上的醜惡現象也講「仁慈」，相反地要憎恨他們，厭惡他們，對他們實行人民民主專政，實行社會主義改造。對敵人講專政，對剝削者講社會主義改造，是不是同革命人道主義相矛盾呢？我們的回答是否定的。對敵人的專政，對剝削者的改造相對立的意義，則是保護人民的利益，這不但不違背革命人道主義的準則，恰恰符合革命人道主義的要求。

無產階級對剝削者，不實行肉體消滅，而是把他們改造成新生的自食其力的勞動者，這本身就是一種革命人道主義的表現。我們對戰場上的敵人，對現行反革命分子和對各種刑事犯罪分子，當然不能講革命人道主義，使他們改惡從善，立地成佛。我們必須實行暴力手段，把他們鎮壓下去。但是，當他們一旦放下武器、繳械投降的時候，則必須以革命的人道主義的準則和態度對待他們。毛澤東同志主張對解除武裝的敵人，實行革命人道主義待遇。如優待俘虜，寬大釋放。對待犯人，不准虐待，把他們當人看。對待伏法的反革命分子，實行「給出路」的政策。他說：「對於反動階級和反動派的人們，在他們的政權被推翻以後，只要他們不造反，不破壞，不搗亂，也給土地，給工作，讓他們活下去，讓他們在在勞動中改造自己，成為新人。」（《毛澤東選集》第四卷，第 1413 頁）

同革命人道主義相反，資產階級人道主義大講「博愛」，他們宣稱，「一視同仁」地愛一切人。然而，這在階級社會裏，是根本無法實現的虛偽的說教。實際上，他們只愛自己，並不愛工人和其它勞動者。他們全圖用這種

「博愛」的理論對抗馬克思主義的階級鬥爭的學說，掩蓋資本主義的剝削罪行和互相傾軋。對此，馬克思、恩格斯在《共產黨宣言》、《費爾巴哈與德國古典哲學的終結》等著作中，作了深刻、透徹地批判。恩格斯說：「至於那要把一切人都聯合起來的愛，則表現在戰爭、爭吵、訴訟、家庭糾紛、離婚以及一些人對另一些人的最高限度的剝削中」（《馬克思恩格斯選集》第四卷，第 236 頁）。

總之，無產階級的革命人道主義與資產階級人道主義是根本不同的，主要的區別，簡要的說，有以下四點：

第一，資產階級人道主義以唯心史觀為基礎，無產階級的革命人道主義以唯物史觀為基礎；

第二，資產階級人道主義的核心思想是個人第一主義，無產階級的革命人道第一主義則是以集體主義為中心；

第三，資產階級人道主義是否認階級鬥爭的，為資產階級的利益服務的；無產階級人道主義是承認階級鬥爭的，是為無產階級和廣大勞動人民的利益服務的；

第四，資產階級人道主義是資產階級的世界觀，是完整的思想體系；資產階級人道主義從屬於馬克思主義唯物史觀，是社會主義政治學、倫理學、美學中的一個準則或規範。

三

無產階級革命人道主義，社會主義人道主義，作為共產主義道德的一個準則或規範，不是它的最高原則，而是起碼的道德準則。在日常生活中，人與人的交往，講革命人道主義是非常必要的。在公共場合尊重別人，是應有的起碼的禮貌行為。在商業、服務行業，在醫療、保健事業，在行政、司法部門等等，總之，在社會生活的一切領域，在各種職業活動中，尊重人的價值和尊嚴，以平等的態度待人，關心人民，保護人民的利益，是不可缺少的道德要求。因此，要在人民群眾中，在青年的共產主義思想教育中，必須把革命人道主義擺到一個應有的位置上。但不能以此為滿足，道德總是要引導人們向上，使人類社會升到更高的水平，因此，我們還必須用共產主義道德的最高原則，如對共產主義事業的忠誠，社會主義的集體主義，全心全意為人民服務，教育和啟發全體社會成員不斷地提高道德情操和精神境界。

社會主義人道主義，不僅是一種共產主義道德準則，而且也是我們政治生活中一項重要的指導原則。在反對帝國主義、霸權主義、殖民主義的鬥爭中，我們一方面要堅持國際主義原則，支持被壓迫的國家和人民的解放鬥爭與民族獨立運動。另外一方面，則需要用革命人道主義準則，反對帝國主義、殖民主義對後進民族的侵略、奴役、掠奪和屠殺。在某種特殊的場合，如飛機失事、輪船遇險、地震災害等情況下，必須無條件地實行人道主義的救援。因此，革命人道主義的原則是不能放棄的。現在有些人，熱衷於談論資產階級的抽象的人道主義，硬說社會主義不講人道主義，甚至把林彪、「四人幫」的罪過，也歸結爲不講人道主義造成的。這是毫無根據的。林彪、「四人幫」的罪行是社會主義時期階級鬥爭的特殊表現。誠然，過去對資產階級人道主義的批判，有過頭的地方，也有對革命人道主義宣傳不夠的問題；但這並不意味著，我們從來不講革命人道主義。實際上，只有社會主義，才能給革命人道主義的實行開闢無限廣闊的天地，才能在社會生活的各個領域言行一致地執行這個準則。總之，我們必須批評資產階級人道主人，宣傳和實行社會主義人道主義。

如何認識普世倫理
—— 論道德的普遍性與特殊性之關係

　　近年來，無論在中國大陸，在海外，倫理學界對普世倫理或全球道德，關注之甚，討論之熱，前所未有。這是一個很值得思考，值得探討的理論問題，也是實際生活中不可迴避的問題。我想就此發表如下見解，以就教於哲學界、倫理學界諸位先進。

一、關於普世倫理的反省

　　有沒有普世倫理？一些學人不承認有這種人類共識的倫理，總認為倫理、道德是階級的、歷史的、民族的。為什麼會有此種認識呢？主要是因為受了「階級鬥爭」為綱的影響，自覺不自覺地把倫理學納入政治範圍造成的。這裡的問題，不在於承認倫理道德的階級性、歷史性與民族性，承認這一點沒有錯。錯在否認倫理、道德的全民性或全人類性。我本人就是這樣的學者之一。好在我覺悟較早，我在 1990 年寫的由北京大學出版社出版的《倫理、道德問題再認識》一書中關於道德的特徵，即已寫到道德的特徵之一是階級性與全民性的統一，並作了一定程度的論證。道德的全民性，意味著道德的非階級性，即有全人類共同認可的道德觀念。在以往的若干歲月裏，為什麼我們不認同道德全民性呢？只說「階級鬥爭為綱」的影響是遠遠不夠的。還有更深層次的原因。這就是對馬克思主義經典採取了實用主義的態度，從根本上違背了實事求是的精神。恩格斯在《反杜林論》中，有兩段精闢的論述。一段說，基督教封建主義道德、現代資產階級道德、無產階級未來的道德，⋯⋯這三種道德論，代表同一歷史發展的三個不同階段，所以有

共同的歷史背景，正因為這樣，就必然有許多共同之處。另一段說，人們自覺地或不自覺地，歸根到底總是從他們所依據的實際的階級關係中即從生產與交換的關係中吸取自己的道德觀念。一切已往的道德論，歸根到底都是當時的階級狀況的產物，而社會直到現在還是在階級對立中運動的，所以道德，始終是階級的道德。〔註1〕

列寧在《青年團的任務》一文中說，「我們的道德完全服從無產階級階級鬥爭的利益，我們的道德，是從無產階級階級鬥爭的利益中引申出來的。」〔註2〕

我們以往對道德問題的認識，看重的是恩格斯後一段話，前一段常常被忽略。對列寧的話尤其重視，根本不想列寧的話有什麼不完善沒有？這樣勢必產生片面性。

還有一點，必須指出，道德建立的物質基礎，依據我們的觀點是社會的經濟關係，簡言之，即物質利益關係。既然道德立於物質利益關係之上，那麼這個利益關係是什麼？可能有三種理解：個人利益，階級共同體利益，人類共同體利益。我們過去的理解是階級共同體利益，否定個人利益更否定全人類共同體利益。事實上，道德成立的物質利益基礎，是階級利益與全社會共同利益混合體。因此，道德才有可能是階級的，又是全民的，既有階級性，又有全民性（或全人類性）。我們以往只承認道德的階級利益基礎，否定全民利益（或全人類利益）基礎，其邏輯結論必須只承認階級道德，而否定全民道德、全人類道德的存在。

二、普世倫理提出的背景與內容分析

普世倫理、全人類道德的存在，幾乎可以說與道德（指成熟意義的道德）同時產生，它是道德現象一種「天生」的本性。

近二十年來，普世倫理、全民道德或全球道德呼聲愈來愈高。為什麼？

這是因為，隨著經濟全球化，高科技的發展，使得全世界經濟聯成一體，相互依賴，相互協作加深了，也因此引起了許多國家間、民族間、地區間的利益衝突，與此同時人類面臨諸多需要共同解決的問題。例如，生態危機，人類生存的環境問題非常嚴重，空氣、水源和土地污染，草場沙化，森

〔註1〕《馬克思恩格斯選集》（第3卷）〔M〕，北京：人民出版社，1972年。
〔註2〕《列寧選集》（第4卷）〔M〕，北京：人民出版社，1960年。

林急驟減少，氣候變暖；人口爆炸；老齡化日趨嚴重，出生率下降，勞動力短缺；糧食危機、全世界有數億人口缺少必要的糧食，飢餓與死亡危脅著他們；能源短缺；淡水危機；艾滋蔓延；內戰不止、種族滅絕；宗教衝突。諸如此類問題困擾著人類。社會危機也令人憂心忡忡，家庭解體、離婚率上升、青少年犯罪有增無減、吸毒者日趨增多，諸如此類現象不勝枚舉。

全人類面臨著這些共同性的問題，有識之士們就想，除了依賴國際法之外，是否還應建立國際倫理、全人類道德來約束、指導、協調國家間、民族間、宗教間、地區間的關係呢？這就是全球倫理或普世倫理、普適倫理引起人們普遍關注的時代背景。世界五大洲的宗教界政治界領導人，經過 10 年的準備工作後提出了《世界人類義務宣言》草案（見第 112 頁補白），並於1997 年由 24 位前國家和政府領導人簽字送交聯合國秘書長安南，不久正式公佈。

據該《宣言》簽字人之一，前聯邦德國總理、世界級政治家赫爾穆特‧施密特說：「該草案——在我看來它爲達成一種世界性的基本倫理共識提供了良好的討論基礎——也包含了世界各大宗教所共同主張的『黃金規則』。除了這種共性的意義以外，該草案還完全適合於作爲我們這個社會的倫理或道德導向。」〔註 3〕施密特認爲，《世界人類義務宣言》是世界性即當今全人類的基本道德準則，也即是說，人人都要遵守。只要是人類社會的一個成員，就必須格守不渝。它們是我們各個國家倫理思想與行爲的導向。

《世界人類義務宣言》包括「序言」、「人道的基本原則」、「非暴力與尊重生命」、「公正與團結」、「誠實與寬容」、「相互尊重與伴侶關係」、「結束語」等 6 部分，計 19 條。這 19 條普遍原則的提出，可謂用心良苦，絞盡腦汁，它的誕生實屬不易。

爲什麼提出此《宣言》？首先，對人類社會這個大家庭的成員固有的尊嚴、平等和權利的承認，就必須承擔義務與責任。即是說要享有權利，就必須盡相應的義務，或負相應的責任。

其次，由於片面堅持權利，可能招致衝突、分裂和爭執，而蔑視義務又會導致違法和無序。

再次，鑒於全球的問題，需要有全球性的解決辦法，依靠法律、規定或協議是不夠的，還需要借助所有文化和社會所一致推崇的理念、價值和

〔註 3〕施密特：《全球化與道德重建》，北京：社會科學文獻出版社，2001 年。

規範。

　　這樣，人類追求進步與改善的願望才能取得成果，於是制定《世界人類義務宣言》。簡言之，制定這一宣言是爲了解決人們只關注個人權利而忽視社會義務的現實狀況；爲了解決人類面臨的全球性的問題，有必要求助於人類的共同道德。它涵蓋了家庭、職業、社會公共生活中的道德乃至個人的私德。社會倫理、自然倫理、宗教倫理、政治倫理、經濟倫理應有盡有。這 19 條原則，很全面，不乏道德之精華，如「己所不欲、勿施於人」，體現了人類有史以來的優良的道德傳統。諸如，人道、尊重生命、誠實不說謊、正直、公道行事、人人在道德面前一律平等，無論官員、社會精英，還是一般大眾在道德上無特權可言，爲社會負責，盡自己應盡之義務，善於幫助需要幫助的一切人等。這 19 條原則用意非常好，目的是爲了人與人、人與社會群體、人與自然環境以及國際間人們的交往、國家間關係的和平、友好、秩序、合作、尊嚴和平等。一言以蔽之曰和諧相處，共同發展，努力避免衝突與戰爭，以和平的方式，解決一切紛爭。在國際大家庭中，任何人，任何國家享有權利的同時，必須履行其責任和義務。

　　然而，這 19 條原則，無論在理論上，還是在實踐上，都有值得商榷之處。

首先，絕對化傾向

　　如第 1 條：「人無分性別、人種、社會地位、政治信仰、語言、年齡、國籍或宗教，都有義務把所有的人當做人對待」。這裡把所有的人當做人對待，乍聽起來，似乎沒什麼問題，但仔細想來，還是有問題。問題是那些「不是人的人」，雖然有人的稱號，人的外形，人的語言，但沒有人的良智、沒有人的情感，難道也要當做人來看待嗎？如戰爭狂人，希特勒之流，又如嗜血成性，殺人如麻的人。這些人是人？是獸？我認爲他們徒有人之虛名，不是人，是野獸。故此，很難認眞地把他們當做人來對待。當然也不必當獸對待。他們是特殊性質的人，應以特殊的方式對待。把所有的人當做人對待，這裡不分人的性質、品性與行爲，一律看做是好人、正常的人是不正確的。

　　又如，第 7 條：「任何人都無比寶貴，必須無條件地加以保護」。這種說法，太絕對化，太缺少分析。

　　敵人、壞人也是無比寶貴的嗎？對他們也要無條件地加以保護嗎？實在不可理解。果眞如此，那豈不是說，我們同敵人、壞人，沆瀣一氣嗎？

第二，超現實，過於理想化

例如，第 11 條：「經濟權力和政治權力不得用做統治手段，而是服務於經濟公正和社會秩序」。這種說法，非常理想，但它卻違背了常識。「權力」，無論經濟、政治、軍事、文化、教育等，一講到「權力」，它就是一種帶有強制性的支配力量，本質上是一種統治、控制的手段。至少在當代社會是如此，要它們不成爲統治手段，這是夢囈。要求人們把經濟權力、政治權力服務於經濟公正和社會秩序，有一定程度合理性，可以說是非常良好的願望。然而，很難實現，特別是經濟公正，「不消滅兩極分化」、「消滅剝削」、「實現共同富裕」，哪裏來的經濟公正？

第三，自相矛盾，不能自圓其說

《宣言》第 12 條：「人人有義務保持言行坦誠。任何人，無論職務高低或權勢多大，都不得說謊。……任何人都沒有義務在任何場合對任何人說出所有眞相」。這一條前一段意思說，普通人也好，有權有勢的人也好，不管是誰，都不得說謊。這作爲一條道德原則，要求人們不說謊是正確的。但不是一切人。不論什麼人、什麼場合都不可以說謊，事實上不能成立。有些特殊職業的人如醫生，在特定的條件下，允許說謊，即善意的謊言。普通的人，在特殊場合，應付性的說謊，也屢見不鮮。這一條前面說：人人有義務保持言行的坦誠。可後面一段又說：「任何人都沒有義務在任何場合對任何人說出所有眞相」。前後矛盾，首尾不一致。後一段話，尤其錯誤、法庭舉證，證人，必須說眞話，不可做僞證。怎麼可以說任何人，在任何場合對任何人都沒有義務說出所有的眞相呢？這豈不是教唆人們不去說眞話嗎？不說出眞相，就意味著默許說假話，或贊成說假話。《聖經》摩西十誡，就有不可做僞證的誡條。這是西方人婦孺皆知的道德箴言。《宣言》竟背離了這一條原則，有點莫名其妙。

總之，這個《宣言》突出了人類道德的普遍性、共同性。然而它忘掉道德的相對性與特殊性，這勢必使倫理、道德陷人絕對主義的錯誤之中。

三、道德準則或規範的絕對性與相對性

任何一個道德準則，道德範疇都有雙重性，既有絕對性的一面，又有相對性的一面。兩面一體，同一個事物的兩個不可分割的方面。這裡所謂絕對性，即爲道德的普遍性、抽象性、確定性與恒久性（相對的）。所謂相對性，

則是道德的具體性、暫時性（即時效性）、階級性與歷史性。道德必須具備普遍性，即它的效用所達到的範圍必須是最廣泛的，必須對所有的人都適用，即人人認同，普遍有效。否則道德不成其為道德。然而這種絕對性不是絕對的絕對，而是相對中的絕對。

倫理思想史上，康德是倫理原則絕對性突出的代表。他的義務論倫理學，認為道德的普遍性是絕對的，不受時空限制，超歷史、超時代，超民族、超階級。絕對有效、絕對適用。脫離相對講絕對，這種絕對真的絕了。結果是絕對的無效，絕對的不適用。

當代西方著名倫理學家弗萊切《境遇倫理學》則是道德相對主義的典型。除了空洞的「愛」之外，無任何道德準則，人處於當下的情境，如何行動？您看著辦好了。即是說自己做主，自由決定。您認為是符合道德要求的您就去做。您認為不符合道德準則的不做也沒什麼。如此這般，道德就沒標準，沒有尺度，隨心所欲，想怎麼著，就怎麼著。這樣道德就變成純粹主觀思維的產物，沒有確定性，即無絕對性的一面。因此，道德也就不成其為道德。可見道德相對主義與道德絕對主義一樣，他們的理論是片面的，是抽象的，是行不通的。

那麼，怎麼理解道德才是科學的、正確的，才是適用的，才有實踐價值呢？

依我一孔之見，這裡用得上唯物辯證法。道德絕對性，簡言之普遍有效性、確定性，是道德規範，準則成立的必要條件；而相對性、不確定性（變動性）則是道德成立的充分條件，這兩點哪一點也不可少。須知凡絕對的東西都存在於相對之中，脫離相對的絕對，根本不可能存在。如果說可以存在，那麼它們只存在於觀念中，存在於概念或語言之中。相對若是脫離了絕對，那麼相對的東西，就成為變動不居，無確定性，無準確性，人們也就無法認識，無法把握。

無論在理論上，抑或在實踐上，相對與絕對都是對立的統一。它們是對立的，有區別的，又是統一的，有聯繫的。相對之中有絕對，絕對之中有相對。相對與絕對的關係也是相對的，即兩者可以互相轉化，互換其位置。故應在相對中把握絕對，在絕對中把握相對。這種哲學的思維，教導我們就要這樣認識世界。理解道德準則、道德範疇，亦應當如此。

試以「勇」德為例。勇是一種道德品質，也是一種行為規範。它有普遍

意義（絕對性）亦有具體意義（相對性）。《莊子》一書中有「孔子遇險不驚」的一段故事。其中提到「漁夫之勇」、「獵人之勇」、「壯士之勇」、「聖人之勇」，對孔子的「聖人之勇」盛讚不已。文中說，「下水不怕惡龍，那是漁夫之勇。入山不怕猛獸，那是獵人之勇。直面刀光劍影，視死如歸，那是壯士之勇。洞察命運無法好轉，明知時機不再來，清醒地臨危不懼，這是聖人之勇」。〔註 4〕這裡的「漁夫之勇」、「獵人之勇」、「壯士之勇」、「聖人之勇」，都是具體的勇，各有其特點（特殊性），面對的對象不同、場合不同、搏鬥的方法不同，可謂勇的內容不同。皆有其特殊意義，但不管有怎樣不同的具體內容，總有一個共同性，即普遍意義存在於其中，亦即不畏不懼，簡言之，不怕死。可見「勇」德本身是普遍意義與特殊意義的對立統一。

又如「公正」，何謂公正？亞里斯多德在《尼各馬科倫理學》中有幾種界定，至少有七種之多，諸如守法、比例、中庸、相等、平均、平等、公平這些說法，可以說，都是很抽象的，是一般的界定。那麼什麼是亞里斯多德關於「公正」範疇的最一般的本質界定呢？我以為是「平等」。馬克思主義創始人、哲學家恩格斯在起草《反杜林論》筆記中，也曾說到「公正——平等」。這是公正的最一般的涵義，如果說「平等」是公正的一般涵義，即「公正」的普遍意義。那麼，「公正」的特殊意義又是什麼呢？這就是說「公正」這一範疇，在不同場合，不同境況下，其具體意義是不同的。如司法公正、經濟公正、政治公正、教育公正、醫療公正等各不相同。司法公正，講的是在法律面前人人平等。經濟公正，講按勞取酬，或按生產要素分配物質利益。政治公正，講公民權利，與義務的對等或對應。教育公正，講有教無類。醫療公正，講對患者普同一等。綜上所述，公正原則作為具有普遍性的道德原則，它只能存在於諸如司法公正、經濟公正、教育公正等具體公正之中，而每一種具體的公正，都無例外的包含有普遍公正的意義。倘若離開具體的公正，只講一般公正是沒有意義的，或沒有實踐價值。若是離開一般公正的涵義，只講所謂具體公正，那麼，這些具體的公正範疇，不成其為公正，或成為相對主義的公正。所以我們要在「同」中認識「異」，在「異」中把握「同」。我們知道真理是具體的不是抽象的，其真締不在於否定真理的抽象意義，而是在具體事物中，具體真理中把握它的抽象意義。對道德亦應作如是觀。總的方法論，就是在具體中把握它的普遍性意義。

<hr />

〔註 4〕流沙河：《莊子·現代版》（增訂本）〔M〕，上海：上海古籍出版社，1999 年。

　　道德原則、範疇如果只從絕對意義上理解，勢必就否定了道德的發展、道德的變化、道德的多樣性。道德就成為千古不變的僵死的教條，毫無意義、毫無價值。實際上，道德從古至今是變化的發展的，與時俱進、革故鼎新的。恩格斯說：「善惡觀念，從一個民族到另一個民族從一個時代到另一個時代，變得這樣厲害，以致它們常常是互相直接矛盾的。」〔註5〕

　　試以董仲舒倡導的「三綱」「五常」而論，「三綱」已壽終正寢，不再成為當今中國社會的主導性的道德原則。對「五常」德的解釋，也不是原來的意義了，學者們賦予它許多新的涵義。例如「仁」。「仁」不再局限於「仁者，愛人」，或「克己復禮，謂仁」，而包涵了尊重人、理解人、幫助人、團結人、友愛人等。「五常」的「禮」，原本包含有規章制度、禮節儀式、道德規範。今日的「禮」，規章制度（即法的內容）、道德規範的內容已不復存在，只有禮節儀式之意，並且是大大減化了的禮節儀式。

　　道德準則、規範、範疇是歷史的、不斷變化、不斷革新的，沒有什麼互古不變，放之四海而皆準的道德原則或範疇。甭說今人，古人對此早已有明確清楚的認識。《莊子》一書中援引魯國樂官批評孔子固守原則、不知變通時，說了下面一段話：「現代異於古代。古代各階段又互異。所以遠古大酋長伏羲，以及後來的黃帝，以及再後來的堯帝舜帝，以及再後來的夏禹王他們推行的政策，包括禮儀和法制，因時而互異，不求同，但求治。他們的禮儀好比山楂、梨子、橘子、柚子，味道絕不相同，但都可口。禮儀和法制隨時代而革新，隨社會而調整，不可能永遠管用，不可能到處適合。」〔註6〕

四、簡短的結論

　　社會在前進，歷史在發展，環境在改變，一切制度規章、禮儀、法制、倫理遲早都要發生變化，不變是不可能的。

　　就是在同一時代，不同國家、不同社會他們實行的價值觀，倫理觀也是不同的。例如，施密特在《全球化與道德重建》一書說中說到國家價值觀（也是他們的道德觀）問題。他說，美國的價值觀是1776傑弗遜起草的《獨立宣言》（事實上傑弗遜是五人之一，執筆人）所講的三項：「生命、自由和追求個人幸福」。而加拿大的國家價值觀是：「和平、秩序和善治」。德國則是

〔註5〕恩格斯：《反杜林論》（第3卷）〔M〕，北京：人民出版社，1972年。
〔註6〕流沙河：《莊子‧現代版》（增訂本）〔M〕，上海：上海古籍出版社，1999年，第198頁。

「自由、公正和團結」。﹝註7﹞這是不同國家的價值觀,也是他們總的道德觀的區別。正如美國等西方社會理性利己主義或功利主義是他們通常的道德原則,與中國就不同,中國的道德核心是為人民服務,主要的道德原則是集體主義。

就是同一個國家,在不同的歷史時期,它的道德觀也有變化。例如,社會主義中國在計劃經濟時代,講集體主義強調個人利益服從集體利益。今日在建立市場經濟的環境下,講集體主義強調的是個人利益與集體利益相結合。前者是因公棄私,後者則是「公私兼顧」。這有很大區別。可見企圖建立一種絕對普遍的、適合一切國家或一切社會、一切時代的道德是不科學的,在理論上是荒謬的,因為它從根本上否定事物千差萬別的多樣性,生物個體有多樣性,倫理、道德同樣有多樣性;在實踐上同樣行不通,因為各民族、各國家、各社會都有其具體的條件與情況,政治制度、經濟發展、教育水平、歷史傳統、文化特點皆有差異,它們的倫理道德必然是受這些因素制約,否定事物的多樣性就否定了真實存在著的客觀事物。客觀事物,必然各具特色,各不相同。當然這並不是說,人類社會,人類歷史上古與今,西方與東方就沒有任何共同的或相似的道德觀念、道德意識或道德規範。

相反,肯定是有的,例如,所謂道德黃金律。「己所不欲,勿施於人」,這是人類各種不同文化、不同民族甚至不同宗教的共識。又如「中庸」或「中道」,亞里斯多德,孔夫子都認為是「好」的道德。他們對其內涵的揭示幾乎是一樣的。然而這一樣或相同之中還有不同,還有差別。孔子或中國人講「己所不欲,勿施於人」不只於此,還有「己欲立而立人,己欲達而達人」,這叫忠恕之道。西方人只講了一半。即「己所不欲,勿施於人」。我們講「中庸」是道德的一部分,亞里斯多德講「中道」,則是在道德的全部,即全德之名。

但無論如何,我們還要承認有共同性。為什麼會有共同的或一致的道德呢?因為道德來自生產和生活實踐,是生產、生活實踐在人們觀念中的一種反映,如勤勞、節約、守時等都從物質生活資料的生產中來。物質生活資料的分配、利益需要與衝突就勢必產生平等與公正的觀念。然而,人們在生產和生活中處於不同的地位,因而人們對這共同的道德的理解、認識、診釋就

﹝註7﹞ 施密特:《全球化與道德重建》,北京:社會科學文獻出版社,2001年,第200頁。

會不同，這就是所謂「同中有異」。不僅如此，還會產生不同的甚至對立的道德觀念與道德行爲準則。

從以上的分析中，我們可以得出結論說，道德是特殊的，又是普遍的，是個別又是一般的，是民族的又是全人類的。簡言之是相對與絕對的對立統一。絕對的、普遍的、一般的存在於相對的、特殊的、個別的之中。普世倫理、共同道德，只能存在於各民族、各社會、各國家的具體的倫理之中。《世界人類義務宣言》中那些有科學性的原則，應當有選擇的溶於我們各國、各社會、各民族的道德文化中才是可取的。但任何強求一律，照搬照套或硬性推行、或強加於人都不會有好的效果，這就是結論。

評無立場的哲學與無立場的道德

改革開放 20 年來，人們思想異常活躍，學術觀點紛呈雜陳，令人目不暇接。千篇一律，萬馬齊喑的局面，已成爲歷史的回憶。

這其中眞知灼見，創造性的思維，卓越的見解，比比皆是，使我感奮不已。

然而有一種所謂新觀點、新見解，卻使得我不敢苟同。這就是「無立場」的哲學、「無立場」的道德，即「中立」的哲學、「中立」的道德。

1、所謂「中立」的哲學，即「無立場」的哲學是可能的嗎？恐怕不太可能。人們研究問題、解決問題，不要說研究、解決哲學、人文科學、社會科學，或自然科學、技術科學問題，就是研究日常生活或生產問題，都有個出發點的問題，都有個方法論問題。這個出發點或方法論問題，不是別的，正是立場問題。持「無立場」的哲學觀點的人，認爲立場妨礙以懷疑一切的態度批判現實。這懷疑一切的態度，難道不就是一種立場嗎？沒有立場，人們將無法探討問題。立場，有各種不同的情況，別的且不論，就哲學而言，有唯物論的立場、唯心論的立場、不可知的立場、二元論的立場、宗教有神論的立場、無神論的立場……就現代西方現代哲學而論，存在主義也好，邏輯實證主義也好，新黑格爾主義也好，總之不管什麼樣的哲學，都有他們的立足點，都有他們的立場，說研究哲學可以不要立場，不是無知，便是偏見。恐怕偏見多於無知。

先說「無知」。研究哲學可以不要立場，即使無知，也不可原諒。「無知不是過」對這種人不適用。因爲他們多是哲學教授或哲學家，不可能不知道研究哲學需要立場。不要立場（不是眞的不要）是不要別人堅持其立場，進

而批評別人堅持與自己不同的立場。退一步說，就算眞的無知，那也是拿自己的無知，當別人的過錯。

再說「偏見」。偏見是十分可怕，偏見蒙住人們的眼睛說瞎話。他們能夠把白的說成黑的，把黑的說成白的，把眞的說成假的，把假的說成眞的，根本不顧客觀事實，不看客觀情況。他們爲什麼硬說哲學「無立場」呢？因爲在他們看來，所謂「立場」就是階級立場。事實上，馬克思主義者確實承認，並堅持階級觀點和階級立場。但它不是唯一的立場。馬克思主義堅持的立場是辯證唯物主義的立場、唯物史觀的立場，當然包括階級立場在內。簡言之，就是「實事求是」的立場。以爲馬克思主義所說的立場，就是階級立場，這不是無知，便是偏見。須知「偏見」比無知離眞理更遠。

僅就階級觀點、階級立場而言，說實在的它不是馬克思主義的獨創，更不是馬克思主義的「專利」。早在馬克思主義之前，資產階級的歷史學家、經濟學家就已經發現並闡述過階級的存在和階級鬥爭問題，馬克思的獨特貢獻不過是無產階級專政的理論。這是稍有馬克思主義常識的人，都知道的事情。

就中國目前的社會狀況而言，我們的確早已消滅了剝削制度。但剝削現象、剝削者消滅了沒有？如果說舊的剝削階級消滅了，那麼有無可能產生新的剝削階級？這是一個很值得研究的大問題。不管怎麼說，工農兩個階級依然存在。所有這些意味著階級沒有最終消滅。故此，階級觀點，階級立場，階級分析方法不可否定。費爾巴哈說過：皇宮中的人所想的和茅屋中的人所想的是不同的。這和我們中國常說的話「飽漢不知餓漢饑」是一個道理。吃飽飯的人與餓肚子的人思想感情是一樣的嗎？顯然是不一樣的。富人與窮人，「大款」與普通勞動者，不僅消費觀念，生活觀念，幸福觀念不同，世界觀，價值觀，人生觀也不盡同。這是鐵的事實。由此可見，在社會主義初級階段上，在堅持公有制經濟爲主體、多種所有制經濟並存且共同發展的條件下，階級觀點、階級立場、階級分析方法，必須堅持，不可棄之不顧。

換言之，「中立」的哲學，不要立場的哲學，就是一種立場，以不要立場爲立場。說穿了，這種觀點，就是什麼立場都可以要，唯獨不要馬克思主義的立場、唯物史觀的立場、工人階級的立場、實事求是的立場。不要立場，這是十足的無知加偏見。

2、所謂「中立」的道德，即「無立場」的道德。持有此種觀點的人認爲，

道德規範約束人的手腳、壓抑人的個性、妨礙人的自由。這也就是說，把規範看作絕對壞的東西。因而主張廢止規範，或倡導無規範的道德。

這裡首先應明瞭規範是什麼？道德規範又是什麼？規範顧名思義，含有規定、規矩、規格、規戒、規約、規則、規律等意義。簡言之，規範是規定或約定的行為標準或尺度，即人們該怎樣行為，不該怎樣行為。規範種類很多，有法律的、行政的、宗教的、倫理的、語言的等等，但是作為倫理或道德規範，則是基於道德的理由、人們約定俗成的，或由國家頒佈、或由「聖人」制定的行為準則。

誠然，道德規範確有約束人的一面，但也有激勵人的一面。從束縛人的這一面來說，有限制人的某些自由的意義，從激勵人的這一方面來看，則有給人以更多自由的意蘊。換言之，道德即有止人為惡的一面，更有勸人為善的一面。說道德規範是清規戒律，束縛人的個性，這是對道德的一知半解，不懂道德的基本精神。說道德妨礙人的自由或犧牲人的一部分自由，這種論斷似是而非。道德不是妨礙人的自由或犧牲人的部分自由，而是對人的某些不合理、不正當的自由，即妨礙他人或社會的自由加以限制。難道這種限制是不應該的嗎？比如一個大學生晚自習至深夜歸來，宿舍的同學早已進入夢鄉，可是他卻一時心血來潮，竟高歌一曲，類似這樣的個人自由該不該約束？答案是不言自明的。人的道德行為亦應作如是觀。

須知，我們不是生活在真空裏，也不是生活在孤島上，而是生活在人群中，生活在社會裏。因此，我們的自由，不能不考慮他人的自由，不能不尊重他人或社會的自由。並且以不妨礙他人或社會的自由為底限。如果超越了這個底限，受到限制便是理所當然的事情。

這種絕對主義的自由觀在實踐上根本行不通。絕對的自由，必然走向反面，就是絕對的不自由。奉行絕對自由的人，不可避免要遭到別人的排斥，社會輿論的譴責甚至受到生活本身的懲罰。「中立」的道德、「無立場」的道德，說來說去就是不要規範。試想不要規範的道德，究竟是一種怎樣的道德，勢必走西方人的老路。眾所周知，從本世紀初開始，以英國倫理學家摩爾《倫理學原理》為標誌的元倫理學或分析倫理學，就是一種很典型不要規範的倫理學，這種倫理學不研究行為準則，只討論道德語言的含義，或道德判斷的根據、性質或道德推理的邏輯。這種倫理學在西方流行了半個世紀左右，終於走向死胡同。70 年代以後改弦易轍，向規範倫理復歸。

當然不能說分析倫理學毫無價值。它對倫理概念的準確性，倫理判斷的邏輯性來說是有意義的，但對指導人們的行為確實沒有多大用處。分析倫理學是徹頭徹尾的形式主義的倫理、相對主義的倫理。他們把道德概念、語言、詞彙的解析、把道德判斷與事實判斷絕對對立起來，認為道德判斷純粹是一種感情的表達或單純研究道德判斷成立的邏輯根據及道德推理的規則。這樣便使道德不成其為道德，倫理不成其為倫理，使道德成為一種特殊的語言或邏輯學，終於使倫理、道德失去它特有的功能與作用。因此，它遭到了社會的唾棄。這個教訓夠深刻的了，不可不吸取。

「中立」的道德、「無立場」的道德，其實質就是在現實的社會生活中，調和、折中、不辨性惡性善、不講是非，從而取消道德，使倫理學成為遠離生活、高高在上的純知識的學問。

3、「中立」的哲學、「中立」的道德，即「無立場」的哲學，「無立場」的道德在背後，就是所謂「非意識形態化」問題。什麼是「非意識形態化」？非意識形態化不是說政治、法律、倫理、藝術、宗教、哲學等不是意識形態，或不是意識形式，而是說意識形態該遠離政治，其不要納入政治軌道，不要為政治服務。這種觀點不無道理。政治、法律、倫理、藝術、宗教、哲學，作為上層建築的一部分，它們是社會物質生產方式或曰社會經濟基礎的反映；它們對社會經濟基礎有能動作用，彼此又互相作用。這是馬克思主義唯物史觀的基本觀點，是經得起實踐考驗的科學真理。只有用這種觀點才能正確地揭示政治、法律、倫理等社會意識形態的本質及其發展規律。

其中政治作為經濟的集中表現，它要求其它社會意識形態為它服務，即要求其它社會意識形態為一定的政治制度、政治結構、政治運動、政治行為服務，這也是自然之理，特別是在階級沒有消滅的歷史環境下，這更是不可避免的。試以哲學為例，古今中外一切哲學，有哪一種哲學可以脫離政治呢？有哪一種哲學不是時代精神的反映呢？不是在為那個時代的政治服務呢？黑格爾的思辯哲學，可以說遠離生活，是非常抽象、晦澀的理論，然而它逃脫不了為普魯士王國辯護的窠臼。

當然哲學、倫理、宗教等為政治服務，不是它們功能的全部，但這卻是它們功能的一部分，它們還有為社會服務、為人類文明服務的功能。這一點馬克思主義從來不曾否認過。

在以階級鬥爭為綱的年代裏，過分強調社會意識的階級性，過分強調為

政治服務的一面，甚至使它們成為政治工具，忽略它們爲全社會、爲全人類服務的一面，則是不當的。然而當今學界有一種反其道而行之的傾向，不僅在社會意識形態領域中否認階級觀點，而且試圖建立一種非意識形態化的哲學、人文科學、社會科學理論。

當今意識形態方面，如哲學、法律、倫理等有沒有從不同階級利益或階級立場出發而產生的分歧、矛盾與對立呢？我認爲是有的，不過我們應記取歷史的教訓，不要不加分析的上綱上線，一律提到政治上，或提到敵我矛盾的水平上認識或對待。

但是否認基於不同的階級利益、民族利益或國家利益的哲學、法律、倫理等理論觀點的對立、分歧、矛盾和鬥爭則是錯誤的。改革開放以來，西方個人主義的社會政治哲學全面地滲入到我們的社會生活和個人的私生活中，這是有目共睹的事實。美國政府、美國的新聞媒體每時每刻都在向中國和全世界推銷它們的人權價值觀，並且毫不掩飾地把它帶入政治領域，常常作爲干涉他國政治的口實，動輒通過什麼制裁決議，或提到聯合國人權會上加以聲討。他們不顧別國的國情硬把自己的人權觀、民主觀強加於人，否認人權觀、民主觀的差別性、特殊性，硬是推銷自己的一套。這種咄咄逼人之勢，不是思想、文化領域中的不同價值觀的鬥爭嗎？

在這種價值觀的背後，則是不同的階級利益、民族利益、國家利益的矛盾。誇大學術、理論、思想、文化領域中的不同世界觀、人生觀、價值觀的鬥爭是不對的，然而否認它更加錯誤。我們必須高舉戰鬥唯物主義的旗幟，批判錯誤的世界觀、人生觀、價值觀。

在「非意識形態化」的思潮影響下，倫理學領域中有人熱衷於倡導普濟主義或普世倫理。什麼是普世倫理呢？這就是不分地域、民族和國家，無論過去、現在和將來都適用的倫理，即絕對普世主義的倫理。

這種願望非常良好，也許將來的某一天人類社會進入大同世界可以實現，然而在今天卻是非常不現實的。因爲今日的世界儘管經濟全球化調子很高，事實上不過是各國經濟的相互依賴、相互滲透的加強，這只是事情的一面，事情還有另外一面，這就是各國爲各自的利益發生的矛盾和摩擦也在加劇。政治上的多極化的趨勢異常明顯。和平與發展、戰爭與摩擦同時並存。在這樣的歷史條件下，普世主義的倫理怎麼得以建立起來呢？

不可否認倫理、道德有普遍性、絕對性的一面。然而任何普遍性的原則

都會有例外，無例外的普遍原則古今中外可以說都不存在。任何絕對的原則，總是存在於相對之中的，離開相對的絕對也是不存在的。

有人說，由於科技的發展、經濟的進步，全人類面臨許多共同問題，如環境污染、人口爆炸、能源短缺等，這就需要建立全球倫理，或普世倫理，這是人類共同利益的需要，此種見解有一定道理。然而普世倫理的建立若離開具體民族、具體國家、具體社會的倫理建設則令人難以置信。道德總是時代的、民族的、階級的、歷史的。超時代、超民族、超階級、超歷史的道德是沒有的，如果說有，那也是非常稀少。

總之，道德是被社會經濟關係所決定的一種社會意識的現象。它的功能是調節人與人、人與社會、人與自然的關係。它既爲一定社會的統治階級利益服務，又爲人民大眾服務。它的目的與宗旨是提高人性、淨化靈魂、健全人格，從而昇華整個社會的文明水平。因此，倫理、道德對人有束縛的一面，更有激勵的一面。它不僅勸誡人們不做惡人、不行惡事，而且教導人們揚善去惡，成爲一個善良的人，一個高尚的人。

故此，倫理、道德不能不是非清楚、善惡分明，那種無立場的倫理、道德，或中立的倫理、道德的說教，是一種謬見，有害無益。

任何非意識形態化的思潮，都不能消解倫理、道德作爲一種社會意識現象的本質。精神現象的東西，總要依附於一定的物質基礎，並且捍衛它所依附的物質基礎的利益關係，這是顛撲不破的眞理。須知，精神一旦離開物質，就要出醜。

略論「合理利己主義」的不合理性

　　集體主義作為共產主義的道德原則，它完全適合於我們社會主義公有制經濟基礎的需要，適合於在這個基礎上的人與人之間的平等的、互助的、同志式的關係及調整這種關係的需要。然而，近幾年卻有人對集體主義道德原則，表示懷疑，甚至否定。他們提出，應當肯定「合理為己」的道德觀，即認為「合理利己主義」應當是我們今天奉行的道德原則。他們的理由是，要求大多數人實行的道德，必須同時具有先進性與可行性。說什麼「大公無私的道德觀固然先進，但不可能普遍地為大多數人所實行」，同時也憎恨只顧自己，不惜犧牲別人的冷酷的自私心，「除了這兩者之外，還有第三種道德，既比損人利己的道德觀先進，又比大公無私的道德觀更能為大多數人所實行，這就是合理的、不損人範圍中的為己」。這就是說，要用所謂「合理利己主義」的道德觀，取代馬克思主義的集體主義道德觀。這種錯誤的觀點，乍聽起來，似乎很有道理。其實，這所謂第三種道德，並不是什麼新鮮貨色，而是十七、十八世紀，直到十九世紀資產階級的倫理學家多次重複，並且早已被馬克思主義經典作家批判過的觀點。

　　問題在於「合理利己主義」是不是合理的？今天在我們社會主義社會的中國，能不能倡導這種道德觀？

一

　　「合理利己主義」，即「理性利己主義」，亦即「功利主義」的前身。它是資產階級革命時代的產物，是資產階級思想家，為反對宗教禁慾主義，反對封建等級制度，所提出的一種道德學說。

十七世紀英國唯物主義哲學家霍布士是近代資產階級「合理利己主義」的開創者，英國倫理學家孟德威爾繼承並發揮了他的倫理思想。十八世紀法國戰鬥唯物主義者愛爾維修、霍爾巴赫繼承了霍布士、孟德威爾的倫理觀，比較系統的提出了「合理利己主義」的學說。此後，「合理利己主義」的發展，分為二個分支，一個分支是以德國的費爾巴哈和俄國革命民主主義者車爾尼雪夫斯基為代表的「普遍的利己主義」，另一個分支則是以英國倫理學家邊沁密爾為代表的「功利主義」。

「合理利己主義」主要的觀點是：

第一，首先認為人的本性是所謂自保、自愛，即自私的，並且人人都有同等的權利追求個人的利益和幸福。

霍布士認為，人來自自然界，抱著自我保存的欲望，生活在世界上。「自然創造人類，在人類身休和心靈的機能上，是造得極為平等的」。（《西方倫理學名著選輯》上卷，第 658 頁）。「由能力的平等，便產生對於達到我們目的之希望的平等。因此，如有任何兩人欲求相同的事物，而這事物卻不能為他們所共同享受時，他們便成了敵人」。（同上書，第 669 頁）這就是說，在霍布斯看來，人的本性是惡的，即利己的，並且人人都有同等的權利，追求個人的利益和幸福。為了達到自己的目的，便彼此互相摧殘、互相壓制。

又如，愛爾維修指出，說人有一種「肉體感受性」人的天然本性就是趨樂避苦，自利自愛，即自私。他從感覺出發，感覺快樂就追求，感覺痛苦就躲避。他說：「快樂和痛苦永遠是支配人的行動的唯一原則」。（《十八世紀法國哲學》，第 497 頁）他又說：「這種以肉體的感受性為最基礎的愛，是人人共有的。不管人們的教育多麼不同，這種感情在他們身上永遠都一樣：在任何時代，任何國家，人們過去、現在和未來都是愛自已甚於愛別人的。」（同上書，第 501 頁）

第二，個人利益是人的一切行為的出發點，也是他的最終目的，利己主義是道德的基礎。

愛爾維修說：「個人利益是人們行為價值的唯一而巨普遍的鑒定者」。「如果說自然界是服從運動的規律的，那麼精神界就是不折不扣地服從利益的規律的。利益在世界上號稱一強有力的巫師，它在一切生靈的眼前改變了一切事物的形式」。（《十八世紀法國哲學》，第 460 頁）費爾巴哈則認為利己主義是一切邪惡的原因，同時也是一切良善的原因。利己主義就是對幸福的追求，

它是道德的源泉，論從積極的方面，還是從消極的方面來說，都是如此。

第三，追求個人的利益和幸福，須兼顧他人的利益和幸福，個人利益和社會利益相結合，則是道德的尺度。

合理利己主義者認爲，人的本性是自私的，但爲了實現個人的私利，如霍爾巴赫說：「人爲了自保，爲了享受幸福，與一些具有與他同樣的欲望、同樣厭惡的人同住在社會中。因此道德學將向他指明，爲了使自己幸福，就必須爲自己的幸福所需要的別人的幸福而工作；它將向他證明，在所有的東西中間，人最需要的東西乃是人。」（《十八世紀法國哲學》，第 649 頁）

體現個人利益與社會利益相結合的道德原則，在霍布斯那裡是所謂「己所不欲，勿施於人」在愛爾維修那裡是所謂「一個人一切行動都以公益爲目標的時候，就是正義的。在費爾巴哈那裡是所謂「對己以合理的自我節制，對人以愛。」在邊沁那裡則是要人們的行爲符合「最大多數人的最大幸福」。

二

「合理利己主義」的倫理學說，是資產階級利益的反映。早在資產階級革命時代，儘管它在反對宗教禁欲主義和封建等級制度中起了巨大的進步作用。但是，當資產階級奪取政權之後，「合理利己主義」的倫理觀，不論是費爾巴哈的普遍的利己主義，還是邊沁的功利主義，逐漸地喪失了它進步性和革命性。從根本上說，「合理利己主義」卻是不合理的。

第一，「合理利己主義」的倫理觀，是建築在抽象的人性論的基礎上。即認爲人生來就有趨利避害的本性，人天生就是自利、自愛的。一句話，人的本性就是自私的。

馬克思主義倫理學認爲，這種看法是反科學的。儘管我們並不否認，人有自然的本質，即有生物的本性，如趨利避害等，但人畢竟是人而不是動物。決定人之所以是人的東西，乃是人的社會性。正如馬克思所說，人的本質是一切社會關係的總和。人是自私的，抑或是大公無私的，不是與生俱來的，而是後天形成的。主要的是爲人們的經濟地位決定的，同時也與受到的教育，周圍環境的影響有關。人的私利、私心，一句話，自私的本性，這是階級社會的產物。由於資產階級佔有生產資料，並且不擇手段的去榨取工人階級所創造的剩餘價值，因而說，資產階級的本性是自私自利的，那是完全

正確的。資產階級思想家們。看到了資本家們爲了發財，爲了「幸福」，彼此之間爾虞我詐，互相吞嚼的事實，看到他們對勞動者貪得無厭的剝削現象，因而說，人的本性是自利，自愛的，是自私的，不無道理。但把它概括爲一切人的本性是錯誤的。對一無所有的工人階級來說，它的本性就不是自私的，而是大公無私的因爲這是被他們的經濟地位和他們解放全人類的歷史任務所決定的。

同時，我們還要指出，資產階級思想家們，混淆了正當的情慾與私利的界限，個人情慾，即飲食男女的物質欲望。是人得以生存的基本條件，這種東西，不是私利而是正當的個人利益。只要有人存在，人的個人利益就是永遠存在的。消滅了人的個人利益，也就消滅了人的本身。但私利卻不同，私利是私有制的產物。它是隨著私有制的產生而產生的，它也將隨著私有制的消滅而消滅。

人的個人利益與私利是不同的，不可以混淆。但它們之間也是有聯繫的，如果誇大個人利益，或者不擇手段地去追求個人利益，甚至爲了個人利益，不惜損害和犧牲他人或社會集體利益，那麼個人利益就要轉化爲私利。這就是通常所說的自私自利。一個人一旦染上了自私自利的習性，無論什麼傷天害理的事情，都能幹得出來，什麼道德、法律全然可以不顧。清初唯物主義哲學家戴震曾經指出：「欲之失爲私，私則貪邪隨之矣」。戴震的話，十分正確。可見，劃清個人利益與私利的界限是很重要的。

第二，「合理利己主義」者無論是霍布士、費爾巴哈，或者其它什麼人，莫不認爲人人有追求幸福的同等權利。然而這不過是一句根本實現不了的空話而已。

在資本主義制度下，被剝削的工人階級和其它勞動人民在相當長的歷史時期內連維持生存的基本條件都保證不了，那裡還有什麼追求幸福平等權利可言呢？恩格斯在《路德維希‧費爾巴哈和德國古典哲學的終結》一書中說得好：「關於他人追求幸福的平等權利，情況是否好一些呢？費爾巴哈無條件地提出這種要求，認爲這種要求是適合於任何時代和任何情況的。但是這種要求從什麼時候起被認爲是適合的呢？在古代的奴隸和奴隸主之間，在中世紀的農奴和領主之間，難道談得上追求幸福的平等權利嗎？被壓迫階級追求幸福的欲望不是被冷酷無情地和『由於正當理由』變成了統治階級這種欲望的犧牲品嗎？」又說「……所以資本主義對多數人追求幸福的平等權利所給

予的尊重，即使一般說來多些，也未必比奴隸制或農奴制所給予的多」。（《馬克思恩格斯選集》第四卷，第234～235頁）現在資本主義國家勞動人民被剝削受壓迫的生活說明，不改變生產資料的私人佔有制，不消滅資本主義的剝削制度，就不可能有人們實現個人利益，追求幸福的平等的權利和機會。

第三，「合理利己主義」的不合理性還在於把自己僅僅看作是目的，把他人當作實現自己目的的手段。

創立「合理利己主義」倫理學說的人，或者對這種倫理觀作進一步闡發的人，幾乎都把別人看作是實現自己目的的手段。例如法國唯物主義者霍爾巴赫說得最露骨：「人為了自己的利益，應當愛其它的人，因為他們是他的存在、他的保存、他的快樂所必需的」。又說：「愛別人，就是愛那些使我們自己幸福的手段，就是要求他們生存、他們幸福，因為我們發現我們的幸福與此相聯繫」。（《十八世紀法國哲學》，第 650 頁）霍爾巴赫說得多麼坦率，多麼清楚而又明白。儘管資產階級在批判基督教神學，批判封建統治者時，曾經大講人的價值就在於人的本身，要教會、封建主把資產階級當人看，把他們自己當作目的。但這決不意味著，資產階級要把工人、勞動者也當作目的，而不當做手段。事實上資產階級對人的態度，同奴隸主、封建主在本質上沒有什麼區別。奴隸主把奴隸看做是「會說話的工具」，封建主把農民當做「直立的牛馬」，而資本家則視工人為榨取超額利潤，發財致富的「機器」。難道世界上，還有比把別人當作自己追求個人利益的手段，把自己的幸福建築在別人痛苦的基礎上，把自己發財致營，建築在別人貧窮飢餓的基礎上，更不合理和可惡的事情嗎？

第四，所謂個人利益是人們一切行為的出發點和他的最終的目的，也是不能成立的。

誠然個人利益可以是人們行為的出發點和他的最終的目的，然而，人們行為的出發點和最終的目的，絕不僅僅限於個人利益。世界上有許多人，他們行為的出發點，和歸宿點，並不是個人利益而是為了追求真理，為了實現階級的解放和人類的幸福而英勇獻身的。

人所共知，在解放戰爭時期，在隆化戰役中，捨身炸碉堡的董存瑞，在保衛祖國邊疆的對越自衛反擊戰中，「董存瑞式的戰鬥英雄」李成文等等，以及在日常生活中，當發現別人處於危險之中，那些挺身而出，舍己救人的無數有名的和無名的英雄們，當他採取行動的時候，難道是從個人利益出發的

嗎？他們的最終目的，也是為了他們個人的利益嗎？人的個人利益莫貴於生命的安然無恙，既然他們的生命已不復存在，他們的個人利益又在何處呢？顯然，個人利益，支配人們的一切行動是說不通的。

至於說，利己主義是道德的基礎，更是荒謬的。普列漢諾夫說得對：「實際上，道德的基礎不是對個人幸福的追求，而是對整體的幸福，即對部落、民族、階級、人類的幸福的追求。這種願望和利己主義毫無共同之點。相反地，它總是要以或多或少的自我犧牲為前提」。(《費爾巴哈與德國古典哲學的終結》，人民出版社，57年版，第126頁。引文中的加重號為原作者所加）

第五，「合理利己主義」倫理觀，在實踐上徹底的暴露了它的不合理性。

「合理利己主義」在實踐上，根本行不通。資本主義發展的歷史，一再證明了這一點。在資本主義社會，人們實際奉行的道德準則，至少資產階級實際遵循的生活信條，決不是「合理利己主義」，而是極端的利己主義。求者說，「合理利己主義」實際執行的結果，必然是極端的利己主義，所謂不損人範圍的利己，個人利益和社會利益相結合，是絕對辦不到的。資本主義的所有制，資本主義自由競爭的經濟規律，決定了資產階級，必然從個人發財致富的願望出發，不擇一切手段，損害他人利益。只要能夠發財，他們什麼壞事都能幹得出來。霍布士說過：「人人為自己，上帝為大家」，這話如果指人的本質，當然不正確，但如果說，這是資本家實際遵循的道德原則，則是最恰當不過的。

資產階級及其思想家，口頭上講的是「合理利己主義」，實際執行的卻是極端的利己主義，其結果造成金錢拜物教。正如恩格斯所說：「在資產階級看來，世界上沒有一樣東西不是為了金錢而存在的，連他們本身也不例外，因為他們活著就是為了賺錢，除了快快發財，他們不知道還有別的幸福，除了金錢的損失，也不知道還有別的痛苦」。(《馬克思恩格斯全集》第二卷，第664頁）。從而，他們把人與人之間的關係變成了赤裸裸的利害關係，除了冷酷無情的現金交易之外，沒有任何別的聯繫。金錢是萬能的，金錢是支配一切的上帝。金錢不但可以購買商品，而且可以購買榮譽和良心。它可以使罪惡變成美德，也可以使美德變成罪惡。馬克思在《資本論》中，引用莎士比亞的話說：「金子！黃黃的，發光的，寶貴的金子！只這一點點兒，就可以使黑的變成白的，醜的變成美的，錯的變成對的，卑賤變成尊貴，老人變成少年，

儒夫變成勇士」。(《馬克思恩格斯全集》第 23 卷，第 152 頁)

正因爲金錢有如此巨大的魔力，所以資本家不顧一切的追求它。把它變成了生活的目的。這是今日西方世界，精神崩潰、道德墮落，思想頹廢的根本原因。我們不能不認眞地吸取這一教訓，在建設社會主義的物質文明的同時，建設好社會主義的精神文明。

三

馬克思主義認爲，道德是被經濟基礎所決定的一種意識形態和上層建築。它又轉過來爲經濟基礎服務。因而，道德具有時代性和階級性。一個時代，有一個時代的道德，一個階級有一個階級的道德。不同時代，不同階級之間的道德有一定的聯繫，但畢竟還是有區別的。

正如不能把中世紀宗教禁欲主義的道德，簡單地拿到資本主義社會來應用一樣，我們也不能隨便地把資本主義社會「合理利己主義」的道德，拿到社會主義社會來推廣。

我們知道，社會主義社會有它自己的道德。這種道德，無疑是人類一切優秀道德遺產的批判繼承，但它終究是現代社會化大生產的產物，是無產階級利益與資產階級利益相衝突的表現，並且在社會主義社會公有制的基礎上得到了進一步的發展。這就是共產主義道德。共產主義道德的基本原則是集體主義。集體主義，既不是利他主義，也不是利己主義。利他主義同利己主義一樣，也是一種資產階級的倫理觀。首先使用利他主義概念，並把這一概念引進倫理學領域中來的，是十九世紀上半期的法國社會學家、實證主義創始人孔德。孔德有個著名的口號叫做「爲他人而生活」。他之所以大講「利他」主義，目的是維護資產階級利益，調和無產階級同資產階級之間的矛盾，利他主義說到底還是利己主義，所以他是利己主義的僞裝。是改頭換面的利己主義。

馬克思說過：「共產主義者既不拿利己主義來反對自我犧牲，也不拿自我犧牲來反對利己主義，理論上既不是從那情感的形式，也不是從那誇張的思想形式去領會這個對立，而是在於揭示這個對立的物質根源，隨著物質根源的消失，這種對立自然而然也就消滅」(《馬克思恩格斯全集》第三卷，第 200頁)。這就是說，共產主義倫理觀，既不是利己主義，也不是利他主義，更不是利己主義與利他主義的混合物。利己主義和利他主義的對立，是資產階級

相互之間個人利益的矛盾，資產階級個人利益與其階級的整體利益矛盾的反映。隨著資本主義經濟關係的消失，這種對立就不復存在。代替這種對立的是個人利益和集體利益的高度統一，即馬克思主義的集體主義。

馬克思主義認爲，沒有整個無產階級的解放，就沒有勞動者個人的解放，而沒有全人類的解放，無產階級就不能最終的解放他自己。無產階級、勞動人民物質文化生活水平的提高，有賴於整個社會物質財富的增加。而整個社會物質財富和精神財富是體力勞動者和腦力勞動者通過一定的社會形式共同創造的，他們所創造的財富爲整個社會，從而也是爲他們個人所有。所以，在馬克思主義者看來，社會主義社會，勞動者個人利益和社會集體的利益是一致的。社會集體利益是個人利益的基礎和保證，個人利益則是社會集體利益的反映和表現。

集體利益高於個人利益，並統帥個人利益。因此，以集體利益爲基礎，實行個人利益與集體利益相結合的原則。一旦個人利益與集體利益發生矛盾，個人利益要服從集體的利益，以至於犧牲個人的利益，甚至於生命，以維護集體利益，這就是道德的行爲。反之，爲個人利益，損害他人利益，乃至於集體的利益，則是不道德的或是反道德的行爲。當然集體和作爲集體的領導人，則要關心，尊重和照顧個人利益，任何忽視人民群眾切身利益，不關心勞動者個人疾苦的行爲也是爲共產主義道德所不允許的。

總而言之，我們只有堅持和發揚共產主義道德，抵制和批判資產階級、封建地主階級的個人主義、利己主義的道德意識和習慣，大力扶植和倡導社會主義的新人、新事、新思想才能改變整個社會的不良風氣，建設好社會主義的精神文明。

評析大學生中
流行的三種資產階級人生觀

如今大學生中流行的人生觀呈現多元化狀態，資產階級人生觀對一些大學生不同程度地起作用。我們要樹立、鞏固共產主義人生觀，就必須破除資產階級人生觀的不良影響。在一些大學生中最流行的資產階級人生觀，有以下三種類型。

一、個人主義和利己主義人生觀

個人主義的實質是個人本位，自我中心。個人主義在近現代資本主義社會裏是非常流行的，特別是在美國。個人主義特別強調「自我」的獨立性和個人自由，把個人利益看得至高無上。個人主義雖然與利己主義不完全相同，但它們之間的內在聯繫卻是不可否認的。個人主義與利己主義都主張，人首先是愛自己。不同的是利己主義對自己的愛太過了，愛自己甚於愛一切。這就是所謂「拔一毛利天下而不為」。個人主義正如托克維爾所指出的，是一種溫和的利己主義。

在中國，個人主義與利己主義是一致的，或者說，個人主義就表現為利己主義。舊中國是個小農經濟的大國，資本主義經濟很不發達。因此，不可能產生歐洲資本主義那樣的個人主義，只能產生具有濃厚的封建主義色彩的個人主義，即赤裸裸的利己主義。

集體主義原則是與個人主義、利己主義格格不人的。個人主義、利己主義在社會上的表現，主要是化公為私，損人利己；以權謀私或以業謀私，爭名奪利，斤斤計較。在大學生身上的表現，主要是只想個人，不顧他人；只

講權利，不言義務；只講索取，不談貢獻。顛倒個人利益與國家、社會利益的關係，視個人利益為第一。在日常生活中的表現，就是自私自利，我行我素，不受紀律與道德的約束。

從經驗層次上看，個人主義、利己主義以自我為中心，個人利益為半徑，劃了一個小圈子，他們在這個小圈子裏團團轉，自我欣賞，自我隔絕，自我膨脹。他們把自己與群眾、與社會對立起來，形成一個孤立的自我。

從理論層次上看，其錯誤至少有以下幾點。

（一）人性自私論

個人主義、利己主義人生觀的理論前提是自然人性論，即人生來自私。這就是所謂「人不為己，天誅地滅」。1980年，在人生觀問題的討論中，署名潘曉的文章《人生的路啊，怎麼越走越窄？》說，人天生自私，人人都自私。有人還認為這是普遍的永恒的規律。

人天生自私，這種說法是反科學的，站不住腳的。自私是一種心理，一種觀念。作為自私的心理與意識，是社會出現了私有財產以後才產生的，沒有私有財產，不可能有自私的心理與意識。考古學、人類學都一再證明，原始人，沒有「我」的觀念，沒有自我意識，只有「我們」的觀念。這是因為，原始人沒有個人私有財產。他們的財產是公有的，因此，他們的心理和意識，就沒有「我」，沒有「私」，不知「我」為何物，「私」是什麼東西。相反，只有「我們」的觀念和樸素的「公有」意識。怎麼能夠說，人生來就自私呢？說人是自私的，從思想方法上說，是把私有制社會中剝削階級、小資產階級的利己主義意識片面誇大，實際上，在私有制社會裏，無產階級、勞動者姑且不論，僅就剝削階級而言，雖說他們的階級本性是自私的，但也未必人人都自私，事事都自私。他們生活在社會中，總會有些時候，或有些人受到社會進步思潮的影響，在某種程度上，接受公的觀念，或為社會做些有益的事情。說人生來自私，在理論上的誤區，還有一點，就是把個人或私人利益等同於自私。實際上私人利益和自私是兩個不同的概念。私人利益，是個人生存和發展所需要的各種手段、條件的總和，包括私有財產、勞動所得、法律認可的權益等等，基本上屬於物質的範疇。自私則主要是精神範疇，包括心理、意識在內，有時也指一種行為習慣。當然個人利益與自私的心理與意識，不是毫無聯繫的。當個人利益無限膨脹，或為了追求個人利益而不擇手段，或把個人利益置於至高無上的地位，人們對個人利益的觀念就

轉化爲自私自利的觀念。一個過分注重個人利益的人，往往是一個自私自利的人。

（二）個人是目的

他人、社會是實現個人目的的手段。這是個人主義、利己主義人生哲學中極爲重要的論點。個人主義、利己主義都毫無例外地宣稱，個人擁有最高價值，個人是目的，他人與社會都是實現個人目的的手段。《簡明大不列顛百科全書》關於個人主義的條目，其中有一段話就是這樣講的。18 世紀法國唯物主義哲學家霍爾巴赫說：「人爲了自己的利益，應當愛其他人……愛別人就是愛那些使我們自己幸福的手段，就是要求他們生存、他們幸福，因爲我們發現我們的幸福與此相聯繫。」（《十八世紀法國哲學》，第 650 頁）

在歐洲思想史上，針對封建統治者和教會勢力擡高神的價值，貶損人的價值，摧殘人的個性，蔑視人的利益這一現象，而大聲疾呼，人是目的、社會是手段，這是一種前所未有的思想啓迪，其歷史意義是不容抹殺的。然而，在當時的社會歷史條件下，這卻是一種情緒化的批判，而非科學的、理智的批判。

馬克思主義認爲，個人與他人、社會兩者的關係是辯證統一的。它們彼此互爲目的，互爲手段。沒有哪方面是絕對的目的，也沒哪方面是絕對的手段。目的與手段是相對的，而不是絕對的。譬如，在社會主義社會，經濟發展和社會發展是爲了最大限度地滿足人民群眾日益增長的物質文化生活的需要。這裡人民群眾就是目的，經濟發展和社會發展就是手段。而要實現經濟發展和社會發展的具體目標，就要求人民群眾積極行動起來，努力奮鬥，就此而言，人民群眾就是實現這些目標的手段。而這些要達到的經濟和社會發展的目標，則成爲目的了。

在資本主義社會的生活實踐中，人是目的，社會是手段，其眞實含義是少數資本家是目的，其餘的社會成員，包括政府首腦在內，都是那些少數壟斷社會財富寡頭們的工具和手段。

由此看來，個人主義、利己主義的人生觀無論從經驗層次、抑或從理論層次上分析，都是反科學的，是不能接受的。

可能有些人覺得在我們國家裏，個人主義、利己主義人生哲學吃不開，在西方社會就不同，沒有誰批判它們。

這種認識不妥當。就西方社會來說，奉行個人主義、利己主義人生哲學

的入的確不少，但有識之士，早已批判過這種人生哲學。例如，著名俄國詩人、學者萊蒙托夫說：「自己腦子望裝滿自己，這種人正是那種最空虛的人。」偉大物理學家愛因斯坦說：「一個人的真正價值，首先取決於在什麼程度上和什麼意義上從自我解放出來。」1982 年美國哈佛大學教授伯特‧尼斯貝特在《偏見：一部哲學詞典》一書中寫道：「美國社會秩序的瓦解正在進行著。這是十分明顯的事實。不論其原因是什麼，——這是多方面原因造成的。美國的家庭、鄰里、社區、教會、社會各階級，特別是中產階級，都因受個人主義的侵蝕而動搖，這是美國人精神中的現實。……在 19 世紀談起個人主義信念，使人想到的是開拓西部邊疆、窮荒探險和苦心經營小農場或小商店的開拓精神，今天再重述個人主義的信條，卻只是使人想到形形色色在社會中被異化的人們——從孤獨憂慮的老人到盜竊犯，恐怖主義的一幅幅暗淡景象……。」這位教授已經認識到，個人主義的歷史作用，已經發揮殆盡。它已經由積極的東西變成消極的東西了。著名物理學家楊振寧教授，1990 年 6 月抵達新加坡出席國際高能物理學會議的前夕，接受記者採訪時說：「美國問題重重，所有這些問題，都是從一個基本觀念來的，這個觀念就是個人至上。」楊振寧談到美國社會種種弊端，告誡新加坡，學習西方要警惕，不能什麼都學。他指出，美國社會危機，最根本的原因，「那就是個人至上主義推到了極端。今天的個人主義膨脹的結果，使每個人只問：為什麼社會沒有給我更多更好的待遇？這個思想膨脹以後，就出現了種種畸形的現象，這就是新加坡應當引以為戒的。」（《參考消息》1990 年 8 月 14 日）至於對利己主義的批判，更加不乏其人。

生活於西方社會的哲學家、科學家們對個人主義、利己主義危害作如此深刻的批判與反省，難道不值得我們深思嗎？

二、實用主義人生觀

實用主義本是一種哲學思想，產生於 19 世紀 70 年代，流行於本世紀 30 年代，其創始人是美國的查理‧皮爾士。美國著名的心理學家、哲學家威廉‧詹姆士，教育家、心理學家、哲學家約翰‧杜威是著名的實用主義哲學家。

實用主義影響廣泛，特別是在美國，被稱為半官方哲學，成為「美國精神」的代表。

實用主義強調行動，注重實效。它是直接適應於資本主義商品經濟，追求最大限度利潤的要求而產生的一種「行動哲學」。在中國，「五四」運動的右翼頭面人物胡適曾大力鼓吹「實用主義」哲學。近年來，實用主義人生觀在中國重新擡頭。這同發展商品經濟不無關係。社會主義商品經濟儘管與資本主義商品經濟有原則區別，但還有某些共同的東西，即都受價值規律支配，都要計算成本，追求利潤，講究效益，展開競爭等等。一言以蔽之，商品經濟特別關注經濟活動的實際效益。由此看來，在新時期在一些人當中實用主義哲學思想和人生觀的擡頭，就不奇怪了。實用主義哲學在人生觀問題上的體現，即實用主義人生觀，它把人生是非、善惡的標準，定爲是否「有用」和「方便」。有用就是眞理，方便就是道德。它在今日社會上的表現，是只要利益而不講原則，只要效果而不擇手段。一些不法商人製造、銷售僞劣商品，坑蒙顧客，爲了賺大錢，竟不顧法律與道德，不講商業信譽，就是一種實用主義的典型表現。一些企業和政府機關的短期行爲，不顧政策，不考慮全局，只圖眼前利益，這也是一種實用主義態度。還有，人與人之間的交往，不要原則與友誼，只要好處與實惠，不言而喻，這就是實用主義。

實用主義人生觀在一些大學生中的表現，主要是重實惠、輕理想，同學關係實利化。有些學生公開聲稱：「不能再唱高調、說空話了，現在應該實際一點，搞點實用主義了。」他們對前途、理想作了實用主義的解釋：「前途、前途，有錢就圖；理想、理想，有利就想。」在日常生活中同學交往、師生交往、與領導交在，他們以是否對我有利，我是否用得著他，他對我會有什麼好處爲原則。例如，同學間的互相幫助，有的竟變成了現金交易。幫缺課同學補抄一頁筆記，要付辛苦費，有人需要託福考試復習提綱，也要花高價去購買。在婚戀問題上，實用主義也很明顯，找朋友、談戀愛看看對方有無海外關係，能不能幫我出國；在畢業分配問題上，實用主義態度尤爲明顯，過去大學生流行的口號是：「到邊疆去、到基層去、到祖國最需要的地方去。」現在流行的說法是：「到國外去、到公司去、到賺錢最多的地方去。」當然，人要生活，就不能不講利益，講實惠，但是，假如事事講利益，處處講實惠，理想、精神完全置於腦後，這勢必要導向荒謬。實用主義作爲一種人生觀是不正確、反科學的。

從經驗層次看，實用主義使人只看見個人眼前的利益，一事當前，首先想到的是自己能否得到好處，能得多大的好處，使人狹隘、自私。實用主義

的人生哲學還破壞了同志、朋友、師生、乃至親屬間的良好關係，使友誼、親情、血緣關係蕩然無存，剩下的就是冷冰冰的現金交易、等價交換和相互利用。

從理論層次看，實用主義人生觀之所以錯誤，首先是它的哲學世界觀的理論基礎是主觀唯心主義，把「經驗」看做是世界的本源。以此為基點，把「實在」和「眞理」都看做是對自己有用，並且是人們自己製造的。否認「實在」和「眞理」的客觀性、絕對性。其次，它割裂思想、動機、原則與效果、收穫、事實之間的有機聯繫。常常顛倒是非，混淆黑白。例如，在推銷商品的時候，只要能賺大錢，得大利，就可以置道德信譽於不顧？再次，實用主義人生觀對他人和社會，不講原則，不負責任。同個人主義、利己主義一樣自我是目的，他人與社會都是達到自我目的的手段。為了自我，可以不擇手段，不計社會效果。

由此觀之，實用主義人生觀是不可取的。它是一種特殊形式的個人主義、利己主義。因為它們的根本思想，都是自我中心，個人至上，不過說法不同，表現形式不同罷了。

三、薩特存在主義的自由主義人生觀

存在主義作為一種哲學，最早發端於 19 世紀初期。第二次世界大戰之後，在歐洲大陸得到廣泛的傳播，薩特等人使之進一步發展和完善。薩特存在主義哲學以探討人的存在、自由和尊嚴而著稱於世。特別是他關於人的自由至高無上的思想，在一些青年學生中引起了共鳴。80 年代初期，經過「文革」十年動亂之後，一些大學生熱衷於對人的價值、人的自由的思索，並熱衷於「自我設計、自我實現」。而薩特存在主義哲學思想，諸如，「人就是自由」，「人是由自己造成的東西」等恰好迎合了這些青年人的心理和需要。這就是在我國青年學生中一度出現薩特熱的原因。

薩特認為人作為「自為的存在」，他的存在先於他的本質。薩特說：「假如存在確實先於本質，那麼，就無法用一個定型的人性來說明人的行動，換言之，不容有決定論。人是自由的，人就是自由。」（《存在主義是一種人道主義》，見《人道主義、人性論研究資料》第三輯，商務印書館，1963 年版，第 151 頁）在薩特看來，人首先存在，然後通過他的活動，創造他的本質。人是自己創造自己，自由地不受任何限制地創造自己，因此，人是絕對自由

的。人要實現他的自由，就要進行選擇。而任何以自由的名義進行的選擇，都是有價值的和合乎道德的。我的自由與他人自由是對立的，「他人是地獄」。為了維護自我的自由，就要反對他人。只有如此，我才是自由的。這些就是薩特存在主義人生觀的主要內容。

存在主義人生哲學在社會上的表現，主要是無政府主義，無視法律、道德、宗教等社會行為規範，無視社會輿論，我行我素，我要怎樣就怎樣，誰也管不著。存在主義人生哲學在一些大學生中的表現，一是自由主義，認為法律、道德、傳統、習俗、校規是對個人的束縛，妨礙個性自由發展。要求並實行無限制的自由，諸如，自由聽課，自由就寢，還有少數人自由地、隨便地發生兩性關係。二是不顧主、客觀條件，盲目地「自我設計」，「自我奮鬥」，「自我實現」。

存在主義自由主義的人生哲學，從總體上看，是極不可取的。

從經驗層次看，存在主義人生哲學所鼓吹的絕對自由，破壞了社會的法律、道德、宗教的權威，使社會生活陷於無組織、無紀律、無秩序的狀態。絕對自由的客觀後果，必然是絕對的不自由。一個人不受任何約束的自由，必然妨礙他人的自由，而遭到他人的反對。

從理論層次看，絕對自由主義的觀點是不能成立的。馬克思主義哲學認為，任何自由都是有前提、有限制的。世界上絕對不存在絕對自由，一切自由都是相對的，有條件的。這樣說來，是不是馬克思主義人生觀就否定人有自由呢？不是的。馬克思主義認為，人的意志是自由的。但是，人的意志自由，不是主觀的、任意的，隨便怎樣就怎樣。而是建築在科學認識基礎上，並且與責任相聯繫。恩格斯說：「自由不在於幻想中擺脫自然規律而獨立，而在於認識這些規律。……這無論對外部自然界的規律，或對支配人本身的肉體存在和精神存在的規律來說，都是一樣的……」（《馬克思恩格斯全集》第20卷，第125頁）。哲學上的自由是對客觀必然性的認識和對客觀世界的改造，法律上的自由是對法律規範的認識，並在法律規範許可的範圍內的行動，道德上的自由是對社會道德關係、道德規範的認識與選擇。

在這裡，我們還要指出，我們並不一般地反對「自我設計」、「自我奮鬥」、「自我實現」。但是按照薩特存在主義的自由主義人生哲學去「自我設計」、「自我奮鬥」，就很難設計得正確，奮鬥得成功，實現得滿意。因為這種設計、奮鬥、實現想入非非，脫離客觀實際。而如果順應社會歷史的發展趨

勢、以國家、人民的利益爲重，並努力把個人利益與國家、人民的利益結合起來，去設計、去奮鬥、去實現，則是很有可能獲得成功的。總而言之，薩特的人生哲學絕不是科學的人生觀，不可以按這種人生哲學行事，否則將遺害自身，殃及社會。

　　以上三種人生觀都是不可取的，都是與我們的社會制度、價值觀念水火不相容的。我們必須從我們這個時代出發，從我們生活的社會條件出發，建立我們的人生觀。這就是共產主義的人生觀。

個人主義的反科學性

　　個人主義儘管在歷史上曾經起過一定的積極的作用，但從總體上說，或從本質上看，卻是不合理的、反科學的，我們可以從價值觀、人性論、生活態度、倫理意識四個方面分析它的反科學性、不合理性。

　　首先，作爲價值觀的個人主義，把自己看作是目的，把社會看作是達到個人目的的手段。儘管他們也曾說過，人和人是平等的，任何人都不應當把別人當作自己獲得幸福的手段。但這種聲稱於事無補，不過是掩耳盜鈴的把戲而已。

　　從邏輯上說，這種論證問題的方式不能自圓其說。人是目的，社會是手段，請問在我個人之外的社會是什麼？毫無疑間，就是除我之外的一切其他人。既然一切其他人都是達到我的目的的手段，那麼再聲稱：他人在人格和尊嚴上與我平等，不應當把別人當作爲我獲得幸福的工具，豈不是廢話嗎，不是與前面的論點，即說社會是實現我的目的的手段相矛盾嗎？

　　從理論上說，個人是目的，社會是手段，是站不住腳的。充其量，不過是一種無法實現的良好願望而已。事實上，個人與他人，即個人與社會兩者互相依賴、互爲目的、互爲手段。社會不依賴個人，不把個人或者集體作手段，社會不會繁榮，也不會發展。同樣，個人存在與發展，如果不依靠他人，不依靠社會，換句話說，不把他人、社會當作自己求生存、求發展的手段，個人怎麼能夠存在下去？正因如此，《聖經》才說，上帝當初造人的時候，不能只造一個亞當或夏娃，必須同時造出亞當，夏娃兩個人來。也正因爲如此，魯賓遜在一個孤島上不能一個人單獨生活下去，必須有一個「星期五」陪伴。人作爲一個生命個體，必須與生存的自然環境與外界進行物質、

能量、信息交換，否則不能存在。人作為一個社會存在者，與周圍的人發生聯繫，進行物質、思想、感情和信息交流，否則人一天也活不下去。個人主義，作為一種價值觀，恰恰歪曲了這種關係，似乎只有我才是至高無上的，別人算不得什麼。

其次，作為價值觀的個人主義，也顛倒了個人利益、需要、尊嚴和權利，與社會利益、需要、尊嚴和權利的關係。個人主義認為，個人的需要、利益、尊嚴、權利，至高無上，神聖不可侵犯。誠然，個人利益、需要、尊嚴和權利是重要的。誰沒有個人的利益、需要、尊嚴和權利呢？沒有個人的利益、需要、尊嚴和權利，恐怕不是一個有血有肉、有生命的現實的人。但是，個人利益、需要、尊嚴和權利，從哪裏來又從哪裏得到滿足？沒有他人相助，沒有機會提供一定的物質、文化條件，個人的利益、需要、尊嚴和權利，又從何談起？抹殺或否定個人利益、需要、尊嚴和權利，是錯誤的。這是歷史已經做出的結論。但是個人利益、需要、尊嚴和權利同階級的、民族的、國家的、全人類的利益、需要、尊嚴和權利相比，就不是至高無上的。相反，倒是階級的、民族的、國家的、全人類的利益、需要、尊嚴和權利，高於個人的利益、需要、尊嚴和權利。

第三，作為人性論的個人主義，認為人生來就是自私的，要求最大限度，甚至於絕對自由地去追求個人的利益與幸福。

人生來自私，這個論斷不能成立。不要說社會的人，退一步說，人就是一個動物，也不完全是自私的。「自私」固然是動物的一種本能，但動物也有利他的本能。否則動物也不會存在於自然界之中。人作為社會的人，怎麼可以說他們天生就是自私的呢？在階級社會，由於受私有制和私有觀念的影響與薰陶，人有自私的一面。但人由於過著社會的生活，社會生活的共同性即共同的利益、共同的需要，決定人還有利他的方面。斷然聲稱人生來就是自私的，是不能令人信服的。

人渴望自由，要求自由思想、自由言論、自由追求個人的利益和幸福，本無可厚非。但個人主義過分頌揚個人自由，似乎存在一種不受任何限制的自由，則是荒謬的。辯證唯物主義哲學教導我們說，所謂自由，就是對客觀必然的認識和對世界的改造。這就是說，人的自由是受自然規律和社會生活規律的制約，是在規律範圍內的自由。在規律範圍之外，不可能有什麼自由。須知，絕對的自由，就是絕對的不自由，任何人的自由，必須以不妨

礙他人的自由為限，任何人的自由必須以遵守一定的紀律、法律為限。否則不會有自由。個人主義要求的自由實質上是不受任何約束的自由，它的邏輯結論必然視法律、道德、宗教規範為枷鎖，導致行動上的虛無主義和無政府主義，乃至種種反社會的傾向發生。個人利益與幸福是人人都嚮往的，但對個人利益和幸福的追求，不是絕對自由的，不受任何限制的追求個人利益和幸福實際上是不可能的。如果真的有這種可能，那就是不擇手段的損人利己。

第四，作為生活態度和信念的個人主義，特別強調自信，自信自己的所做所為一切都正確。自信，對一個人來說，是相信自己力量和智慧的表現。沒有自信，人不能獨立地生活，從這個意義上說，自信是人獨立性的表現。但是個人主義把自信擡到一個不適當的位置，凡事都相信自己，依靠自己，對他人、對群眾不相信，則是錯誤的。這種過分自信，容易導致對他人的輕視、冷漠，甚至漠不關心，最終把自己孤立起來了。

第五，個人主義作為一種倫理意識，更是不可取的。倫理個人主義主張，善惡、是非的確定以個人的需要，即我的需要、我的利益為準。換言之，根據我的需要、我的利益，決定什麼是正當的，什麼是不正當的。這與社會的利益、社會的傳統是沒有關係的。顯然倫理個人主義是一種相對主義。

倫理相對主義，也是倫理主觀主義，只承認倫理道德的主觀性，完全否定倫理道德價值的客觀性和它的普遍意義。主張我行我素。這種觀點是對傳統和社會道德的抵制和破壞，使社會道德陷於無序狀態。

倫理個人主義，片面強調道德是個人自我肯定、自我發展的手段的一面，甚至錯誤地把道德歸結為個性表達的方式，而否定道德是維持社會秩序的工具，對個人有約束性的一面。在個人主義者看來，社會道德規範、社會關係是束縛人發展的羈絆，只有撇開社會的道德、社會關係，個性才能得到無拘無束地發展。這顯然是一種謬論。沒有規矩，不足以成方圓。脫離社會關係、社會道德規範，人的個性不會健康地發展，只能是扭曲地發展，那就不是人的個性了，很可能是獸類的個性了。

第六，個人主義和利己主義是相通的。個人主義和利己主義，它們不僅同是自我中心論，而且有共同的歷史背景，同時產生於文藝復興時代，同時發展於資本主義時代，有共同的理論基礎。這就是自然人性論，即人生來就

是為自己打算的，人的本性就是謀取個人私利的。但是，生理學、心理學均已證明，說人生來自私是毫無根據的。人是自私，抑或公而無私，完全是後天環境、社會物質生活條件和教育的產物。

個人利益與大公無私

　　最近幾年來，有些同志對「大公無私」發表了一些不同的看法。他們認為，「大公無私」是「極左的」口號，「不可能普遍地為大多數人所實行」。還說「自私是人的本質，大公無私的人，世上是絕對沒有的」。甚至說提倡「大公無私」，就要否定或「壓抑大多數人合理的個人利益」等等。

　　其實，這些說法並不是什麼新東西，然而它卻引起了一部分人的共鳴，造成了混亂，產生了不良影響。本文試圖從理論與實際的結合上闡明馬克思主義的公私利益觀。

一

　　「大公無私」是人類一種崇高的精神境界，是一種高尚、純潔的道德品質，根本不是什麼「極左」口號。「大公無私」這一概念是階級社會的產物。在原始社會，不能有這一概念，因為那時沒有公與私的對立。以後，隨著私有制和階級社會的出現，發生了公與私的矛盾，為了解決這個矛盾，才產生了「大公無私」這一概念。

　　「大公無私」這一概念的本質涵義，就是個人或私人的利益，要服從階級的集體利益，換句話說，階級的集體利益高於個人的利益。當個人利益與階級的集體利益發生矛盾的時候，個人利益要無條件地服從階級的集體利益，甚至於犧牲自己的生命。所以提倡「公」高於私，並不始於社會主義社會的今天。宣傳個人利益服從階級的集體利益，並不是只有無產階級一家。事實上，無論是奴隸主階級、地主階級、還是資產階級，莫不如此。例如，在我國春秋末年，作為新興地主階級的思想家孔丘，就讚賞過「公而無私」

的精神。這件事記載在《呂氏春秋》上。

《呂氏春秋》中《貴公》篇裏，有這樣一個故事：有一天，晉平公問晉國大夫祁黃羊：「南陽縣缺個縣長，你看派誰去好？」祁黃羊回答：「派解狐去就行」。平公驚奇地反問道：「解狐不是你的仇人嗎？」祁黃羊回答說：「你只問我什麼人能夠勝任，並沒有問我，解狐是不是我的仇人！」平公說好，隨後令解狐上任。解狐為那裡的平民百姓做了許多好事。大家都歌頌他。

過了一些天，晉平公又問祁黃羊說：「現在朝庭裏缺個法官，你看誰可以擔當這個職務？」祁黃羊說：「祁午能夠勝任。」平公感到十分奇怪地問道：「祁午不是你的兒子嗎？」祁黃羊回答說：「你只問我誰可以勝任，並沒有問我祁午是不是我的兒子。」晉平公說好。祁午當了法官，辦案公道，果然稱職。

孔夫子聽到這二件選拔「幹部」的事，十分稱頌祁黃羊，曰：「善哉！祁黃羊之論也。外舉不避仇，內舉不避子，祁黃羊可謂公矣。」意思是說：「祁黃羊說得太好了，他推薦人完全以德才作標準。不因為他是自己的仇人，存了偏見，就不推薦他；也並不因為他是自己的兒子，怕別人議論便不推薦他。像祁黃羊這樣的人才夠得上說，公而無私。」

封建地主階級是稱讚「公而無私」的，資產階級同樣也是如此。資產階級最初作為一個革命的階級，當他們起來反對封建統治，反對宗教禁欲主義的時候，曾經大講情慾，大講個人利益，可以說有史以來，沒有那一個階級能像資產階級那樣強調個人利益。即便如此，資產階級的思想家們，仍然提倡資產階級的個人利益要服從資產階級的整體利益。

例如，法國十八世紀唯物主義哲學家，愛爾維修就主張個人利益要與公共利益相符合，並要以公共利益作為行為的指南，甚至認為這是人類行為的最高美德。他說：「一個人一切行動都以公益為目標的時候，就是正義的。」又說：「要行為正直，就應當僅僅傾聽和信任公共的利益，而不要聽信我們周圍的人。個人利益通常總是使他們利令智昏的」。「因此為了做一個正直的人，就必須把靈魂的高尚與精神的明智結合起來。任何一個在自己身上結合了這兩種不同的自然贈品的人，都是以公共利益作為行動的指南的。這種利益是人類一切美德的原則，也是一切法律的基礎。」（《十八世紀法國哲學》，商務印書館，1963 年出版，第 463 頁）

資產階級一些有遠見的思想家，早在資產階級上升時代，就看到了為個

人利益進行無情的競爭所造成的危害，爲使資本主義社會長治久安，他們曾經以道德理想的形式，不僅提出個人利益服從公共利益是一種道德行爲，而且認爲理想的社會，個人利益與社會的公共利益應該是融合爲一的。孟德斯鳩在《波斯人信箚》信十二中，通過穴居野人的故事，指出他們從過去的自私自利、互相傾軋的沉痛教訓中認識到：「個人的利益永遠包括在公共利益之中；要想和公共利益分離，等於自趨滅亡。」伏爾泰則說：「在任何地點，任何時代，爲公益作出最大犧牲的人都是人們會稱爲最道德的人。」（同上，第84 頁）由此可見，剝削階級提倡個人利益與公共利益相結合，個人利益服從公共利益，甚至爲公共利益而犧牲個人利益這是毫無疑義的。那麼無產階級要不要提倡這種精神呢？不言而喻，當然是要提倡的。如果無產階級這個歷史上最進步、最革命的階級不提倡個人利益服從階級的集體利益，即服從公共利益，或者說，不提倡「大公無私」，那反倒是不可理解的。

我們可以斷言，歷史上任何一個階級不管是處於統治地位，還是處於被統治地位，都必然提倡個人利益服從階級的集體利益，把所謂公共利益，即階級的集體利益擺在第一位。爲什麼會這樣呢？因爲這是出於維護本階級集團經濟、政治以及其它方面的根本利益的需要出於對社會實行階級統治的需要。無產階級之所以特別需要提倡「大公無私」，還因爲他們作爲一無所有的勞動者，作爲現代化大生產的主力軍，處於被壓迫、被剝削的地位，他們的生產和生活的條件，就決定了他們的天然本性是傾向於「大公無私」的。經過馬克思主義的教育、薰陶，「大公無私」必然成爲他們一切行爲的準則。他們的歷史使命，就是要徹底地消滅私有制和私有觀念，解放全人類，建立以生產資料公有制爲基礎的社會主義和共產主義社會，因此，提倡「大公無私」就是必然的了。

當然應當提出，無產階級所講的個人利益服從公共利益（即階級的集體利益），同一切剝削階級所講的個人利益服從公共利益，雖然提法上有相同之處，但其內容、實質、範圍、目的、效果都是不同的，可以說是有本質差別的。

剝削階級所講的「公」，從內容上看，這個「公」不是別的，而是少數剝削者如奴隸主、地主、資本家這些集團的私利，是放大了的個人利益，並不是全社會的所有人的公共利益。私有者貪婪的本性，決定他們根本不可能倡導「大公無私」。他們所說的「公」或「至公」，都是「私」的別名，充其量

是剝削者共同利益的集中體現而已。就其範圍來說，仍然是狹隘的私人集團利益。他們所讚揚的、所倡導的公私結合、私要服從公等等，其目的主要是為了麻痹被統治者的意識，使他們俯首帖耳地聽任統治者的壓迫和剝削，為統治階級的私利而心甘情願地去犧牲自己的利益和生命。剝削階級雖然在各種不同程度上，主張「公共」利益高於個人利益，「公」重於私，但是他們不相信，也很少有人去認真地實行。從根本上說來，他們是言行脫節的，心口不一的，說的與做的完全是兩碼事。實際上，他們真正奉行的行為準則是「人不為己，天誅地滅」，「人人為自己，上帝為大家」。

但是，無產階級則根本不同，無產階級所講的個人利益服從公共利益，公共利益高於個人利益，這個「公」，不是狹隘集團的私利，不是小「公」而是真正的「大公」。這個「大公」不但是無產階級廣大群眾的共同的階級利益，而且還包括農民及其它勞動者的利益，還包括行將落入無產階級隊伍的一切剝削者未來的利益。所以，無產階級的階級集體利益，同整個社會的利益是相一致的。無產階級，只有無產階級才是全人類利益的真正代表者。可見，無產階級所講的「公」的內容和範圍是極其廣泛的。它所倡導的、所實行的個人利益服從公共利益，公共利益高於個人利益，其實質就是「大公無私」，就是把階級的、社會整體的利益看作是自己的利益。其目的是用新的社會意識，即社會主義、共產主義的意識，改變人們傳統的舊思想，克服和消滅私有觀念，樹立一心為公的精神。無產階級及其先鋒隊，即共產黨員的大多數，一貫把「大公無私」作為自己行為的準則，他們無論過去和現在，都在這個準則指導下，為黨為人民作出了巨大的貢獻，甚至犧牲了自己寶貴的生命，人民是永遠不會忘記他們的。但是，不可否認，今天在我們黨內，也有一些同志受到剝削階級思想的毒害，不注意世界觀的改造，與「大公無私」相去甚遠，他們為個人，家庭，親戚和朋友爭名奪利，損人利己，假公濟私等等，這是十分錯誤的，是同共產黨員的稱號不相容的，因而受到群眾的譴責，或者遭到黨紀、國法的懲罰是理所當然的。

二

目前，有些人看到社會上為個人名利奔波的人不少，看到黨內某些不正之風的嚴重存在；又受到剝削階級舊思想，特別是封建階級、資產階級的文藝觀點、政治觀點、人生觀的影響，於是得出結論說，「自私是人的本質」，「人

都是自私的，不可能有什麼忘我高尚的人。即是說：「大公無私絕對沒有」，
這種說法，未免過於武斷。

說人的本性是自私的，他們有一個重要的理由，就是人來自動物。據
說：「自私是一個廣義的哲學概念，它是動物的一種本能。在動物那裡表現為
自保，在人身上則表現為自私。」人起源於動物，這是無可爭辯的事實。人
身上的確有某些動物屬性，即自然屬性。然而人畢竟是人，而不是動物。動
物尚且不完全「自私」，它們還有種間互助，有共生共存的表現，何況人是有
理智的社會的人，怎麼可以把人的本質說成是自私自利的呢？誠然，在歷史
上，在文藝復興和資產階級革命時代，當時的一些偉大的思想家為了反對封
建等級制，反對宗教禁欲主義，曾經大講人的自然本性，說人的本質就是追
求個人的自由和幸福，就是趨利避害，就是自利自愛，一句話，人生來就是
自私的。這種看法，在歷史上有進步性，對於反對中世紀的黑暗統治，解放
思想，對於推動資本主義的發展，起過進步作用。但是這種看法本身，有它
的階級的局限性。他們只看到了人的自然屬性的一面，卻沒有看到另外一
面，即人的社會屬性。而在人的自然屬性方面，把人的生物學、生理學上的
特徵，或者說把人的自然本能，如追求飲食男女說成是自私的，也是不妥當
的。其不妥之處，在於沒有分清欲與私的界限。人們生活在世界上，一要生
存、二要溫飽、三要發展，所以人們追求物質利益的願望和情感，是自然的
生理需要，是生存的需要，無所謂自私不自私。只是在追求個人的情慾方
面，把它擺到不適當的位置，並且不擇手段地去追求它，這才是自私。清初
唯物主義哲學家戴震也是一個自然人性論者，他說：「人生而後有欲，有情，
有知，三者，血氣心知之自然也。」（《戴震哲學著作選注》，中華書局，1979
年出版，第 167 頁）這就是說，人出生以後，就有欲望、情感和認識能力，
這三者是人的肉體與精神本來具有的特性。但他把欲與私區分開，說：「欲之
失為私，私則貪邪隨之矣」。（同上，第 167 頁）這就是說，情慾作為人的一
種自然本性來說，人人皆而有之，人生活在世界上，不能不追求他的物質利
益，但是要適當，不能失度、不能過分，如果不顧別人的利益，甚至損害他
人的利益，這就是邪惡的行為，也就是「欲之失」，亦即自私。戴震這種觀點
是正確的。

西方資產階級革命時代的思想家們，不僅沒有劃清欲與私的界限，而且
還把資產階級自私自利的階級性，說成是全人類的共同的本性，這就更加錯

誤了。

馬克思主義以前，人類歷史上偉大的哲學家、倫理學家、文學家們對人的本質的探討，雖然作出了他們應有的貢獻，但是，都沒有科學地揭示人的本質。只有馬克思才做到了這一點。馬克思多次說過，人是社會動物。這就是說，在馬克思看來，人不但有自然屬性，而且有社會屬性。劉少奇同志也說過，人有兩種本質，一種是人的自然本質，即人的體質、聰明、健康及本能等（比如，在醫學上就有各種體質的人）；另一種是人的社會本質，即人的心理、思想、意識、觀點、習慣及要求等。這就是說，人的本質就是社會屬性與自然屬性的統一。但決定人之所以是人的東西，不是自然屬性而是社會屬性。自然屬性不能揭示人與動物的區別，只能說明人與動物的聯繫及其共同性。況且人的自然屬性，已經不是原來意義上的自然屬性，即作爲動物性的自然屬性。而是經過社會薰陶和改造了的，即深深地打上社會烙印的自然屬性。例如，自我保存的本能，對於動物來說，在遇到危險的情況下，它將採取各種辦法進行自衛，但對人來說，在戰爭和勞動生產中，或日常生活中遇到同樣的情況，常常在理智和社會責任感的支配下，採取「舍生取義」的行爲，或者冒著生命危險去援救受難的人。又如性的本能，對動物來說，是一種自然的要求，但對有道德意識的人來說，完全變成了愛情，由於尊敬與同情，愛情使自然的欲望更加高尚起來。可見，把人的「純」自然屬性說成人的本質是不正確的。決定人是人的東西，不是自然屬性，而是社會屬性。

馬克思說：「人的本質並不是單個人所固有的抽象物。在其現實性上，它是一切社會關係的總和。」（《馬克思恩格斯選集》第 1 卷，第 18 頁）這裡所說的一切社會關係的總和，主要指生產關係，除此之外還有其它的社會關係。這種生產關係在階級社會中，主要表現爲階級性，當然也有非階級的共同性。

人在社會生產體系中，對生產資料的佔有關係不同，在生產中的地位不同，所取得的社會財富的方式和多少不同等等，就決定了人有不同的本性。一切剝削階級他們佔有生產資料，不從事勞動，專門靠剝削別人而生活，這種人的本質，說他自私自利是正確的。但對無產階級則不能這樣說。現代無產階級他們一無所有，憑出賣自己的體力和腦力勞動維持生活，他們受剝削的經濟地位和現代化的大生產的工作條件，決定他們要求廢除私有財產，建

立社會主義和共產主義的公有制。所以他們的本性，是「大公無私」的，或者說是傾向於「大公無私」的。當然這並不意味著，作為無產階級隊伍的任何一個成員，都是如此的。實際上由於封建社會存在幾千年，資本主義社會存在幾百年，私有觀念，自私自利的思想影響極其深遠，在某些無產階級成員身上，在某些黨員幹部身上，這種舊觀念、舊思想也的確不少。正因為如此，馬克思主義的創始人教導無產階級，在改造客觀世界的同時，要改造自己的主觀世界。但這種私有觀念，是外來的影響，絕不是廣大無產階級的本性。

有人說，在現實生活中，在利害攸關的時刻，誰都要按著人的本能進行選擇，「人都是自私的，不可能有什麼忘我高尚的人」。這種說法是完全錯誤的。在歷史上，在人剝削人的社會裏，「捨生取義」、「殺身成仁」、「大義滅親」，無私無畏，正直高尚的人還不乏其人呢！如婦孺皆知的文天祥、岳飛、林則徐、鄭成功等等，何況社會主義社會。在我們的社會中，為了人民的利益，為了社會主義和共產主義的事業，赴湯蹈火，英勇獻身，具有崇高的大公無私精神的人，更是數不勝數。雷鋒的崇高思想和先進事跡，處處閃耀著共產主義的光輝，這是人人都知道的。又如，據《解放軍報》報導，一九八〇年八月，解放軍某部賀昌富同志，當汽車翻車事故發生的一剎那間，毫不猶豫的為了挽救一個兄弟民族的小孩的生命，他把死亡留給了自己，把生存讓給了別人，這是何等高尚的行為！怎麼可以說，在利害攸關的時刻，人們從本能出發都只顧自己呢？再如，上海一位放射學專家榮獨山教授與其夫人微生物學家林飛卿教授，為了發展祖國的醫學教育事業，於去年十月，將多年積蓄的六萬元人民幣全部捐贈上海第一醫學院，這不是一種「大公無私」的行為嗎？可見，那種說「自私是人的本質」，「『大公無私』的人，世上是絕對沒有的」觀點，無論在理論上，還是在事實上都是不能成立的，都是站不住腳的。

三

我們共產黨人，馬克思主義者提倡「大公無私」，是不是就否定了個人利益或「壓抑大多數人合理的個人利益」呢？回答是否定的。我們倡導「大公無私」同尊重、保護個人利益不是矛盾的，而是一致的。首先應該弄清楚，究竟什麼是個人利益？按照馬克思主義的觀點，利益是一定經濟關係的表

現。個人利益決定於個人所處的經濟條件。馬克思說：「這種私人利益本身已經是為社會所規定的利益，而且它只有在社會所安排的條件之下並利用社會所提供的手段才能達到目的，因而它受制約於這些條件和手段的再生產。它固然是私人利益，但其內容、形式以及所藉以實現的手段，都是由獨立於一切私人以外的社會條件所決定的。」（《政治經濟學批判大綱（草稿）》第一分冊，人民出版社，1975 年版，第 92 頁）可見，所謂私人利益，即個人利益不是什麼個人的主觀願望和欲求，而是有其客觀的為社會所規定的內容和實現的手段的。在社會主義社會中，勞動者個人的利益是受生產資料公有制這個最根本的條件制約的。在這種條件下勞動者的個人利益主要是參加社會主義的集體勞動，按照「各盡所能，按勞分配」的原則取得報酬，以保證不斷地改善和提高勞動者個人的物質和文化生活水平，發展自己的體力和智力。

在社會主義社會中，勞動者的個人利益與社會的集體利益是一致的。社會集體利益是千千萬萬勞動者個人勞動創造的。沒有勞動者個人對物質利益的關心，就沒有生產力的大發展，從這個意義上說，個人利益是集體利益的基礎，沒有個人利益就沒有社會集體利益。這是一方面。另外一方面，個人利益又依賴於社會集體利益，任何個人利益的解決都離不開社會集體利益。社會集體利益是滿足個人利益的保障和前提，是個人利益的集中體現。從這個意義上說，沒有社會集體利益，就沒有個人的利益。社會集體利益不僅與個人利益相一致，而且它又高於個人利益。

當然，這並不是說，個人利益與社會集體利益永遠一致，沒有任何矛盾。矛盾是客觀存在的。勞動者個人的暫時利益與社會集體的長遠利益，勞動者個人的或集體的局部利益與社會的全局性利益，在有些時候，有些場合下是會發生矛盾的。當兩者發生矛盾的時候，我們解決矛盾的原則，就是使個人利益服從於社會集體利益，為了維護社會集體利益，不惜犧牲個人的利益，甚至於個人的生命。這就是我們所倡導的因公棄私、因公忘私，或者叫做「大公無私」的精神。這是基本的原則，對這個基本原則，不能有任何的動搖和含糊。但是，在堅持這個原則下，在條件允許的範圍內，對個人利益還是要盡可能地予以照顧。我們講「大公無私」，在通常的情況下，並不排斥正當的合理的個人利益，更不是不要個人利益。由此可見，認為一講「大公無私」就是否定個人利益或「壓抑大多數人合理的個人利益」的看法是根本錯誤的。

　　然而，應當指出，講「大公無私」雖然不否定個人利益，卻否定個人主義。個人主義才是眞正的私。個人主義，即自私自利，同個人利益是不同的。那麼，什麼是個人主義呢？所謂個人主義，就是把個人利益擺在第一位，把一己之利看得比什麼都重要，爲了滿足個人利益不惜損害他人的和集體的、或社會的利益。這種剝削階級的自私自利的思想，是破壞社會主義公有制，毒害人們靈魂的一種腐蝕劑，我們必須批判個人主義，樹立集體主義觀念，提倡「一心爲公」的精神。

　　林彪、「四人幫」在十年動亂期間，藉口批判個人主義，而否定個人利益，把個人利益與個人主義混爲一談，則是別有用心的。這是他們敗壞社會主義聲譽的惡毒的一招。批判他們是正確的。應當指出，林彪、「四人幫」不是共產黨的代表，更不是社會主義的象徵，他們是一夥披著馬克思主義外衣的鑽進共產黨內部的階級敵人。在我們的幹部隊伍中，也有少數受林彪、「四人幫」極左路線的影響，官僚主義作風嚴重的人，他們不關心群眾的疾苦，忽視人民的利益，這些都是錯誤的。但是，由此得出結論說，社會主義否定個人利益，壓制人的個性發展，則是毫無根據的。其實，只有共產黨，只有馬克思主義的社會主義，才眞正關心、重視勞動者的個人利益。

　　一切以私有制爲基礎的人剝削人的社會，對廣大勞動者的利益談不上有什麼尊重。剝削者，從來不把勞動者當人看，難道他們還能夠去關心和重視勞動者的個人利益嗎？

　　在奴隸制社會裏，奴隸在奴隸主看來不過是會說話的工具而已，土人可以任意買賣和屠殺，那裡還談得上他們的個人利益與個性自由。只有奴隸主階級的成員和自由民，才能享有或多或少的個人利益與個性自由。在中世紀封建貴族統治下的農奴，或中國封建社會中的農民，雖然有了一定程度的人身自由，但對封建主依然是一種人身依附的關係。農奴或農民被當作是「直立的牛馬」。他們受壓迫、受剝削的地位，決定他們幾乎沒有改善和發展自己的生活條件和個性的可能性。而封建統治者、地主階級，由於他們佔有農民的勞動果實，過著不勞而獲的生活，享受著教育和獲取知識的各種特權，他們的個人利益與個性自由倒是有保證的。

　　在資本主義社會裏，資產階級大講個人利益，高唱個性自由，但是他們所宣揚的這一套，都是建築在資本家對生產資料私人佔有的基礎上的。只有資本家才享有充分的個人利益與個性自由。然而，這一切對一無所有的廣大

無產階級和其它勞動者來說，不過是一張空頭支票而已。無產階級及其它廣大勞動者的個人利益和個性自由，只有在爭取社會主義的鬥爭中，在實現社會主義和共產主義的條件下，才能眞正的逐步的完全實現。社會主義社會，爲滿足勞動者個人的物質和文化方面的需要，爲他們的個性的充分發展，創造了有利條件。恩格斯說，實現社會主義的生產方式「通過社會生產，不僅可能保證一切社會成員有富足的和一天比一天充裕的物質生活，而且還可能保證他們的體力和智力獲得充分的自由的發展和運用，這種可能性現在是第一次出現了」（《馬克思思格斯全集》第 20 卷，第 307 頁），社會主義社會同以往一切私有制社會不同，它是以生產資料公有制爲基礎的社會。只有社會主義社會，才能使勞動者個人利益得到普遍的可靠的保證。因爲它消滅了壓迫和剝削，實行了「各盡所能，按勞分配」的原則。

共產黨和革命領袖，向來重視和關心勞動人民的個人利益，並且教導人們正確地去實現自己的利益。毛澤東同志說過：「馬克思列寧主義的基本原則，就是要使群眾認識自己的利益，並且團結起來，爲自己的利益而奮鬥。」（《毛澤東選集》，第 1213 頁）打倒「四人幫」以來，黨和政府對人民群眾的切身利益十分關心，努力恢復和發展生產，想方設法提高工資，穩定物價，實行獎勵制度，擴大就業範圍，解決人民生活中存在的實際問題。這是有目共睹的事實。這是事情的一方面。事情的另一方面，則必須堅持用共產主義的思想，共產主義的道德，教育、武裝全黨和全國人民，必須繼續發揚艱苦奮鬥和大力提倡「大公無私」的精神。這不僅是無產階級消滅傳統的私有制和私有觀念的歷史使命所規定的，而且也是今天全黨、全國人民同心同德，調整國民經濟、實現四個現代化的任務所要求的。我們的目標是建設一個高度的物質文明的社會主義社會，同時也要建設一個高度的精神文明的社會主義社會。這個高度的精神文明的一個重要方面，就是要求人們有一種「大公無私」的精神，有一種爲人民的利益，爲社會主義和共產主義事業「一不怕苦、二不怕死」的英勇獻身的精神。特別是在當前，在社會上，在黨內，不正之風仍然很嚴重，爲了克服它，提倡和發揚「大公無私」的精神，具有迫切的重大意義。

一切共產黨員，都應該帶頭發揚「大公無私」的精神。毛澤東同志說：「共產黨員無論何時何地都不應以個人利益放在第一位，而應以個人利益服從於民族的和人民群眾的利益。因此，自私自利，消極怠工，貪污腐化，風頭主

義等等，是最可鄙的；而大公無私，積極努力，克己奉公，埋頭苦幹的精神，才是最可尊敬的。」（《毛澤東選集》，第 488 頁）劉少奇同志也說過：「黨的利益高於一切，這是我們黨員的思想和行動的最高原則。……爲了黨的、無產階級的、民族解放和人類解放的事業，能夠毫不猶豫地犧牲個人利益，甚至犧牲自己的生命，這就是我們常說的『黨性』，或『黨的觀念』、『組織觀念』的一種表現。這就是共產主義道德的最高表現，就是無產階級政黨原則性的最高表現，就是無產階級意識純潔的最高表現。」（《論共產黨員的修養》，第 37～38 頁）我們共產黨員、從各級領導同志到普通黨員果眞能夠記住，並實行毛澤東、劉少奇同志這些有益的教導，那麼我們黨的威信，就會大大提高，我們整個的社會風氣就會迅速改觀，社會主義現代化就會勝利實現。

功利論、道義論與馬克思主義倫理學

傳統規範倫理學有三種形態，即道義論、功利論與德性論。道義論和功利論，都可以轉化為德性論，故此，先從道義論與功利論講起。

一、日常生活中的功利論與道義論

何為功利論、何為道義論

何謂功利論？功利論作為一種道德理論，它主張人的行為道德與否，看行為的結果。凡行為結果給行為者及其相關的人帶來好處，或帶來利大於弊的行為，則是道德的，否則就是不道德。

當代美國道德哲學家弗蘭克納給功利論下了一個明確的定義。他說：「功利原則十分嚴格地指出，我們做一件事情所尋求的，總的說來，就是善（或利）超過惡（或害）的可能最大餘額（或者惡超過善的最小差額）」（引文加重點為原作者所加）。「這裡的『善』與『惡』，是指非道德意義上的善與惡。」〔註1〕而功利論又分行為功利論與規則功利論。所謂行為功利論，是不依據規則，而是根據當下的情況，決定行為，只要它能夠帶來好的效果便是道德的。規則功利主義是依據規則能夠帶來好的結果的行為即為道德行為。

道義論。道義論與功利論相反。它主張人的行為道德與否，不是行為的結果，而是行為本身或行為依據的原則，即行為動機正確與否。凡行為本身是正確的，或行為依據的原則是正確的，不論結果如何都是道德的。恰如弗蘭克納所說：「道義論主張，除了行為或規則的效果的善惡之外，還有其它可

〔註1〕〔美〕弗蘭克納：《善的求索》，遼寧出版社，1987年版，第73、31頁。

以使一個行爲或規則成爲正當的或應該遵循的理由，這就是行爲本身的某種特徵，而不是它所實現的價值。」〔註2〕

道義論亦可分爲行爲道義論與規則道義論。所謂行爲道義論，是說不一定有什麼規則，只要行爲本身是合乎道德的，那麼行爲就是正當的。規則道義論是說行爲遵循的規則必須是合乎道德的，否則便不是道德行爲。

功利論和道義論是支配人們行爲的兩種不同的道德觀

人們在日常生活中，支配其思想與行爲的道德原則，有功利論，也有道義論。只要仔細觀察、研究人的生活就不難發現這個道德眞理。

例如，人們經常思考：做某件事值得不值得？做某件事合算不合算？人們也常說：「兩利相衡取其大，兩害相較取其輕」。或者告誡朋友，不要佔便宜，「占小便宜、吃大虧」。凡此種種說明人們在當下的思想與行爲是在功利論道德意識支配下採取的。簡言之，利益、功名支配人們的行爲。人的行爲、思想，包括對未來的預測、企劃，受功利論道德觀念支配，這是毫無疑問的，並且是大量存在的現象。

但人的思想、行爲是否完全如此呢？不是。人的思想、行爲也常常受道義論的支配。

例如，人們稱道：「見義勇爲」是好樣的！某人對他的朋友說，「您做這種事太缺德了」（如與朋友的妻子通姦）。諸如此類，說明人的思想行爲是在道義論的支配下活動的。簡言之，理想、信念支配人的行爲。

以上是從指導人們的思想、行爲上說的。我們再從評價人的思想、行爲上看功利論、道義論，也是同時並存、交替使用的理論與方法。

例如，當人們議論某人做某事是「落井下石」或「火上澆油」時，顯然是功利論的道德評價。

又如，當人們說：「某人居心不良，用意不善」，或「項莊舞劍，意在沛公」，毫無疑問，這是一種道義論的評價。

不論人們意識到與否、自覺與否，兩種規範倫理觀同時並存，每時每刻都在支配人的思想與行爲，並評價人的思想與行爲，不過時而是功利論，時而是道義論而已，有時同時並用。功利論與人們的物質需要、物質生活相關。道義論則與人們的心理需要、精神生活相關。從人們的道德生活看，兩種規

〔註2〕〔美〕弗蘭克納：《善的求索》，遼寧出版社，1987年版，第73、31頁。

範倫理學具有同等的價值，同等的意義。有一付楹聯可作爲佐證：「百善孝爲先，原心不原跡，原跡貧家無孝子。萬惡淫爲首，論跡不論心，論心世上無完人」。

人們在生活中不能脫離功利論，也不能脫離道義論，那麼它們爲什麼會如此這般的伴隨著人們的生活呢？

我們先討論一下，功利論與道義論的特點，然後接著再討論人爲什麼會有這兩種道德行爲準則。

功利論與道義的特點

功利論有三個特徵：一是注重思想、行爲的績效、效果或結果，不計較行爲的動機，或不大注意思想端正與否、動機純潔與否，只要有好的效果，就可以了。二是在行爲前權衡，比較，計算利弊得失，不合算的事，吃虧的事不幹。三是立足於個人，推衍到他人與社會。追求個人的功名利祿或幸福是根本的，爲此，不得不顧及他人、社會大眾的益利或幸福。

道義論同樣也有三個特徵。一是注意行爲本身、或注意思想、動機（即行爲依據的原則），不關心思想、行爲的後果。二是不計算，不考慮思想與行爲的後果對自己會怎麼樣。三是道義論不是立足於個人的利益，而是立足於全社會的人民大眾的長遠的或根本的利益。以上各有三個特點，這就是它們的區別。

總之，功利論帶有自發的、本能的傾向，甚至不經學習，就可以掌握的；道義論則是自爲的、理智的產物，要學習、鍛鍊才能掌握；前者是情感、欲望的道德，後者是理智、信念的道德。或者說。功利論是常人的道德，而道義論則是賢人的道德。

功利論與道義論，有區別，但也有一定的聯繫。功利論與道義論都根源於社會物質利益關係，前者從個人利益出發，旁及他人與社會的利益，後者從社會整體利益出發，包含有個人的利益。兩者都服務於建立良好的社會秩序，提升人性。

人為什麼會受這兩種道德觀的支配

這要從人性說起。人是自然存在者，又是社會存在者。

人作爲自然存在者，人要生存，要成長，要發展，要享樂，因此人就要通過生產，解決吃、穿、住、行、娛樂、休閒等問題。這就必然要關心私人

的物質利益、福利、健康、舒適、安全、幸福諸問題。因此，講個人功利，並把功利作爲一種道德觀，天經地義，理所當然。

但是人又是社會存在者，他要生存，要成長，要發展，要快樂，要享福，所需要的物質產品、設備和相關條件，都不是單個人所能解決的，必須依賴群體、依靠社會。他必須與他人有分工，有合作的生產勞動，交換其產品，交換其經驗，互通其有無。這種社會性，簡言之文化性，規定了人有理想，有友情，有精神追求與寄託。因此，就需要有某種道義論存在。這也就是漢儒董仲舒所指出：「天之生人也，使人生義與利。利以養其體、義以養其心。心不得義不能樂，體不得利不能安。」〔註 3〕

二、馬克思主義道德論和傳統規範倫理學的關係

據我所知，迄今爲止，學者們所撰寫的馬克思主義倫理學著作，不論是教科書，還是學術專著，幾乎都沒有正面回答，馬克思主義倫理學是道義論，抑或功利論，還是兩者兼而有之。

我主編的《新倫理學教程》（北京大學出版社，1993 年版）。其深層寓意，是說它是一種超越功利論與道義論之上的一種新的規範倫理學，是傳統規範倫理學的綜合創新。新規範倫理學，這個說法，書中是有的，但沒有闡明，沒有論證。今日把它補上。

馬克思主義倫理學承認此前功利論、道義論規範倫理學存在的價值，它是古已有之的人類不可或缺的兩種道德論。從古至今綿延不絕，儘管它的理論形態，表現形式不斷地改變，但它的存在是客觀事實。它在繼承功利論、道義論規範倫理學的優秀成果基礎上，創造了自己的新規範倫理學。

馬克思主義倫理學的哲學基礎規定了它內在地包含有功利論與道義論兩種理論形式

我們知道，馬克思主義的規範倫理學是馬克思主義哲學的一部分，是馬克思主義哲學的分支學科。馬克思主義哲學是馬克思主義倫理學的價值觀和理論基礎。

馬克思主義的哲學是唯物的辯證法，又是辯證的唯物論。它認爲物質、存在是第一性的東西，精神、意識是第二性的東西。精神、意識是存在、物質的派生物。但它對存在、物質都有巨大的能動作用。

〔註 3〕董仲舒：《春秋繁露·身之養重於義》。

在馬克思主義看來，精神的東西離不開物質。一旦離開物質、精神現象將無法解釋，變成虛無縹渺、神秘莫測的東西了。從這樣的世界觀、價值觀出發、觀察分析倫理、道德現象，馬克思主義認為，倫理、道德現象是一種思想的社會關係，一種精神現象。它依附於物質的社會關係，即依附於物質利益關係。恰如馬克思在《神聖家族》一書中所說：「『思想』一旦離開『利益』，就一定會使自己出醜」〔註4〕。道德、倫理是物質利益關係在人們思想、觀念中的反映。一切倫理、道德觀念都是從物質利益關係中引申出來的。因此，馬克思主義的道德論，必然是功利論的，必然重視人們行為的物質效果，重視人民大眾的利益。正因為如此，馬克思說：「人們奮鬥所爭取的一切，都同他們的利益有關。」〔註5〕而毛澤東也說過，馬克思主義教導人們正確地認識自己的利益，並且團結起來，為他們自己的利益而奮鬥。人民大眾的利益、工人階級的利益同全人類利益相一致。而馬克思主義的道德觀，恰恰就是為工人階級利益辯護的。

人們還記得毛澤東《在延安文藝座談會上的講話》說：「世界上沒有什麼超功利主義，在階級社會裏，不是這一階級的功利主義，就是那一階級的功利主義。我們是無產階級的革命的功利主義者。我們是以占全人口百分之九十以上的最廣大群眾的目前利益和將來利益的統一為出發點的，所以我們是以最廣和最遠為目標的革命功利主義者，而不是只看到局部和目前的狹隘的功利主義者。」〔註6〕這裡講的很清楚，我們馬克思主義者承認，並主張功利主義是我們行為的一種指導原則。不過不是狹隘的功利主義，而是真正人民大眾的功利主義就是了。

但同時，馬克思主義認為，共產主義的理想與信念至關重要。為共產主義理想、信念而奮鬥、而我犧牲，則是共產主義道德的最高體現。劉少奇在《論共產黨員修養》中寫道，共產黨，除了階級的、民族的、全人類解放的利益之外，沒有自己的特殊利益。他說：「在個人利益和黨的利益不一致的時候，能夠毫不躊躇、毫不勉強地服從黨的利益，犧牲個人的利益。為了黨的、無產階級的、民族解放和人類解放的事業，能夠毫不猶豫地犧牲個人利益，甚至犧牲自己的生命，這就是我們常說的『黨性』或『黨的觀念』、『組

〔註4〕 《馬克思恩格斯全集》第 2 卷，人民出版社，1957 年版，第 103、166～167 頁。
〔註5〕 《馬克思恩格斯全集》第 1 卷，人民出版社，1956 年版，第 82 頁。
〔註6〕 《毛澤東選集》第 3 卷，人民出版社，1991 年版，第 864 頁。

織觀念』的一種表現。這就是共產主義道德的最高表現，就是無產階級政黨原則性的最高表現，就是無產階級意識純潔的最高表現。」〔註7〕從劉少奇這段論述看，我們無產階級的共產主義道德觀，即馬克思主義的道德觀是名符其實的道義論。

綜上所述，可見馬克思主義的道德論，既是功利論、又是道義論。功利論是基礎、道義論則是它的引申與昇華。

從人們倫理、道德文化遺產的傳承性上看，馬克思主義倫理學，必然包含有功利論與道義論的積極成果

馬克思主義的倫理學說，是工人階級和一切勞動者利益的理論反映，同時又是人類倫理、道德文化有機構成部分。

我們知道，倫理、道德文化是人類文化的結晶。人類文化的發展同其它事物的發展一樣是連續性與階段性的統一。馬克思主義倫理學是人類文化史上，倫理、道德史上的一個段落、一個環節。它的產生與發展有其歷史必然性。它必然對前此倫理、道德觀加以揚棄，即辯證的否定。故此，它要對功利論、道義論的規範倫理學，在新的歷史條件下，進行一番審視、分析、批判、改造、繼承、吸納就是不可避免的了，就是順理成章的了。

在馬克思主義之前，不論在中國、在西方，功利論、道義論都是典型的規範倫理。

就中國而言，儒家倫理占主導地位，本質上是一種道義論，當然它也是一種德性論。而在儒家倫理中，道義論，始終是主流派。

孔子所謂「君子喻於義，小人喻於利。」〔註8〕「君子憂道不憂貧。」〔註9〕「君子謀道不謀食。」〔註10〕孟子見梁惠王說：「王！何必曰利？亦有仁義而已矣。」〔註11〕「生亦我欲也，義亦我所欲也，兩者不可得兼，舍生而取義者也。」〔註12〕

董仲舒說：「正其誼不謀其利，明其道不計其功。」〔註13〕這是儒家道義

〔註7〕 《論共產黨員的修養》，人民出版社，1962年版，第37～38頁。

〔註8〕 《論語‧里仁》。

〔註9〕 《論語‧衛靈公》。

〔註10〕 《論語‧衛靈公》。

〔註11〕 《孟子‧梁惠王上》。

〔註12〕 《孟子‧告子上》。

〔註13〕 《漢書》卷五十六〈董仲舒傳〉。

論倫理觀最典型的表述。宋明理學，朱熹、二程「存天理，滅人欲」之說，更是極端的道義論。

功利論，先秦時代的代表人物則是墨子。墨子主張「兼相愛」，「交相利」，義即爲利，人民大眾之利。以後到了宋代，更有葉適、陳亮的功利主義思想。陳亮認爲，「功到成處便是有德；事到濟處便是有理。」〔註14〕這就是說，道德與事功不可分，葉適也是一位功利主義者，認爲道德離不開功利，離開功利無道德。

清代顏元，批判董仲舒，針鋒相對地提出：「正其誼以謀其利，明其道而計其功。」〔註15〕

西方倫理思想，從德謨克利特、伊壁鴻魯、魯克萊修到英國唯物論者洛克、霍布士、亞當‧斯密；法國的愛爾維修、霍爾巴赫、德國的費爾巴哈這一派經驗論哲學家的倫理學思想，幾乎都是快樂主義、幸福主義、或者理性利己主義、功利主義。可見，功利主義在西方淵源流長，是規範倫理學的一種傳統。

道義論，從蘇格拉底、柏拉圖、亞里斯多德、到中世紀經院哲學家奧古斯丁、安瑟倫、托馬斯‧阿套那、再到康德、黑格爾，這是理性主義傳統。他們的倫理觀，幾乎都是道義論。馬克思主義的倫理觀，就是在揚棄西方包括東方功利論和道義論規範倫理學的基礎上，形成了自己的道德觀，建立了全新的規範倫理學。

三、馬克思主義倫理學是傳統規範倫理學的綜合創新

馬克思主義是怎樣改造了以前的功利論與道義論

首先，它否定道義論離開物質利益空談道德，也批判了功利論把道德立足於個人利益的偏狹性。指出道德作爲一種人類精神現象是以社會物質利益爲基礎；否定了這個基礎，道德就是一種神秘的理性，如黑格爾所言，成爲絕對精神的表現或宗教倫理所謂上帝意志的體現。然而這一切都是空洞的說教，荒謬不可信。同時又指出道德成立的利益基礎，是階級的群體利益，或人類的共同利益。馬克思恩格斯在《神聖家族》一書中說：「既然正確理解的利益是整個道德的基礎，那就必須使個別人的私人利益符合於全人類的利

〔註14〕《止齋文集‧答陳同甫》。
〔註15〕《顏元集‧四書正誤》卷一。

益。」〔註16〕就是說，在馬克思主義者看來道德建構的物質利益的基礎是在個人或階級集團利益與全人類利益相統一、相一致的基礎上。也可以說，馬克思主義的倫理觀，社會主義道德的物質利益基礎，是工人階級利益（包括工人階級中的個人利益），又是全人類的利益。這就是它之所以是新的規範倫理學根本之所在。也正因爲如此，馬克思主義的道德觀既有階級性，又有人類的共同性。

其次，馬克思主義倫理學，克服了歷史上功利論和道義論的缺點吸取了他們的長處。指出道義論不關心行爲的效果，不計功利是片面的、錯誤的；而功利論不注意行爲的動機，不考慮行爲原則同樣是片面的、錯誤的。馬克思主義倫理觀，吸取道義論注重行爲動機，功利論注重行爲效果的優點，提出評價行爲善、惡與否，既看動機，又看效果。把動機與效果有機統一起來。何止是評價，就行爲發生而論，也要考慮動機與效果的一致性。不僅如此，馬克思主義的倫理觀，還把目的與手段納人道德評價體系。目的制約手段，手段影響目的。這樣就大大豐富了規範倫理學的評價理論並遠遠地超過了功利論與道義論。

第三，馬克思主義的倫理學，揚棄了傳統道義論與功利論，對其改造，整合，即綜合創新。我們說，馬克思主義的倫理學是新的規範倫理學，道理就在於此。它包含功利論和道義論的積極因素，就此而言，它既是功利論、又是道義論，然而它又不同於以往的任何一種功利論或道義論。它是功利論與道義論的有機統一。進一步說，它是人民大眾的功利論，與革命道義論的統一，是對歷史上功利論與道義論的積極超越。人民大眾的功利論包含有革命道義論的因素，而革命道義論又包含有人民大眾功利論的成分。革命道義精神，歸根到底，不能脫離人民大眾的功利。換言之，道義乃是功利的化身或功利的昇華。故此，我們可以得出結論說，馬克思主義的倫理觀本質上是人民大眾的功利論。

馬克思主義倫理學，集道義論、功利論、德性論於一身

馬克思主義倫理學之所以是一種新的規範道德論，就在於它把經過揚棄的功利論與道義論有機地統一起來。德性論不是別的，恰恰是功利論與道義論中的規範、原則、或準則的內化，成爲人的一種秉性、品質（德性）、情操

〔註16〕《馬克思恩格斯全集》第 2 卷，人民出版社，1957 年版，第 103、166～167頁。

或習慣。須知，人們的秉性、品質、情操或習慣，都是外在的道德規範、原則、準則對人長期薰陶、習染、教育、灌輸的結果。開始人們不認識，或不理解，甚至拒斥，到認識、接納，認同以及落實行動，這是一個過程。在人們行動的反覆實踐中，構成了人的內在的品質、秉性、情操或習慣。由此可見，馬克思主義的倫理學是道義論、功利論、德性論的有機統一。

馬克思主義倫理學之所以是新的規範倫理學還有方法論的理由。我們知道唯物辯證法，特別是唯物史觀，是它的方法論原則。把唯物史觀的方法論，應用於倫理學領域，使倫理學發生了革命的變革。

只有應用唯物史觀的方法論原則，（即社會存在決定社會意識；社會經濟關係決定道德，而道德又有相對獨立性）。才能科學地解釋道德的本質，道德的起源，道德文化遺產的批判繼承及其發展的規律性。也只有依據唯物辯證法的原則，才能全面地解釋道德原則或規範的絕對性與相對性的關係，階級性與全民性的關係問題，才能科學地闡釋道德行為的自由與必然的關係、道德選擇與責任等問題。

餘　論

目前倫理學界或明或暗地存在一種否定馬克思主義倫理觀的思潮。認為它過時了，或說為它不科學。這是很值得重視的理論動向。首先是否定階級的分析方法，宣傳無立場的哲學，中立的道德。其次是企圖創造一種所謂像自然科學如數學、邏輯學、物理學一樣的精確無誤的科學倫理學，言外之意現在的倫理學不是科學。還有人拾起利己主義的道德觀，改頭換面後推銷給社會，以為是新東西其實都是陳年舊貨。還有隨著世界「經濟一體化」鼓吹全球倫理，完全否定倫理、道德的歷史性、民族性與階級性。這是一種新的倫理絕對主義道德觀。

須知，新冒出來的東西，未必是新思想、新觀點，這需要分析，需要鑑別。要知道今日「包裝」厲害得很，包裝具有仿真性質，太像真的了，外行人，沒有經驗的人根本辨別不清，達到了以假亂真的程度，包裝不限於商品，還有人、知識與學問。

這種包裝實在不成體統，不像個樣子。這樣下去怎麼得了！要不要實行市場經濟，要不要改革開放，可以不爭論。但理論上，學術上也可以不爭論嗎？否。真理是不怕爭論的。只有爭論才能發現真理，發展真理。只是

爭論時，不要扣政治帽子，不要人身攻擊就可以了。如果真的不爭論，那麼道德相對主義必然泛濫成災，使倫理、道德成為無是非，無善惡的倫理、道德。

「利益最大化」提法的缺陷

　　市場經濟追求利益最大化，幾乎婦孺皆知。人們普遍接受了這個原則，並按這個原則行事。

　　利益最大化，不只是經濟原則，它已成爲社會生活的普遍性原則，不論什麼事情都要追求最大化，這樣做是正確的嗎？

　　我以爲這樣做是不正確的。爲什麼不正確呢？

　　從理論上說，最大化與最小化是相對應的，有最大化，勢必有最小化，否則最大化，不成其爲最大化。

　　問題是究竟什麼是最大化？最大化，有個標準或尺度沒有？

　　最大化，不是越大越好。最大化，必須有個合理的限度，這個合理的限度就是人們認可的限度，即當事者各方都可以接受的限度。倘若否定這個合理的限度去追求最大化，那麼，這個最大化，將是無窮的，沒有盡頭的，其最終的結果就是破壞事物的穩定性。

　　事物都是矛盾的統一體，矛盾雙方處於一個統一體之中，其力量是均衡的，即矛盾雙方相互制衡，否則失去均衡性，事物不成其爲事物，即導致事物的瓦解、分裂與破滅。

　　追求利益最大化，破壞利益共同體的均衡性，導致共同體的瓦解。無休止地追求利益最大化，就要走向它的反面，這就是「物極必反」的道理。

　　「利益最大化」原則，破壞企業存在的價值。企業是社會的一種經濟組織。社會有各種組織，除經濟組織之外，尚有政治、法律、教育、文化、體育、衛生等組織，各組織分工，協作，這樣社會才可以生存，才可能發展。

　　那麼企業的存在價值是什麼？它的職能與作用又是什麼？企業存在的價值，就是為社會創造財富，為大眾謀福祉。它的職能是生產各種產品，滿足人們生產、生活需要，它的作用是通過經營活動，維繫社會的存在與發展。如果扭曲企業存在的價值，把追求「最大利潤」作為宗旨，那麼企業就會變質，就會「無惡」不作，坑蒙拐騙無所不為。

　　追求利益或利潤的最大化，違背物質利益分配的公正原則。

　　每個人，每個組織，每個單位，都有他們自己的利益，這些利益是不同的，甚至是對立的，在利益的分配上，務必求取公正性，即公正地分配他們應得的利益。

　　如果初次分配不公正，那麼二次分配就一定要力求公正。初次分配是根據勞動貢獻、資金投入或技術投入等予以分配，這裡會有很大差別，甚至會產生兩極分化。二次分配，則是政府根據一次分配情況，動用行政、法律、制度的力量，分配社會財富或物質產品，力求公正或公平，抑止貧富懸殊，兩極分化。

　　眾所周知，當今世界各國都有稅收制度，諸如所得稅、營業稅、消費稅、財產繼承稅等。稅收制度的實質是限制某些社會成員、社會群體、社會組織的利益最大化。

　　追求利益或利潤最大化，在實踐上必然造成泛市場化、泛產業化。教育、醫療本是公益事業，搞產業化、市場化，群眾反應極大，政府作了一定程度的改革與調整，但問題並沒從根本上解決。

　　「利益最大化」的最大危害，是使人變質，人性異化，人們對物質利益的追求無止境，變得非常自私、貪婪。

　　可見「利益最大化」不僅僅是違背社會公正原則，而且其後果不堪設想，這個原則要不得，是錯誤的，應修正這個原則為：「利益（或利潤）最大合理化。」

必須革新舊的倫理道德體系

　　今天在我們國家，道德處於一種滑坡的地位，毋庸置疑是一個基本事實。造成這一基本事實的原因是多方面的。現在的倫理學教科書脫離中華民族傳統道德文化，缺少中國氣派和中國作風，因而人們不能認同。現在的教材基本是照抄照搬斯大林教條主義的東西。因此，我們的倫理道德教育不爲人們尤其年青學生所接受，更不能入腦入心。要想讓道德在社會生活中發揮推動作用，爲社會主義文明建設服務，必須革新舊的倫理道德體系，不能原封不動照搬，修修補補也很難前進。洋教條不適合，中國古代的教條，如儒家的道德也不完全可行。儒家道德是小農經濟的產物，它和社會化大生產的要求不同。我們要認眞反省現存的倫理道德思想，創造新的東西。不是把過去的東西都拋掉，拋棄傳統道德不行，要在傳統道德的基礎上，創造今天新道德。

　　還有所謂「老五愛」、「新五愛」其實就講一個東西，就是中國古代儒家的「仁愛」思想的擴展。在今天社會關係十分複雜的情況下，還把「五愛」作當教科書，遠遠不夠了。過去的道德原則只講集體主義，把紛繁複雜的東西簡單化了，在主旋律之外還有沒有認同的道德規範、道德原則？現在是政治和倫理太緊密，把愛社會主義和國際主義聯繫起來。政治和倫理不同，過去政治上以道德立國，經濟上以農立國，今天不行了，要強調以法立國、輔以道德。

　　在儒家道德中有階級性，但更多的是全民性，應該把階級性拿掉，全民性保留下來，知「忠」，只能是忠於國家，忠於民族、這是正確含義。全黨全國都要重視道德建設，不能光是政治思想工作萬能論，我建議成立全國道德委員會。

二編：社會主義道德原則規範

社會主義道德價值基本原則再認識

　　什麼是社會主義道德價值基本原則？有人認爲是集體主義；有人主張是人道主義；還有說是公正與功利。眞可謂仁者見仁，智者見智。這些不同的見解，都有一定的道理，然而，它們都不是社會主義道德價值的根本原則。

　　社會主義道德價值原則的確立，如同歷史上其它道德價值原則的確立一樣，必須滿足下列三個條件：一、作爲某一社會道德價值基本原則，必須是該社會諸道德原則、規範之母，必須是社會道德的總括詞，必須能夠統攝社會諸道德的全部內容。二、作爲某一社會道德價值的基本原則，必須能夠反映該社會、社會關係的實質，反映當時社會道德生活的現實。三、作爲社會道德價值的基本原則，必須能夠既表明該社會道德與以往道德的聯繫，又能體現該社會道德與以往道德的本質區別。

　　依此，社會主義道德價值原則，我認爲，不是通常理解的集體主義，也不是人道主義，也不是什麼公正與功利，而是「人人爲我，我爲人人」。

　　「人人爲我，我爲人人」。這是列寧在 1920 年提出來的。（見《列寧全集》第 3 卷，第 104 頁）

　　列寧把「人人爲自己，上帝爲大家」說成是可詛咒的常規，即視爲舊社會帶有根本性的道德原則。這是列寧對以往階級社會一切道德價值原則的高度科學的概括和總結。而「人人爲我，我爲人人」的原則，則是作爲「人人爲自己，上帝爲大家」的對立面提出來的，並且還要努力把它變成群衆的習慣，群衆生活的常規。不言而喻，這是新社會的根本的道德價值原則。

　　「人人爲我，我爲人人」。從前我們理解爲集體主義原則的列寧式的表述。這種看法，今天看來，似乎不大確切。事實上，「人人爲我，我爲人人」

的內容極其豐富，無疑包含有集體主義的意義，但是不能簡單地歸結爲集體主義。

「人人爲我，我爲人人」。我認爲它是社會主義道德的總括詞。它包含有若干重要的社會主義道德原則。換言之，它是社會主義諸道德原則之母。許多社會主義道德原則，都是它的派生物，都是從這裡引仲出來的。

從「我爲人人，人人爲我」的原則中，可以引伸出人道的原則。人道原則的根本之點，是把他人看作是我的同類，尊重他人爲人，愛他人與愛自己具有同等的價值。

從「我爲人人，人人爲我」的原則中，可以引伸出眞正的集體主義原則。集體主義原則的精神實質是個人利益與集體利益的結合。即通常所說的個人利益、集體利益、國家利益統籌兼顧。如果兩者發生矛盾，就要顧全大局，把集體的利益、國家的利益置於優先的地位。

從「我爲人人，人人爲我」的原則中，可以引伸出平等或公正的原則。「我爲人人，人人爲我」意味著人我權利、義務平等，從根本上消滅了權利與義務分離的狀況。「我爲人人，人人爲我」同時意味著人的價值是目的價值與手段價值的統一。沒有誰只是目的而不是手段，反之亦然。

從「我爲人人，人人爲我」的原則中，還可以引伸出誠實守信的原則。「人人爲我」意味著要求別人爲我服務必須是誠實的，認眞負責的。反之「我爲人人」即爲別人服務，也必須將心比心，以誠實、負責的態度對待之。

從「人人爲我，我爲人人」的原則中，還可以引伸出熱愛社會主義的原則。因爲只有消滅了剝削階級、剝削制度的社會主義社會，人與人之間才能有眞正的人道關係，才能有不只是政治的、法律的、人格的平等，還有眞正的社會的、經濟的平等。這樣的社會才是廣大勞動者、全體社會成員的眞正命運共同體。他們的利益、他們的幸福、他們的自我完善與這個社會休戚相關。因此，人們熱愛社會主義的思想，便油然而生。

「人人爲我，我爲人人」這個原則的實質是平等、互助，即社會成員間相互服務。這也就是中共中央《關於社會主義精神文明建設指導方針的決議》所說的：「我們的社會裏，人人都是服務對象，人人又爲他人服務」，亦即毛澤東所說的「爲人民服務」。

這個原則之所以是社會主義的根本的道德價值原則，是因爲它是社會主義社會人的社會關係本質方面的反映。馬克思、恩格斯、列寧所理解的社會

主義，是消滅了階級、消滅了剝削的社會。在這個社會裏，人們對生產資料的佔有、對勞動成果的享用、對社會權利和義務的分配是平等的或接近平等的，人與人的社會關係是同志式的、互助合作的。作爲反映這種社會關係的道德，只能是「我爲人人，人人爲我」。

我們今天的社會主義是在經濟、技術、文化非常落後的條件下建立起來的，公有制占主導地位，還允許其它所有制存在，還要大力發展商品經濟。因此，人與人的關係除了同志式的互助合作的關係之外，還存在著一定程度的雇傭、剝削與被剝削的關係。儘管如此，公有制占主導地位和共同富裕這兩條社會主義根本的原則，客觀上規定了我們的道德只能是「我爲人人，人人爲我」。

其次，「我爲人人，人人爲我」的道德原則與發展社會主義的商品經濟相適應。商品經濟廣泛的社會分工，需要「人人爲我，我爲人人」的道德價值導向原則。廣泛的社會分工與廣泛的社會合作是統一的。沒有分工，就沒有合作；反之，沒有合作，也就沒有分工。商品生產者生產出的產品要變成商品，一定要能夠滿足他人或社會的需要，即商品生產者、經營者必須有爲社會服務的精神。可見，倡導「我爲人人，人人爲我」的道德價值導向原則符合商品經濟運作的客觀規律。

「人人爲我，我爲人人」是新社會根本的道德原則，平等、互助是它的本質特徵，這是歷史上一切道德原則恨本不同之點。舊社會的道德原則，不管具體表述有怎樣的差別，本質上是利己主義的。而「人人爲人，我爲人人」不同，這個原則不是利己主義的，也不是利他主義的，而是人己互利、互惠，或者說是平等、互助的原則，是超越於利己主義、利他主義之上的嶄新的道德原則。

在西方倫理思想史上，利己主義與利他主義是長期對立的兩種不同的倫理觀。從 17 世紀到 18 世紀英國哲學家霍布斯與劍橋柏拉圖學派拉爾夫‧柯德畢斯、亨利‧莫爾、昆布蘭發生激烈爭論。前者主利己主義，後者主利他主義。在洛克之後，又有孟德威爾的利己說與沙甫茲伯利、赫企遜的利他說之爭。他們或者認爲人天生是利他的，或者認爲人天生是利己的，或者認爲利己是根本，兼有利他的本性。

馬克思主義倫理學認爲，利己說、利他說、或根本利己兼有利他說，都不正確。就人性的本來意義說，無所謂天生的利己或利他。利己或利他，或

既利己又利他，都是後天的即人社會化的產物。因此，馬克思主義對人性利己說，對利己主義倫理觀持批判態度。對人性利他說，對利他主義倫理觀亦持否定態度，因爲後者是前者的變形態。馬克思主義認爲，人是社會關係的產物，人在生產勞動中創造了社會關係，由此規定了人性和人的本質。人在社會上要生存、要發展，就需要有自己的私人利益，亦需要有社會的公共（共同）利益，兩者有矛盾，但本質上是一致的。但是在私有制社會裏，個人的（私人）利益與社會的公共（共同）利益往往不能統一。不但不能統一起來，反而經常處於對立之中。社會的公共利益，即社會共同體的利益，對於廣大勞動者來說是虛幻的，實質上是統治者或統治集團放大了的私人利益。廣大勞動者的個人的利益，多半被排斥在外。個人利益與社會共同利益的一致，只有在消滅剝削、消滅私有制的社會主義社會裏。與這種社會制度相適應，其道德價值的根本原則，只能是「人人爲我，我爲人人」的平等、互助的原則。這一原則既不是利己主義，也不是利他主義，更不是兩者的混合而是超越其上的新質的道德價值觀。社會主義道德，既不以利己主義來反對自我犧牲，也不拿自我犧牲來反對利己主義。它在理論上不接受這種對立。相反，之指出這一對立的物質根源，揭示出這種對立將隨著其物質根源的消失而消失。社會主義道德是對利己主義道德、利他主義道德的積極的揚棄。它肯定利己主義對個人利益的重視和利他主義對他人利益的關心。它把這些合理的因素加以革命的改造，提出新的道德價值的根本原則，即「人人爲我，我爲人人」。在這裡，個人與他人、個人與社會達到新的統一，個人利益與社會利益協調一致甚至融爲一體。這在今天看來，無疑具有理想的性質。今天我們社會中，各階層人們之間的利益不同，並且常常發生矛盾，不過對抗性的矛盾將隨著經濟的發展、社會生產力的提高而逐步減少。面對生活中發生的矛盾，我們希望人們能夠自覺的對自己有所克制，對他人有所遷讓，對集體、社會、國家有所服從，即顧全大局。

社會主義倫理道德建設的指南針

　　中共中央關於社會主義精神文明建設指導方針的決議，內容很全面、很豐富；從精神文明的戰略地位，到黨在精神文明建設中的責任，從思想道德到科學文化建設，幾乎都講到了。在許多理論觀點上，有重大的突破，有新的觀點和新的思想。學習這個《決議》，我有以下一些體會。

一、《決議》的基本精神和倫理學建設的根本任務問題

　　《決議》規定社會主義精神文明建設的根本任務，是適應社會主義現代化需要，培養有理想、有道德、有文化、有紀律的社會主義公民，提高整個中華民族的思想道德素質和科學文化素質。這是社會主義精神文明建設的根本任務，也是我們馬克思主義倫理學建設的根本任務。

　　目前我們正處在信息革命和技術革命飛躍發展的新時代，信息技術、電子技術、核能技術、生物工程，海洋工程、宇航工程等等尖端技術革命取得新的突破，為經濟的發展開闢了廣闊的前景。我們要在本世紀末使我國經濟達到小康水平，下個世紀中葉接近世界發達國家水平，就必須努力提高全民族的科學文化素質，盡快地掌握各種先進的技術，這樣才能把我們的經濟搞上去，從根本上改變我國的落後面貌。

　　但科學文化素質與思想道德素質是相輔相成的，相互依賴、互相促進。提高科學文化素質必須同時提高思想道德素質，科學技術發展的事實雄辯地表明，提高兩個素質必須同時進行。

　　由於科學技術的進步和發展，使得人們勞動的性質、內容和條件發生了變化，從而帶來了人的道德關係的變化。

目前由於商品經濟的發展，跨地區、跨行業的生產聯合體的出現，各生產部門，聯合公司、企業內部專業化、分工協作都有了很大發展，特別是勞動職能日益增多，工藝過程日趨複雜化和運轉速度的提高，對生產部門、企業的勞動者，管理者、領導者，不但提出必須具有誠實、守信、互助、合作的品質和精神，高度的責任心和義務感，以及對個人行為自我控制、自動調節的能力。同時還必須具備一系列新的思想和品質，如「競爭」的意識、「守時」的觀念，「勤儉」的品質，「開拓」和一「進取」的精神等等。

從未來人類社會必將發展到共產主義社會的前景來說，造就全面發展的個人。不但需要有科學文化素質，還需要有思想道德素質。可見，倫理學的根本任務，不論從現階段還是從長遠的未來看，始終都是圍繞著培養德才兼備的一代新人。

在培養的造就一代新人的過程中，我們倫理學教學和科學研究的根本任務則是側重社會主義時代倫理道德的建設，側重提高人的思想道德素質。這是歷史賦於我們的責無旁貸的任務。

二、社會主義道德建設的現實性與理想性的問題

《決議》說，「在道德建設上，一定要從實際出發，鼓勵先進，照顧多數，把先進性的要求同廣泛性的要求結合起來，這樣才能連結和引導不同覺悟程度的人們一起向上，形成凝聚億萬人民的強大精神力量。」

這就是說，社會主義社會倫理道德建設方面，一定要從社會主義客觀現實出發，充分注意它的現實性和可行性。因此，我們倫理道德的建設必須符合社會主義初級階段的要求，我們今天所講的倫理道德，雖然是民主革命時期工人階級道德的繼續，但絕不是那個階段上的簡單重複，必須賦於新的內容，新的觀點或新的解釋。同時，我們今天所謂的社會主義倫理道德，雖然是共產主義倫理道德體系的一部分，但又有別於未來的共產主義社會。它是社會主義初級階段上的共產主義道德，這一點必須明確。我們倫理學以往存在的問題，最主要的一條就是對人的要求過高，沒有充分注意社會主義初級階段的經濟、政治狀況和人們的覺悟程度。我們講的那些行為規範，有的不完全適合社會主義初級階段的要求。

從理論上說，我們要弄清集體利益和個人利益的關係。集體利益與個人利益相輔相成、相互滲透。任何個人利益都不是純粹的個人利益，都要滲透，

表現一定的集體利益；而任何集體利益都包含有一定的個人利益，在人剝削人的階級社會中，個人利益與集體利益的對立是普通的，統治者強調個人利益服從集體利益，其實質是使普通勞動者個人利益，服從少數統治者集團的利益。

今天我們是社會主義，從社會主義總體上說，已經消滅了剝削制度與剝削階級，人與人之間沒有根本的利害衝突，各階層人們的利益日趨一致，因此，在社會主義條件下，闡述集體主義原則，不能把集體利益與個人利益對立起來，應當更多地強調它的一致性，在實際處理個人利益與集體利益的關係時，我們要提倡大公無私，也要兼顧正當的個人利益，兼顧不了，那麼個人利益就應該服從集體利益。

社會主義道德，承認集體利益高於個人利益。正因爲如此，當個人利益與集體利益發生矜持的時候，個人要顧全大局，使個人利益服從集體利益。但是儘管如此，社會主義道德絕對不能把自我抑制、自我犧牲當作一個普遍抽象的原則提到人們的面前。

我們在闡述社會主義的集體主義原則時，應當很好地理解馬克思恩格斯所說的共產主義道德「既不拿利己主義來反對自我犧牲，也不拿自我犧牲來反對利己主義。」它在理論上不僅不承認這種對立，而且要揭示這種對立的物質根源，揭示出這種對立將隨著其物質根源的消失而消失。（參閱《馬克思恩格斯全集》第 3 卷，第 275 頁）

學習《決議》，我們得到許多啓發，首要的一條就從實際出發，實事求是地概括、闡明社會主義社會的道德原則和規範，務必注意它的現實性和可能性，以更好地指導實踐。

《決議》是把社會主義道德和共產主義道德區分開來，認爲共產主義道德是共產黨員和少數先進分子的道德，全社會只能是認眞提倡，而不是作爲普遍的道德行爲原則，要求人們貫徹、實行。毫無疑義，《決議》中所說的共產主義道德是狹義的共產主義道德。廣義的共產主義道德包括三個部分：即工人階級道德、社會主義道德和未來的共產主義社會的共產主義道德。

我認爲，社會主義道德與共產主義道德是被同一社會經濟形態所規定的新型道德在兩個不同的經濟發展階段上的具體表現。爲了更好地體現共產主義道德在社會主義階段的特殊性，也爲了人們便於接受起見，我們把社會主義社會階段上的共產主義道德，直接了當的稱爲社會主義道德更好、更精確、

更科學。因此，我們完全贊成把社會主義社會階段上的共產主義道德叫做社會主義道德。

但是，社會主義不是一個獨立的社會形態，它是共產主義社會的低級階段。「社會主義是向共產主義高級階段前進的歷史運動」，因此，在社會主義道德規範體系中，必然包含有許多未來的共產主義社會裏道德的某些因素。對待這些先進的、高於社會主義現階段的道德因素，或道德成分，一則要大力宣傳，積極倡導。我們的社會主義道德同人類歷史其他道德一樣，也是現實性與理想性的統一。對那些具有理想性的東西，必須大力支持，使「應有的東西」變成「實有」的東西。這樣才有利於人們道德覺悟水平的逐步提高。所以，對待共產主義道德（狹義）正像《決議》指出的那樣，「應當在全社會認真提倡。」

三、社會主義倫理、道德建設的主要內容和它的層次性問題

《決議》指出，「社會主義道德建設的基本要求，是愛祖國，愛人民、愛勞動、愛科學、愛社會主義。」

這「五愛」是對社會主義全體公民的普遍要求、可以說是公民道德，五愛就是五個道德規範。其中「愛祖國」、「愛人民」、「愛勞動」、「愛科學」是並列的，屬於同一層次。而「愛社會主義」則是屬於較高的層次。它實際上是一個道德原則，當然道德原則不只是這一個。「愛社會主義」其中包含有為共產主義事業奮鬥的因素。所以不能把社會主義道德與共產主義道德截然分開。然而從《決議》精神看，共產主義道德與社會主義道德是有區別的，共產主義道德應是高層次的，是對共產黨員和先進分子的要求。我們倫理學研究方面，以往存在的一個重要的缺陷，就是沒有注意引進系統分析方法，區分出層次來，不看社會主義初級階段特點，不顧人們覺悟水平的差別，一律要求人們按共產主義道德原則辦事，其結果往往事與願違。因此，闡明社會主義社會裏倫理、道德的層次性問題，意義是重大的。

社會主義社會道德原則、規範問題有層次性，就是每個道德原則、規範自身也有不同的層次。「五愛」的內容和層次是：「愛祖國」，首先是熱愛祖國的山河、優秀的文化，維護民族尊嚴、關心祖國的前途和命運。其次，建設祖國，保衛祖國，維護祖國的獨立和統一，為祖國的繁榮富強貢獻力量。最後則是熱愛祖國與發揚無產階級國際主義精神和維護世界和平以及反對霸權

主義相結合。其中，較低的層次是熱愛祖國的山河、關心祖國的命運和前途。較高的層次則是爲建設祖國保衛祖國不遺餘力、甚至英勇獻身。最高的層次，則是自覺的把愛國主義統一起來。

從以上對社會主義道德規範內容和層次的闡釋和分析，我們看到，這「五愛」是我們社會主義社會現行的道德規範。有廣泛的群眾性和極大的現實性，符合人民群眾的利益願望和要求，它們是可以接受的。但它同時包含有理想性成分，其中每個規範中的最高層次幾乎都包含有共產主義道德的因素，這再次說明把社會主義道德和共產主義道德區分開，突出地宣傳實行社會主義道德，是正確的，科學的，符合實際的，但社會主義道德又與共產主義道德不是截然對立的，兩者有內在的聯繫的，我們在推行社會主義道德的同時，不要忘記提倡共產主義道德。

講清道德原則、規範的層次性便於對各種不同覺悟的人，提出不同的要求，也有利於不同覺悟的人進行道德行爲的選擇，這樣才能充分發揮道德團結人民，教育人民，引導人民積極向上的作用。

道德有層次性、理想也同樣有層次性，理想本身是個多層次結構的概念，我們宣傳理想時要注意努力做好：一是要講清理想的層次性，二是要切實地宣傳理想時要注意把理想與個人的日常的學習、工作、勞動結合起來，理想的層次性的劃分可以有不同的標準，從時間上說，有現階段爲之奮鬥的理想和遠大理想，這顯然是兩具不同的層次。

《決議》指出，「建設有中國特色的社會主義，把我國建設成爲高度文明，高度民主的社會主義現代化國家，這就是現階段我國各族人民的共同理想。」這個共同理想是實現各盡所能按需分配的共產主義社會的最高理想的一個必經階段，從理想的層次來說，它是一個較低層次。

這個共同理想的提出是有科學根據的。它表達了工人、農民、知識分子和其他勞動者、愛國者的利益和願望，因而這個共同理想就成爲一種凝聚力，把共產黨員和非黨員、馬克思主義者和非馬克思主義者、無神論者和宗教信仰者、國內同胞與海外僑胞都緊密地團結起來，並爲它的實現而奮鬥。

相反地，如果我們只講共產主義遠大理想，很難爲一切人所接受。當然，作爲一個眞正的共產黨員和先進分子來說，他們無疑地會自覺地爲實現共產主義理想而鬥爭，同時也會通過自己的行動，帶動越來越多的人去實現這個崇高的理想，但是共產黨員和一切先進分子必須首先爲實現現階段全國人民

的共同理想而奮鬥。可見，在理想問題上，講清層次性，對於團結一切可以團結的力量，是多麼重要。總之，只有講清層次性，我們的從理道德、理想才能由外在他律，變成內在的自律，使人們自覺自願地接受，並積極地貫徹執行。

四、社會主義倫理、道德建設面向四化、面向世界、面向未來的問題

道德是現實生活的反映，同時又要給現實生活以指導。

倫理、道德同人們的社會生活緊密相關，現實經濟政治的變革，科學技術的發展，是推動倫理道德發展的動力。

經濟改革，所有制、管理制度的改革，商品經濟的發展，引起了人際關係的變化。道德觀念、道德意識的變化，如人際關係除了平等、互助、團結、友愛之外，還有競爭、比賽，對手的關係，人們價值觀念的變化也是很明顯地，從前人們認為講個人利益不大光彩，甚至是一種恥辱，如今很重視個人利益並努力追求個人利益。

從前不重視個人的權利，如今人們相當重視權利。過去我們講道德義務，不聯繫道德權利。現在不同，許多同志認為講義務要聯繫權利。從道德觀念看也是如此。從前小生產慢騰騰，把浪費時間看成無所謂，如今人們提出時間就是金錢。因此，珍惜時光，守時，就理所當然成為一種新的道德觀念。從前我們受小資產階級絕對平均主義的影響很深，自覺不自覺地把「不患寡、患不均」看作是平等觀念，今天不同，經濟改革的現實使我們認識到這種平均主義的平等觀，必須破壞，建立新的平等觀念，這種新的平等觀念，它的經濟基礎就是按勞分配，多勞多得，少勞少得。

我們社會主義倫理學的或道德學的研究、教學工作，必須打破關門主義、保守主義教條主義的傾向，敞開大門，走向社會，深入實際，調查研究，對經濟改革和政治改革引起的人際關係和道德觀念的變化，作出理論概括，這樣我們的倫理學才會有生命力，才能對經濟改革和政治體治改革，起積極的促進作用，也只有如此，才能提高倫理學的社會威望。

中央的《決議》說：「對外開放作為一項不可動搖的基本國策，不僅適用於物質文明建設，而且適用於精神文明建設」。我想這個精神對社會主義倫理、道德建設同樣適用的。開放的政策實行的結果，證明「閉關自守」研究

倫理學是行不通的。我們必須打通與世界各國交流的渠道，對蘇聯、當代西方倫理學研究的進展成果，必須採取客觀的實事求是的態度。凡是科學的、有利於我們精神文明建設的，有利於倫理學建設的，我們都應該破破「唯我獨正確」的狹隘偏見，大膽地引進、吸收，或經過批判、改造之後使它成為我們自己的東西。

社會主義初級階段
道德規範體系構建的初步設想

　　道德、倫理問題，對於人類生活的意義，有目共睹。自古以來，沒有哪一個民族，沒有哪一個國家，可以不講道德，不論倫理的。道德、倫理是人類社會化的工具，也是人類文明的標誌。一個人不思道德，不講論理，他在社會上將無立足之地，他就不會有真正充實、愉快和幸福的生活。換言之，一個人沒有道德，不懂做人的道理，他就失去了人應有的尊嚴和價值。一個社會如果不講道德，不倡倫理，那麼勢必導致力量就是真理，強權就是道德。一個國家如果不講道德、不行倫理，那麼這個國家不可避免地將陷於精神崩潰的局面，或導致獨裁政治，最後覆滅了事。誠如中國革命的偉大先行者孫中山先生所說：「無道德不成國家，無道德不成世界」。

一

　　問題是倡導什麼樣的倫理，實行什麼樣的道德。資本主義國家，在個人主義社會歷史觀指導下，人們往往奉行理性利己主義，即「合理利己主義」，或功利主義的道德、倫理觀。其結果雖然對經濟的發展，起了某種推動作用，但他們付出的代價是得不償失的。人們之間的關係，變成「物」的關係，重智輕德、近利遠義，成為普遍的行為模式。人們把眼前的利益作為行為取向的價值方針。質言之，人與人的關係，就是赤裸裸的金錢關係。人失去了人的理智和情感，變得冷酷、麻木、孤獨、苦悶和煩惱。人們所孜孜以求的是物質享樂，是市場上花樣不斷翻新的令人頭暈目眩的商品，而失去了對崇高理想的信念和美好精神生活的追求。甚至因此導致許多嚴重的社會問題和道

德危機，諸好搶劫、兇殺、吸毒、性關係混亂、家庭破裂、離婚率上升等等。實踐證明，以個人主義爲基礎的倫理，道德觀，不管是什麼型號的，不但解決不了資本主義國家的社會問題和人際關係問題，反而會擴大和加深這些問題的嚴重性。一些資本主義國家的有識之士，開始對個人主義表示懷疑和動搖，甚至著書立說，進行反省、檢討和批判。與此同時積極研究中國先秦時代的儒家思想，今日在美國、日本新加坡、南朝鮮等國家出現了中國文化熱，甚至出現了新儒學。他們企圖從先秦儒家的道德、倫理學說中找出醫治資本主義社會問題的「仙丹妙藥」。

當前我國實行改革、開放、搞活的方針、政策，大力發展社會主義的商品經濟。在這樣的背景下，有人認爲個人本位主義（即個人主義）是現代商品經濟文化的精髓，是使整個社會經濟充滿永不衰竭的活力的內部機制。他們同時認爲，以儒家倫理思想爲代表的中國傳統文化，是扼殺個性、否定個人利益、窒息人的創造性的「奴家」文化。儒家文化是阻礙商品經濟發展的絆腳石。因此，他們主張，拋棄儒家文化，引進個人本位主義，倡導「開明」的利己主義，或功利主義的倫理觀。

這種見解，我認爲是值得商榷的。儘管西方學者們闡釋個人主義，說它是一種政治或社會哲學，並不與利己主義相等同，但是，在我看來，個人主義的實質，它的基本的意義是個人中心論、即自我中心論，則是毫無疑義的。《簡明不列顚百科全書》關於個人主義界說如下：

「individualism 一種政治和社會哲學，高度重視個人自由，廣泛強調自我支配，自我控制，不受外來的約束的個人和自我」。個人主義作爲一種哲學，它含一種價值體系，一種人性理論，一種對於某些政治、經濟、社會和宗教行爲的總的態度、傾向和信念。從價值體系看，個人主義主要是認爲，人具有最高的價值，人是目的，社會是達到個人目的的手段；從人性理論看，個人主義主要是認爲，人人都在追求自己的利益，對於成年人說，最符合他的利益，就是讓他有最大限度的自由和責任去選擇他的目標和達到目標的手段；從作爲總的態度說，個人主義高度評價個人自信、個人私人生活和對他人的尊重。綜合上述，可見個人主義的核心思想，就是個人價值、利益、意志、願望和要求是至高無上的，個人的行動、生活方式的選擇應有最大限度的自由，甚至絕對自由。這難道還不是徹頭徹尾的自我中心論嗎？在個人主義者看來，整個社會，包括其他一切人，都是自己達到某種目的的手段，儘

管他們有時也認為應當尊重其他人,「一人算一人,誰也頂不了兩」。但實踐是檢驗真理的標準,現實資本主義社會生話,無可辯駁地證明,個人主義已經走頭無路,不管現在有多少人還相信它,並把它當作生活的信條,它注定要走向歷史的墳墓、這是肯定無疑的。

個人主義與利己主義,特別是與倫理利己主義不盡相同。利己主義無須多加解釋,就是一種自私自利的思想和行為。而倫理利己主義,與通常所說的自私自利不完全一樣,作為一種倫理學理論的倫理利己主義,並不總是排斥利他主義,在許多情況下與謙讓和無私是可以相容的。但它的實質,認為人人都應該永遠為自身的利益而奮鬥,不必考慮別人的利益,除非別人的利益服務於他自己的利益、換言之,倫理利己主義,就是一種「開明」的利己主義。這種利己主義,無疑的是自我中心論。

個人主義與利己主義,特別是與倫理利己主義雖然不盡相同,但它們卻是相通的、在某環境,它們是一致的。它們不僅同是自我中心論,而且有共同的理論基礎,這就是自然人性論,即人生來就是為自己打算的,人的本性就是謀取個人的私利。同時,它們還有共同的歷史背景。同時產生於文藝復興時代,同時發展於資本主義時代,是資產階級的意識形態。簡言之,如果說,個人主義是一種政治哲學,一種社會歷史觀,那麼倫理利己主義(包括功利主義)就是這種社會歷史觀,在倫理學領城中的具體表現。無論是個人主義,還是倫理利己主義、功利主義,都不是一種科學的理論,都不能正確處理個人與社會的關係,物質利益和精神理想的關係。它們都是資本主義經濟關係特有的產物、都是資產階級的思想武器。當然它們的歷史功跡是不容抹煞的,在反對封建制度,要求個性解放上,曾經起過積極的進步作用。但是,它們的歷史使命已經完結。對於這種即將退出歷史舞臺,在西方已經引起懷疑,甚至遭到否定的個人主義,為什麼硬要引進中國來呢?

二

我認為,在社會主義初級階段上,我們的倫理、道德建設,既不是歐美的模式,也不是蘇聯的模式,而是我們中國自己的模式。

這個模式,首先應當體現我國傳統文化的基本精神。

中國傳統文化的基本精神是什麼?這就是《周易》上所說的:「天行健,君子以自強不息」,「地勢坤,君子以厚德載物」。一言以蔽之曰:「堅忍自強」,

或曰「剛健有為」，亦即「生命不止，奮鬥不息」的精神。中華民族，憑藉這種偉大的民族精神，永遠屹立於世界之上。中國傳統文化，儘管有它的局限性，但它絕不是某些人所說的「柔靜」的文化。代表中國傳統文化的儒家道德文化，當然不是盡善盡美的，但絕不是什麼「奴家」文化。更不可以把它與封建倫理、道德，視為同一。儒家倫理思想具有人文主義特色，重視人的價值和人際關係的和諧，倡導人道思想，講求人者愛人，對人生抱樂觀主義態度，所有這一切，都是可取的，對於當代商品經濟的發展起了積極的作用，這已被日本、南朝鮮等國家和地方經濟發展的事實所證明。我相信儒家倫理文化經過革命改造之後，可以成為我們寶貴的道德財富。可以對我國商品經濟的發展起一定的良好作用。

誠然，儒家倫理、道德學說、曾經是封建社會與統治地位的倫理觀，對世世代代中國人的思想、行為有束縛的一面，有妨礙個性解放的一些因素，這是不容否認的事實。但先秦時代的儒家倫理思想與西漢以後的儒家倫理思想畢竟是不同的。而且就是真正的儒家倫理思想，也要區別那些是特殊的，具有時代特徵的東西，那些是一般性的，具有普遍意義的東西。對儒家道德文化、倫理思想，不加分析，一概斥之為封建文化，什麼保守、僵化、禁錮人的頭腦、窒息人的創造性、全部拋棄了事，是不妥當的。我們構建社會主義初級階段上的倫理、道德體系，不能把影響深遠的儒家道德文化，置之一旁而不顧。

其次，必須體現時代精神。我們這個時代是商品經濟快速發展的時代，是新技術革命突飛猛進發展的時代，也是各種信息量空前擴展的時代。同時也是各種文化相互激盪、交流的時代。

生活在這個時代裏的人們的生活方式，人際關係、價值觀念、道德意識、發生了許多前所未有新的變化。我們社會主義初級階段的倫理、道德建設，必須思考這種變化，並要做出相應的理論概括。例如，以往人們所瞭解的道德關係，無非是指個人與個人，個人與社會的關係，可是今天在這樣看，顯然不夠了。道德關係不僅包括個人與個人、個人與社會集體，還包括集體與集體的關係。這個集體不僅是企、事業單位集體、還包括民族集體，階級集體，黨派集體、國家集體等等。由於科技革命的發展，人改造客觀世界廣度和深度不斷擴大，人與環境的關係，也被列入道德關係的範圍內。因此，就出現了相應的道德行為規範，並進而形成環境或生態倫理學。就人的道德意

識而言,商品經濟的發展,自由、平等、公正的觀念,勢必強化起來,等價交換的意識、金錢掛帥觀念不可避免的要出現在人們的頭腦裏,滲透在人們的關係和行為中。

隨著改革、開放的深入,對外經濟、貿易技術、文化交往不斷擴大,西方發達資本主義國家的價值觀念、心理意識、行為準則必然傳播進來,對這些東西,我們不能不加以鑒別,從而有肯定,亦有所否定,吸取那些於我們有益的東西,抵制那些於我們有害的東西。

第三、必須充分體社會主義初級階段的特徵。

我們社會主義初級階段的倫理、道德建設,不應當從馬列的書本或基本原則出發,應當從社會主義初級階段現實生活出發。也只有如此,才能堅持和發展馬克思主義的倫理學說。趙紫陽同志在中國共產黨第十三次全國代表大會上的報告指出:「我國正處在社會主義的初級階段。這個論斷包括兩層含義。第一,我國已經是社會主義社會。第二,我國的社會主義還在初級階段。我們必須從這個實際出發,而不能超越這個階段」。這些是說,我們的生產經濟建設、科學文化建設、思想政治建設,包括倫理、道德建設,既不能離開社會主義,又不能超越初級階段。

三

那麼,同社會主義初級階段相適應的道德體系又是怎樣的呢?

要瞭解社會主義初級階段的道德體系是怎樣的?首先應瞭解社會主義初級階段經濟關係的狀況,其次是政治制度與人們的思想狀況。

我們的經濟關係是在以公有制為主體的前提下發展多種經濟成份,在以按勞分配的前提下實行多種分配形式,在共同富裕的目標下,鼓勵一部分人通過誠實勞動和合法經營先富起來。

我們的政治制度是在工人階級領導下的人民民主專政,並且是在共產黨領導下與民主黨派「長期共存、互相監督、肝膽相照、榮辱與共」的方針,不斷完善社會主義民主,加強社會主義法制。

由於以往我們經濟關係、管理體制和政治制度不完善,不健全、甚至有某些重大缺陷,如過分單一的所有制結構和僵化的管理體制。政治制度上,黨政不分,權力過分集中,官僚主義嚴重,封建主義影響遠未肅清。因此,經濟政治體制,乃至思想、文化、科學、技術等管理體制都面臨著全面改革

的局面。

鑒於社會主義初級階段經濟和政治各方面的狀況，人們思想覺悟、價值觀念、道德意識不僅參差不齊，而且越來越多變化。同社會主義初級階段的社會關係相適應，我們的道德規範體系，只能是一個多層次的複雜結構。

社會主義初級階段上的道德規範體系，包括三個有機聯繫的不同層次，也可以說是兩級結構，三個層次。所謂兩級結構，一是社會主義道德、二是共產主義道德。所謂三個層次、從低到高，依次是社會公共生活中的道德規範、社會主義道德和共產主義道德。

第一個層次是社會公共生活中的道德規範。這是數千年來已經存在的人類公共生活基本準則。它是歷史上積累下來的優良的道德傳統，具有全民性。諸如，尊老愛幼、誠實守信、謙虛禮讓、見義勇為、助人為樂等等。這些是生活在社會主義初級階段裏的一切人，必須遵守的起碼的行為準則。不過這些行為準則，在社會主義初級階段上又賦予它以新的意義。社會公共生活道德規範，雖然是一個單獨的層次，但嚴格地說，它是從屬於社會主義道德的，是整個占主導地位的社會主義道德體系的一部分。

第二個層次，則是社會主義道德，它居於主導地位，並且是反映社會主義初級階段本質獨特的道德。它是廣大群眾現行的道德規範。具有廣泛的群眾性，實際上是社會主義初級階段上，人人必須遵守的國民公德。它是工人階級道德，也是全民道德。

社會主義道德主要規範，就是通常人們所熟知的「五愛」，即：「愛祖國、愛人民、愛勞動、愛科學、愛社會主義」。

依我之見，其中「愛祖國」、「愛人民」、「愛勞動」、「愛科學」、再加上「愛環境」、這「五愛」是較為具體的道德規範，而「愛社會主義」則是比具體行為規範高一層次的道德原則。

我認為社會主義道德原則、除「愛社會主義」外，還有集體主義和社會主義的人道主義，也就是說，有三條基本原則。

所謂「愛社會主義」，就是堅持社會主義的道路，社會主義事業的整體利益高於一切。它有兩個基本點：一是正確處理局部利益和全局利益的關係，全局利益高於局部利益，局部利益要服從全局利益，全局利益要照顧局部利益，二是正確處理眼前利益與長遠利益的關係，長遠利益、眼前利益，眼前利益要服從長遠利益，長遠利益要照顧眼前利益。

　　所謂集體主義，它是和個人主義，利己主義相對立的一種思想意識和行為準則。它的基本點：一是人民群眾的根本利益是我們一切言行的出發點和歸宿點，二是在集體利益的基礎上，實行個人利益和集體利益相結合；三是在個人利益和集體利益發生矛盾的時候，個人利益要服從集體利益，集體利益亦應盡可能的照顧個人利益。為了集體的利益，為了人民群眾的利益而英勇獻身的精神，則是崇高的道德行為。

　　所謂社會主義人道主義，則是社會對其每個成員利益、權利、價值的尊重、以及人民群眾間的相互尊重。它的基本點：一是尊重人的價值；二是以平等的態度待人，三是愛人民，恨敵人。這就是社會主義社會占主導地位的道德原則與規範。它是我們宣傳和教育的重點，是要著重貫徹、執行的。

　　第三個層次，則是共產主義道德（狹義）。共產主義道德，是我們社會主義社會中最高層次的道德。共產主義道德是共產黨員和少數先進分子的道德規範，是社會道德進步的方向，是廣大人民群眾努力志願爭取達到的目標。

　　共產主義道德在現階級的主要內容，則是奮力開拓，公而忘私，勇於獻身，必要時不惜犧牲自己的生命，顯然具有先進性。

　　我把社會主義初級階段上的道德規範體系作這樣的解釋和描述（詳見《社會主義職業道德講話》一書中本人撰寫的第一講《社會主義的道德和職業道德》（北京日報出版社，1987 年 4 月版）讀者或許要問，這樣講有根據嗎？我的回答是肯定的。這就是現實生活中的根據和中共中央文件的根據。中共中央十二屆三中全會《關於社會主義精神文明建設指導方針的決議》對什麼是社會主義道德，什麼是共產主義道德，作了相對區分。決議明確提出，「社會主義道德建設」的命題，認為共產主義道德（狹義）是對共產黨員和少數先進分子的要求，社會主義道德則是對廣大人民群眾的要求。這在理論和路線上具有重大意義。

　　從理論上說，把社會主義道德與共產主義道德區分開，這是一個突破。有利於克服教條主義和「左」的片面性，準確的、科學的使用這些道德概念和道德原則。

　　從實踐上說，作出這樣的區別，對倫理學的應用是一個貢獻。有利於從實際出發建設社會主義道德，也便於不同層次的人們作出道德抉擇、并相應地進行道德評價。

　　從前我們幾乎不加區別，經常使用共產主義道德概念，有些場合，也使

用過社會主義道德概念。實際這兩個概念，既有區別又有聯繫。廣義的共產主義道德概念，是偉大的無產階級革命導師列寧，在 1920 年在俄國共青團第三次代表大會上的報告，首次提出的。列寧所說的共產主義道德，是指在馬克思主義世界觀的指導下，反映工人階級利益、願望和要求的一種嶄新的道德體系。它是和現代化的大生產相聯繫，同社會主義公有制相適應的。這種新型的道德體系，包括無產階級道德、社會主義道德和未來的共產主義道德。顯然這三種道德具有內在聯繫。但無論就其內容和它們的使命來說，無產階級道德、社會主義道德、共產主義道德（狹義）又是有區別的。它們實際上是同一道德體系在經濟發展的不同階段上的表現。

四

同社會主義初級階段相適應，我們應該大力倡導和積極推行社會主義道德，這是毫無疑問的，但決不意味著，從此就可以放棄共產主義道德的宣傳。

我們知道，道德既是現有的範疇，也是應有的範疇。它是現實性和理想性的統一。如果說，社會主義道德是我們的現實的道德，那麼共產主義道德（狹義），就是我們理想的道德。理想的道德來源於現實的道德，又高於現實的道德。現實的道德孕育著理想的道德，理想的道德指導著現實的道德，況且「社會主義是向共產主義高級階段前進的歷史運動」。隨著社會主義的前進，我們的道德水平也不斷地提高。因此，社會主義道德教育必須立足現實，著眼於未來。我們一方面要著重推行社會主義道德，另外一方面又要積極宣傳共產主義道德。正如中共中央《關於社會主義精神文明建設指導方針的決議》所指出：「總之，在道德建設上，一定要從實際出發，鼓勵先進，照顧多數，把先進性的要求同廣泛性的要求結合起來，這樣才能聯合和引導不同覺悟的人們一起向上，形成凝聚人民的強大的精神力量」。

市場經濟與集體主義功利主義

經濟關係決定道德，有怎樣的經濟關係及其所規定的社會關係，就會有怎樣的道德。這是馬克思主義倫理學的基本觀點，也是它的基本的方法論原則。

隨著社會經濟關係的變革，社會關係的改變，人們的倫理意識、道德觀念、行為的道德準則，必然或先或後的、或部分或根本的發生相應的改變。

一

我們現實的社會經濟關係，是以公有制為主體的多元經濟關係並存，分配製度，也是以按勞分配為土的多元化的分配製度。同這樣多元化經濟關係及其社會關係相適應，社會的道德價值觀念也必然發生多元化的改變，不管人們主觀上是否承認它，客觀上都是不爭的事實。

目前主要存在這樣幾種道德觀：利己主義的道德觀，其理論觀點是人性自私論，實踐上損人利己，損公肥私；合理利己主義即理性利己主義道德觀，其理論上認為自我是目的，他人、社會均是達到自己目的的手段，實踐上堅持利己的行為取向，但不損人，甚至為利己而利人；功利主義道德觀，與市場經濟關係十分密切，它是市場經濟條件下，普遍流行的一種道德觀。這種道德觀，又可分為個人功利主義、集團功利主義、社會功利主義。個人功利主義實質上是利己主義，也可以說是利己主義的變形。集團功利主義，實質上是團體利己主義，或者說是團體利己主義的變形。社會功利主義，有資本主義的社會功利主義和社會主義的社會功利主義。

我們對利己主義的道德觀，不論從理論上，還是從實踐上，都應予以否定和批判，因爲它損人利己，或只顧自己，不管別人。對理性利己主義，則應給予有限的承認，即在一定的範圍內，承認它的現實性。這種道德從理論上說，它不甚科學，也不盡合理，因爲它只承認自我是目的，他人、社會是手段，否認自我還有手段的一面，他人、社會還有目的一面。從實踐上說，這種道德觀支配下的行爲是合法的，且往往無損於他人，無害於社會，甚至相反，有利於他人，有益於社會。它雖然主張利己，但不否認利他，這與損人利己，或只顧自己，不管別人，無視他人存在的利己主義不可同日而語。它不是崇高的道德，但卻是合乎商品經濟發展要求的

最低的道德，故此應允許它存在。至於功利主義的道德觀則應區別對待：對資產階級功利主義取揚棄的態度，對它主張道德以利益爲基礎，以個人利益與社會利益相結合爲道德評價的尺度，注重行爲的效果都應予以肯定，但對它的自然主義人性論，即人的本性趨利避害，亦即天生利己，以個人主義作爲倫理的基本理念，以及道德評價方法上的片面性，只看效果，不見動機卻應予以否定或批評。對社會主義功利主義，則應大力倡導。

二

那麼什麼是社會主義的功利主義呢？社會主義的功利主義，依我之見，即社會主義的集體主義。但它不是過去我們所說所講的那種集體主義，而是重新解釋和界定的集體主義。

這裡首先要轉變一個觀念，這就是功利主義不是資產階級的私有物；無產階級、人民大衆也有他們自己的功利主義。誠如毛澤東所說：「唯物主義者，並不一般地反對功利主義，但是反對封建的、資產階級的、小資產階級的功利主義，反對那種口頭上反對功利主義，實際上抱著最自私最短見的功利主義的僞善者。世界上沒有什麼超功利主義，在階級社會裏，不是這一階級的功利主義，就是那一階級的功利主義。我們是無產階級的革命功利主義者。我們是以占人口百分之九十以上的最廣大群衆的目前利益和將來利益統一爲出發點的，所以我們是以最廣和最遠爲目標的革命功利主義者，而不是只看到局部和目前的狹隘的功利生義者。」〔註1〕不言而喻，毛澤東在這裡，不僅指出功利主義有不同階級屬性，而且著重指出無產階級革命功利主義的本質

〔註 1〕《毛澤東選集》第 3 卷，人民出版社，1991 版，第 8 頁。

特徵，即人民大眾的功利主義，亦即目前利益和將來利益相統一、相結合的功利主義。毫無疑義，這是一種新的功利主義。這種新的功利主義，不是別的，恰恰就是社會主義的集體主義。

以往對集體主義的解釋，大致有三個基本要點：集體利益高於個人利益。在保證集體利益的前提下，實行個人利益和集體利益相結合。當個人利益與集體利益發生矛盾時，個人利益要無條件地服從集體利益。這三點，除第一點從馬克思主義經典著作家那裡多少能夠找到一點根據以外，其餘二點找不到根據。其實，這樣解釋集體主義，顯然是不科學的，有較大的片面性。首先是割裂了個人與集體、個人利益與集體利益的內在聯繫，給人的印象是個人與集體、個人利益與集體利益總是處於對立之中，看不到兩者相互滲透、相互依存的方面。在社會主義社會，由於消滅了剝削制度與剝削階級，兩者相互依存的方面尤爲突出。其次，片面強調個人對集體、個人利益對集體利益的無條件服從。那麼集體對個人、集體利益對個人利益又該怎麼樣呢？沒有下文。顯然是不公正的。只講個人對集體的義務（即集體對個人享有的權利），不講集體對個人的義務（即個人對集體享有的權利），依然是權利與義務相分離的道德。個人利益無條件服從集體利益，這裡隱含著一個未經證明的假定，即集體永遠是正確的，或總是正確的。這是可能的嗎？從理論上說，這是一種形而上學的觀點，不是一切集體都正確的，更沒有一種集體永遠都是正確的。從經驗事實上看，集體也常常犯錯誤，真理、正確的方面，不一定都在集體手裡，相反有許多時候，倒是在個人手裡。再次，以往對集體主義的解釋不管怎麼說都有輕視個人利益的傾向。似乎個人利益無足輕重。人們還記得改革開放以前，曾經普遍流行一句話：「國家的事情再小，也是大事，個人的事情再大，也是小事」。更有甚者，常常把個人的利益當作個人主義。這樣勢必損害人民群眾的主動精神和建設社會主義的積極性。這樣的集體主義，遠離了馬克思主義倫理學的原本意義，遠離了社會主義集體主義的精神實質。這就是我們過去所說的、所寫的集體主義很難爲人理解，很難入腦、入心，很難落實行動上的根本原因。改革開放以來，集體主義原則遇到了嚴重的挑戰，也受到了一些這樣或那樣的批評，促使一些理論家進行認真的反思，並且著手重新解釋它。有學者指出：「社會主義集體主義價值觀，正確的表述應該是：堅持社會集體利益高於個人利益，同時充分肯定個人利益的合理性，努力把社會集體利益同個人利益結合起來，以促使個人同社會的和諧

發展」。〔註 2〕這個解釋有了不少的新意，是相當正確的，可以說，比較真實的反映了馬克思主義集體主義的實質。依我之見，馬克思主義集體主義，即通常所說的社會主義集體主義，應是個人利益與集體利益，眼前利益與長遠利益，局部利益與全局利益相結合，或者統籌兼顧。

三

馬克思主義的創始人及其偉大繼承者，在解釋、闡發集體主義原則時，幾乎都強調個人利益與集體利益相結合。恩格斯在《家庭、私有制、國家的起源》一書中寫到：「社會的利益絕對高於個人利益，必須使兩者處於公正而和諧的關係之中」。〔註 3〕恩格斯這裡所說的社會利益，顯然是集體利益的一種形式。意思說，社會集體利益與個人利益有不可分割的聯繫，社會集體利益往往反映個人利益長遠的方面，所以說它絕對的高於個人利益。但這個「絕對」不是絕對的「絕對」，於是恩格斯說：「必須使兩者處於公正而和諧的關係之中」，意思說，兩者彼此負責，雙方權利與義務是平等的，至少應有一種對等性。換言之，社會利益與個人利益相結合，或者「統籌兼顧」，不可偏執一端。毛澤東無論在民主革命時期，還是在社會主義革命時期，對集體主義的許多解釋，強調的也是集體利益與個人利益相結合。毛澤東在抗日戰爭最艱苦的 1942 年發表了一篇著名的文章《抗日時期的經濟問題和財政問題》中提出「發展經濟，保障供給」的正確方針。這篇文章的中心思想是調動人民群眾的積極性，發展生產，支持戰爭。他強調必須把政府、軍隊的需要和人民群眾的需要結合起來。毛澤東十分明確地指出：「在公私關係上，就是公私兼顧，或叫軍民兼顧。我們認為只有這樣的口號，才是正確的口號」。〔註 4〕在社會主義建設時期，毛澤東多次從不同方面講到集體主義原則時，他所關注的也還是如何調動兩個積極性，把集體利益和個人利益正確的結合起來。如在《〈中國農村的社會主義高潮〉的按語》中說：「要提倡以集體利益和個人利益相結合的原則為一切言論和行動的標準的社會主義精神」來教育群眾的問題。〔註 5〕毛澤東在《論十大關係》一文中說：「國家和工廠、合作社的

〔註 2〕 許啟賢：《集體主義價值觀並沒有過時》，見《學習與研究》（京）1994 年第 11 期。
〔註 3〕 《馬克思恩格斯選集》第 4 卷，第 175 頁。
〔註 4〕 《毛澤東選集》第 3 卷，第 894 頁。
〔註 5〕 《毛澤東選集》第 5 卷，人民出版社，1977 年版，第 244 頁。

關係，工廠、合作社和生產者個人的關係，這兩種關係都要處理好。為此，不能只顧一頭，必須兼顧國家、集體和個人三個方面，也就是我們過去常說的『軍民兼顧』，『公私兼顧』」。〔註6〕

馬克思主義經典著作家闡釋集體主義原則的本質特徵時，為什麼強調集體利益與個人利益的結合呢？

這首先是因為他們諳知人類利益關係發展的客觀規律性，即人類利益關係是從集體利益與個人利益的同一性到對立性，再到同一性的否定之否定的過程。

原始社會氏族的集體利益，與其成員的個人利益完全一致。當時生產力極其低下，財產公有，產品平均分配，個人無力抵抗自然界的襲擊，脫離氏族集體，個人將無法生存。由於分工和生產力的進一步發展，出現了私有制，進入階級社會以後，人們利益多元化，少數統治者的私人利益以「社會化共同利益」的面目出現，與廣大勞動者的個人利益相對立，並且常常以犧牲勞動者的利益為代價，保持和發展所謂社會共同體的利益，因此社會集體利益與個人利益是對立的。但並不是說，在階級社會，社會集體利益與個人利益，沒有任何的一致性。一致性有，不過比之對立性來說，微不足道。當歷史進入社會主義階段，即消滅剝削階級、剝削制度之後，社會成員間利益儘管不同，但無根本的利害衝突，相反的發展社會生產力，實現共同富裕，則是全體社會成員的共同奮鬥目標和根本利益之所在。

因而社會主義社會集體利益與個人利益是一致的。但與原始氏族社會氏族集體與氏族成員個人利益的一致不同，它是建築在生產力有了相當高的發展水平上的一致，而且這種一致，不是完全的一致，而是包含有差別的一致。正因為如此，作為社會主義社會道德的主要原則的集體主義，必須要講集體利益與個人利益的「兼顧」或結合。

其次，馬克思主義經典作家之所以強調集體利益與個人利益相結合，也是他們對歷史經驗的總結。

馬克思、恩格斯在《德意志意識形態》一文中，指出階級社會，以國家名義出現的社會共同體的利益，與人們實際的個人利益是對立的，這種共同體對個人來說，完全是「虛幻」的。人類解放、工人階級的革命運動，所追求的則是「真實」的集體。這種真實的集體，將是一個以每個人的自由發展

〔註 6〕 同上書，第 272 頁。

為一切人的自由發展條件的聯合體。在這個聯合體中，根本改變了社會集體與個人的對立，實現了社會與個人的和諧一致。毛澤東之所以強調集體利益與個人益相結合，甚至把它提到關係社會主義前途和無產階級命運的高度來認識，這是因為，毛澤東總結了當時蘇聯的經驗，即過分強調發展重工業，輕視與改善、提高廣大勞動人民生活密切相關的農業、輕工業，忽視勞動人民的個人利益，因此嚴重地削弱和破壞了人民群眾的社會主義積極性。同時也是總結了我們自己建國初期在處理集體利益和勞動人民個人利益方面的經驗教訓。

第三，集體利益與個人利益相結合，本是社會主義道德題中應有之義。換言之，這是社會主義道德本質特徵的反映。

前社會主義諸種道德，由於是階級社會私有制經濟關係的特殊反映形式，人對人經濟上的剝削、政治上的壓迫、思想上的奴役，全部社會關係都深深地烙有不平等的印跡。作為社會關係規定的道德，資本主義社會是金錢自由的道德，其實質也是一種不平等的道德。因此，階級社會道德的共同特徵，就是權利與義務的分離。人與人之間的道德關係、道德要求是不公正的，不論以怎樣面目出現的「集體」，它們對社會成員具體個人擁有絕對的權利，而作為「集體」中一員的個人只負有絕對的義務。在這樣的社會集體里社會利益與個人利益的對立就是不可避免的。社會主義社會與此不同，人與人之間的關係是真正的平等，並且在經濟、政治、法律等社會諸方面越來越平等，一言以蔽之，是同志般的互相合作的關係。當然也有非同志般互助合作的關係，但人際關係的主流是平等互助的。作為這種人際關係的反映，社會主義道德從根本上改變了權利與義務分離的狀況。故此，集體主義道德原則中集體與個人、集體利益與個人利益也必然彼此互相負責，在通常的情況下，兩者只能是結合與兼顧，而不是什麼誰服從誰的問題。

四

馬克思、恩格斯，毛澤東關於集體主義本質特徵的論述，據我的理解是功利主義的，或者說是以功利主義的理念來說明集體主義的。功利主義作為一種倫理學古已有之。西方古希臘伊壁鳩魯的快樂主義，近代英國哲學家培根、霍布斯的倫理學說，18世紀法國愛爾維修、霍爾巴赫倫理學說，19世紀邊沁、密爾、葛德文，德國古典哲學家唯物主義者費爾巴哈的倫理學理論；

中國古代的墨子、南宋時期的陳亮、葉適等都是功利主義倫理學派。縱觀中外倫理學說史，所謂功利主義倫理學派，其共同的特徵是認為個人或社會利益是道德的基礎，道德是尋求個人或社會共同利益或幸福的手段，道德評價的標準是個人利益與社會利益的和諧一致。

馬克思主義倫理學說，無疑的具有功利主義的性質，或者說，從一定意義上說，它是一種嶄新的功利主義倫理學。然而它又不同於歷史上一切形式的功利主義。它是對以往一切功利主義，特別是資產階級功利主義的積極揚棄，吸取了它們的合理因素，而形成了一種新的、人民大眾的功利主義。

以往所有的功利主義，特別是資產階級功利主義，雖具有社會公益論的因素，但本質上是個人主義的功利主義。正如邊沁、密爾他們自己所說的「個人利益是唯一現實的利益」，「大多數的好行為不是要利益世界，不過要利益個人（世界利益就是個人利益合成的）」。人民大眾的功利主義與個人主義的功利主義有原則的不同。

個人主義的功利主義，其理論的前提是自然主義的人性論，即人的本性是趨樂避苦或天生利己。所以個人利益是人的一切行為發生的動力，它是行為的出發點，又是行為的歸宿點。

人民大眾的功利主義與此不同，其理論基礎是人的本質是社會關係的總和。社會關係規定了人的本質，人也創造了社會關係。所以人就其天性而論，無所謂利己與利他。主要的理論觀點，人既是目的，又是手段，利己與利他相統一，人民人眾的根本利益是一切行為的出發點與歸宿點。評價人的行為與品質的方法，既看效果、又看動機，是動機與效果的統一論。

以上所論，就是新的革命功利主義，即人民大眾的功利主義，它與以往一切功利主義，特別是與資產階級功利主義有原則區別。

眾所周知，在發展商品經濟，建立市場經濟體制的條件下，追求經濟效益，精打細算投入與產出，努力爭取最大效益，或者說對個人利益、幸福的普遍關注，已經成為人們生活的信條。這說明功利意識與觀念，已經深入人心，成為一種價值觀。同時從社會生活的負面影響看，狹隘的、短視的、庸俗的急功近利的功利主義思想泛濫，對社會經濟、政治、文化、教育等諸方面造成了嚴重的危害。由此觀之，站在人民大眾的功利主義的立場上。重新界定集體主義原則，更新其內容，賦予其新的思想、新的意義。引導社會成員處理好個人與他人、個人與社會、國家的關係，調動千軍萬馬建設社會主

義，實現國家四個現代化，意義深遠而重大。

那麼，究竟應該怎樣重新界定集體主義原則呢？

我認為，至少有以下三點：

第一，不損人的利己是合乎道德的。社會肯定通過正當勞動的致富行為，保護和發展個人的正當的合法的權益。

第二，在維護、發展集體利益的基礎上，實行個人與集體利益相結合，或個人利益、集體利益、國家利益統籌兼顧。當集體利益與個人利益發生矛盾時，只要集體利益是正當的，個人就應當自覺地把社會整體利益置於優先的地位，即自覺地使個人利益服從集體利益，為了社會集體利益而放棄或犧牲個人的利益則是崇高的道德行為。

第三，一切侵犯個人正當利益的行為，一切化公為私，侵吞、蠶食社會共同利益或國家利益的行為都是違法的、反道德的。都應無例外受到社會主義法律制裁與社會道德輿論的譴責。

我這樣界說集體主義，顯然與以往的界說不同。

首先是如何看待利己的問題，利己與利己主義不同，利己不一定損人。正當利己，合法、合理的利己應肯定。它是人們行為的動因之一，是人們積極性的源泉之一。利己主義把利己看作人行為的唯一動因，或終極的動力源泉，利己主義常常為了利己而損人，或者利己而不擇手段。

利己與追求實現個人利益密切相關，個人利益乃是個人生存、發展、實現自由與幸福所必須的資料與條件的總和。

社會主義革命與建設的目的，就是從根本上改變廣大勞動者與全體國民的生存與發展的條件，實現他們夢寐以求的自由與幸福。正因為如此，鄧小平說：「貧窮不是社會主義，社會主義要消滅貧窮，不發展生產力，不提高人民的生活水平，不能說是符合社會主義要求的」。不言而喻，重視、維護、發展社會成員的個人利益是社會主義不可或缺的內容。換言之，也只有社會主義才真正重視、維護、發展社會成員的個人利益。

其次，個人利益與集體利益不是對立的，兩者有區別，但又有不可分割的聯繫。如果說個人利益是個人生存、發展、實現自由與幸福所必須的資料與條件的總和，那麼，集體利益則是一定社會群體或整個社會存在與持續發展，保障其社會成員自由與幸福生活所必須的資料與條件和總和。前者具有個別性，後者具有共同性。兩者相輔相成，互相依賴，互相滲透。個人利益

是集體利益的源泉，集體利益是個人利益的保障，沒有個人利益的存在，沒有個人勞動、工作的積極性，就沒有集體或社會的利益，反之，個人生活在社會中，沒有他人協作，沒有社會的關照，也不可能取得個人利益。因此，個人利益與集體或社會利益的關係是辯證統一的。然而集體利益或社會利益是部分社會成員或全體社會成員的共同利益，或公共利益。它是個人利益的本質的、長遠的方面，具有全局性，

而個人利益具有局部性。故此，集體利益或社會利益高於個人利益，當兩者發生矛盾時，便是理所當然的先公後私，或因公棄私。第三，個人的私人利益或者集體、社會的公共利益，兩者互相依存，相得益彰，沒有私人利益就沒有共同利益，沒有公共利益也不會有私人利益。兩者同樣受到國家法律和道德的保護。

就公私關係而言，我們社會主義道德，反對自私自利、損人利己、損公肥私的思想與行為，肯定「公私兼顧」，先公後私的思想與行為，倡導因公棄私，或大公無私的思想與行為。

就功利主義道德而言，我們反對自私的、狹隘的、短視的、庸俗的功利主義，倡導人民大眾的社會主義的功利主義。

市場經濟與爲人民服務

　　改革、開放以來，人們的價值觀的確發生了許多變化。但是變中也還有不變，或者不應當變的，就道德價值觀而言，這就是全心全意爲人民服務。

　　眾所周知，全心全意爲人民服務是黨和敢府的宗旨。要求黨員、黨的領導幹部、政府機關工作人員和各級官員，帶頭做到，這是理所當然的。那麼，對於廣大的社會公眾，即人民大眾來說，有沒有爲人民服務的問題呢？

　　我們現在發展商品經濟，進而建立市場經濟體系，人們一手交錢，一手交貨，還需要講爲人民服務嗎？

　　我們的回答是肯定的，還要講爲人民服務。

　　爲人民服務不只是一個政治原則、組織原則，也是一個倫理原則。作爲一個倫理原則，爲人民服務具有普遍意義。社會主義初級階段上我們倡導的一切道德，愛祖國，愛人民、愛科學、愛勞動、愛社會主義，還有集體主義、人道主義、誠實守信、公遒等等，歸根到程就是一句話，即爲人民服務。爲人民服務是毛澤東倫理思想的核心。也是社會主義道德最根本的東西。

　　毛澤東爲人民服務的道德觀，其理論根源於馬克思主義的唯物史觀，即人民群眾是歷史的創造者，是推動歷史前進的動力。同時也是對列寧關於社會主義道德原則，即「人人爲我，我爲人人」的思想的進一步發展。列寧認爲社會主義消滅了剝削，消滅了人對人的壓迫和奴役。這個社會是眞正人人平等的社會，這裡既無階級對立，又無階級差別，因此，這個社會的道德，不同於資本主義社會「人人爲自己，上帝爲大家」的舊道德，而是「人人爲我，我爲人人」（參見《列寧選集》第 31 卷，第 10 頁）的新道德。

毛澤東為人民服務的道德觀，也是對現代中國進步道德的批判繼承。眾所周知，民主革命的偉大先行者，國父孫中山先生三民主義的道德觀，就是「為眾人服務」。孫中山說：「我從前發明過一個道理，說世界人類得之天賦的才能，約有三種：一是先知先覺的，二是後知後覺的，三是不知不覺的……這三種人相互為用，協力進行，然後人類的文明進步，才能一日千里天之生人，雖有聰明才力的不平等，但是人心必欲使之平等，這是道德上的最高目的」。又說：「要調和三種人，使之平等，其人人應該以服務為目的不當以奪取為目的。聰明才力略小的人，當盡其能力，以服十百人之務，造十百人之福」，所謂「巧者拙之奴」，就是這個道理。至於全無聰明才力的人，也應該盡一己之能力，以服一人之務，造一人之福。照這樣做去，雖天生人的聰明才力，有三種不平等，而人類由於服務的道德心發達，必可使之成為平等了」。（《孫中山選集》下卷，人民出版社，第 706～707 頁）這就是說，所謂為眾人服務的道德，既是人人盡其所能，為他人服務，為社會造福，這樣就可以發展人類社會的平等。孫中山先生認為，「為眾人服務」的道德是一種世界道德潮流，一種全新的道德。平心而論，孫中山為眾人服務的道德，的確是一件進步的道德，因為這種道德，反對人對人的奪取，主張人對人應當相互服務，建立一種真正平等的社會。這種觀點，今天看來也還有相當的科學價值和進步意義。

但是這種比之封建時代的舊道德有顯著不同的新道德觀，其哲學基礎是唯心論的，因為在孫中山看來，人的聰明才智是天生的不平等，這顯然不符合人的知識與能力來源於社會生活實踐的辯證唯物主義和科學觀點。建立平等的社會。不實行社會制度的變革，單單靠人人盡自己所能為社會大眾服務，不過是一種無法實現的良好願望而已。毛澤東對孫中山「為眾人服務」的道德觀，在唯物史觀的基礎上，加以革命的改造，提出「全心全意為人民服務」的社會主義、共產主義的道德觀。

全心全意為人民服務的道德觀，從一個方面說是毛澤東對現代中國先進道德思想的繼承與弘揚。從另一方面說，則是對中國革命百多年來湧現出來的千千萬萬的先進分子，尤其是共產黨人，舍生忘死，一心一意為中國人民的解放，為祖國獨立與自由，為建立社會主義新社會而奮鬥的大公無私精神的高度概括和科學總結。

為人民服務作為社會主義新道德，我們實行了 40 餘年，現在發展商品經

濟，實現向市場經濟體制過渡，還能行得通嗎？

筆者認為，還能行得通。不和人們是怎樣的按照「主觀為自己、客觀為別人」的原則行事、也不管人們是怎樣的自私自利，但是，為人民服務，作為社會主義道德原則，不容懷疑，也不容否定。為什麼？

這是因為，一則是社會主義經濟基礎，儘管是多種所有制同時並存，但畢竟公有制佔有主導地位，儘管有多種分配製度存在，但畢竟以按勞分配為主。這樣的經濟關係規定的人與人的關係是相互合作的、團結友愛的。因此，在道德上，實行平等互助的原則，即人人是服務者，人人又是被服務者，亦即為人民服務是有充分的客觀物質基礎的。二則是我們發展商品經濟，而商品經濟存在與發展的重要條件之一是廣泛的社會分工，單就此而言，也需要為社會服務、為公眾服務的道德行為原則的。商品生產者，雖然主觀為自己，但必須通過客觀為別人的中介，才能實現商品的價值。也就是說，商品生產者生產出的產品，變為商品，一定要能夠滿足他人或社會的需要，可見，倡導、實行為社會公眾服務的道德，符合於商品經濟運行的客觀規律。事實上商品生產、商品交換，就是要樹立服務的準則，提到道德上，就是為眾人服務，即為社會服務。這與我們所說的為人民服務有相通之處。企業要把為社會服務擺到第一位，其次才是獲取利潤。他們說企業的利潤來源於社會，不為社會服務，就斷了財源。這種認識不無道理。資本主義社會尚且講各行各業為社會服務的道德，何況我們在社會主義條件下，發展商品經濟，建立社會主義市場經濟體制，其目的是滿足人民群眾日益增長的物質、文化生活需要，怎麼可以放棄為人民服務的社會道德原則呢？

為人民服務有不同的層次要求，無私奉獻是為人民服務完全、徹底的表現，屬高層次。然而，有償服務，即付給報酬的服務，也是為人民服務，不過不屬於高層次就是了。依筆者之見，只要你按有關的規定或章程去服務，不是糊弄人家的金錢，不是欺騙人家，而是忠誠地、認真負責為人家辦事，為人家工作，就是為人民服務。簡言之，兢兢業業做好本職工作，就是為人民服務。這樣地為人民服務，雖不如無私奉獻崇高，但仍不失為一種值得肯定的道德行為。

有人認為，在商品經濟存在的條件下，人與人的關係難免有手段的一面，即彼此交往以是否對自己有利、有用為目的，這樣自覺不自覺地把別人當作自己的手段。可是對方也有他自己的目的，他也需要把你當作手段，否

則人家也沒願與你交往。就此而言，你也是人家的手段。這話也有一定道理。筆者以為，在商品社會裏，照樣應當講為社會服務，為公眾服務，一言以蔽之，彼此相互服務，不但要相互服務而且要優質服務。這種服務往往與報酬、好處、實惠相聯繫，不是高層次的無私奉獻、或自我犧牲，但終究還是一種服務，仍屬道德範疇之內。由此觀之，我們在改革開放的條件下，在發展商品經濟的條件下，應當堅持為人民服務的道德觀，否則，我們不要說社會主義了，恐怕連資本主義也不如。

再者，為人民服務從本質上說是革命的道德觀，是馬克思主義的道德觀。我們今天的社會道德狀況，雖然處於商品經濟發展階段，但我們的社會是社會主義，是共產黨領導的新社會。在馬克思列寧主義、毛澤東思想的指引下，在建設社會主義物質文明的同時，建設社會主義的精神文明，這就更加需要倡導、實行、弘揚為人民服務，或全心全意為人民服務的道德。

為人民服務倫理意義新探

　　《中共中央關於加強社會主義精神文明建設若干重要問題的決議》指出：「社會主義道德建設要以為人民服務為核心，以集體主義為原則……」又說：「為人民服務是社會主義道德的集中體現。在發展社會主義市場經濟條件下，更要在全體人民中提倡為人民服務和集體主義精神……」

　　這個提法與以前講為人民服務，表面上看是一樣的，似乎沒有什麼區別；實則不然，它包涵有新的思想、新的意義。

　　那麼，今天講為人民服務的新的思想、新的意義究竟是什麼呢？

　　（一）《決議》講為人民服務，從倫理學的視角看，它不只是共產黨人、革命幹部的道德價值觀，更是全社會、全民的道德價值觀。

　　眾所周知，毛澤東當年在延安為因公犧牲的戰士張思德而發表的紀念文章《為人民服務》中說：「我們的共產黨和共產黨所領導的八路軍、新四軍是革命的隊伍。我們這個隊伍完全是為著解放人民的，是徹底地為人民的利益工作的。」（《毛澤東選集》第 3 卷，第 1004 頁）這裡講的為人民服務是針對共產黨人和共產黨所領導的人民軍隊講的。此後，毛澤東在《論聯合政府》、《在中國共產黨全國宣傳工作會議上的講話》、《堅持艱苦奮鬥、密切聯繫群眾》等著作、文章中，多次講到為人民服務，無論在革命戰爭年代，還是新中國成立以後，毛澤東講的為人民服務，都是在階級鬥爭的環境裏，在計劃經濟條件下講的。這裡所說的為人民服務或全心全意為人民服務，是一個嚴格的階級概念和政治倫理原則。它是共產黨人、革命幹部和戰士的政治觀、歷史觀、人生觀，也是他們的道德價值觀。簡言之，「為人民服務」是共產黨的宗旨、人民政府的宗旨，它被寫在黨章和憲法之中。

鄧小平、江澤民在改革開放的新時期，在建立社會主義市場經濟體制的條件下，堅持並發展了毛澤東爲人民服務的思想，把爲人民服務作爲社會主義社會道德建設的核心，在黨的決議中鮮明地提出，這是歷史上的第一次。這就意味著，「爲人民服務」已不完全是一個階級性概念，也是一個全民性概念。換言之，它從一個政治倫理原則，轉化爲社會倫理原則。作爲社會倫理原則的爲人民服務，就是全體社會成員的「自我服務」或「相互服務」，即「我爲人人，人人爲我」。

1986 年《中共中央關於社會主義精神文明建設指導方針的決議》中有個極爲重要的論斷：「在我們社會裏，人人都是服務對象，人人又都爲他人服務。」（見《中共中央關於社會主義精神文明建設指導方針的決議》，人民出版社，1986 年版，第 13 頁）這裡所謂「人人都是服務對象」，即「我爲人人」；而「人人又都爲他人服務」，即「人人爲我」。這是在加強職業道德建設的意義上講的，但也包含有爲人民服務作爲社會倫理原則的含義。10 年之後，即 1996 年《中共中央關於加強社會主義精神文明建設若干重要問題的決議》則提出，在「發展市場經濟的條件下，更要在全體人民中提倡爲人民服務……」可見爲人民服務已不只是職業道德原則，而是全民道德原則。無疑地這是改革開放以來，新的社會生活的反映，新的道德經驗的總結與昇華。

爲人民服務，即「我爲人人，人人爲我」，作爲社會倫理原則，在市場經濟條件下，「人們都講等價交換」，現在卻要在全社會倡導爲人民服務，能夠行得通嗎？能夠得到社會大眾的認同嗎？我的回答是肯定的。

不錯，市場經濟運作的法則之一，便是等價交換。等價交換的確使人們原有的功利意識強化了。這同實行爲人民服務的社會倫理原則，似乎冰炭不相容。其實不然。因爲，爲人民服務，有高低不同的層次，爲人民服務，並不都是無私奉獻，做好本職工作也是爲人民服務。換言之，無條件、無報酬地爲他人、爲社會工作，是爲人民服務；以敬業的精神，有條件、有報酬地爲他人、爲社會工作，也是爲人民服務。再說，市場經濟條件下，商品生產者爲交換而生產，追求的是商品的價值。商品生產者要把產品變成商品，實現它的價值，即獲得利潤，就必須考慮社會公眾的需要和利益，也就是主觀爲自己，必須通過客觀爲他人、爲社會的手段，才能達到自己的目的。由此可見，爲人民服務，不管他的主觀上願意與否，客觀上都必須這樣做。這可以說是市場經濟運作的又一法則，是商品經濟的內在要求。還有，現今的市

場經濟是社會化的大生產，愈來愈專業化，分工也日益精細，與此同時，也要求有更好的協調與緊密的合作。這就是說，企業與企業，部門與部門，單位與單位，個人與個人，相互依存，相互聯繫，相互支持，相互服務。儘管他們之間有競爭，有利益矛盾，但相互協作、相互服務，無論如何是不可或缺的。總之，為人民服務，即「我為人人，人人為我」，是社會生產力快速發展，社會經濟繁榮的必然要求。

（二）為人民服務，即「我為人人，人人為我」是一種全新的道德，只有社會主義和共產主義社會才可能有的道德。

須知，前資本主義社會，無論是奴隸社會，還是封建社會，占統治地位的道德，是一種等級特權的道德。西方古希臘羅馬時代，有所謂智慧、勇敢、公正、節制「四主德」之說。它是奴隸主階級的道德。智慧是第一等級國王的道德；勇敢是第二等級武士的道德；節制是第三等級工匠和自由民的道德；公正則是各等級各就各位，各司其職，不得逾越等級界限。在奴隸主看來，奴隸不是人，所以被排斥在道德之外，即對他們不能講道德。中國西周時代，已有「禮」的概念。禮用以規定宗法等級名分。《左傳·僖公二十二年》講：「為禮卒於無別，無別不可謂禮。」西周以前，「刑不上大夫，禮不下庶人」。可見講禮是在奴隸主範圍內。孔子之後，禮成為普遍的社會行為規範。禮要求人們在社會生活中，以謙恭辭讓的態度，維護尊卑貴賤親疏的社會等級秩序。西漢董仲舒提出「三綱」、「五常」說，即「君為臣綱，父為子綱，夫為妻綱」，「仁、義、禮、智、信」。「三綱」是明顯的等級道德，仁義禮智信稍好一點，但也有等級的色彩。中國封建社會的道德雖不乏人文主義的合理因，但維護宗法等級特權、人與人的不平等關係，則是它的本質。換言之，封建社會的一切道德，都是不平等的社會關係在人的道德意識中的反映。它們的社會功能，就是維護「男尊女卑，君尊臣卑，父尊子卑，夫尊妻卑，長尊幼卑」等級秩序。封建社會的道德同奴隸社會道德一樣，是一種等級特權道德，是赤裸裸的不平等的道德。

那麼，資本主義社會的道德是否就是平等的道德呢？也不是。資產階級提出「天賦人權」的口號，主張人生而平等，生來就有自由。如法國 1789 年《人權宣言》說：「人類生而自由，在權利上生而平等。」比之封建社會來說，資本主義社會廢除了等級特權，主張在法律面前，在人格面前，人人平等。然而，由於沒有消除不平等的經濟根源，因此，這種平等流於形式，充

其量是金錢的平等。人與人是否平等取決於金錢的多寡。確切地說，取決於是否擁有資本。金錢平等的道德，其實是不平等的道德。

社會主義社會與前此諸種社會不同，它是已經消滅了剝削階級和剝削制度的社會；它將大大發展社會生產力，並將最終消滅一切私有制，解放全人類，使人類走向大同世界。因此，在社會主義社會裏，人與人的關係，人與社會的關係，不是主奴關係，而是同伴、同志、朋友的關係，即平等、友愛的關係。這種關係雖然不能一次到位，但經過努力，終究會完全徹底地實現。因此，建立在這種現實的或理想的社會關係基礎上的道德是眞正平等、互助的道德，即爲人民服務，亦即「我爲人人，人人爲我」的道德。它是全新的道德，全新在哪裏呢？

首先，爲人民服務，即「我爲人人，人人爲我」的道德，是目的與手段相統一的道德。「人人爲我」，我是目的，人人是手段，即他人或社會是手段，或是實現我的目的的手段。而「我爲人人」，我是手段，人人則是目的，即他人或社會是目的，或者說他們的目的，是以我爲手段達到的。這就是說，我與人，人與我，彼此互爲目的，互爲手段，這裡沒有始終是目的，或永遠是手段。

在以往的階級社會裏，一少部分人是目的，甚至始終是目的；另一部分的大多數人則是手段，幾乎永遠都是手段。如資本主義社會少數資本家、有產者是目的；工農大眾、知識分子則是他們的手段。工農大眾、知識分子成爲目的的機會與條件少得可憐，可以說微不足道。

其次，爲人民服務，即「我爲人人，人人爲我」的道德是權利與義務相一致的道德。自我與他人或社會，雙方都享有一定的權利，也負有一定的義務。在這裡權利與義務是一致的。此時此地，我是義務的客體，他人或社會則是權利的主體。反過來，他人或社會是義務的客體，我則是權利的主體。「我爲人人」，我是義務的一方，他人或社會則爲權利的一方。「人人爲我」，我爲權利的一方，他人或社會則爲義務的一方。在這裡權利和義務可以互易其位置，此時此地爲權利者，彼時彼地爲義務者，反之亦然。換言之，任何一個道德行爲者，他既是權利的主體，又是義務的客體。

權利與義務，從理論上說是辯證統一的，沒有無權利的義務，也沒有無義務的權利。法律、宗教、倫理莫不如此。然而，事實上在道德領域中，一切舊道德權利與義務往往是分離的。中國封建社會的道德，早期曾經有過

「君禮臣忠」、「父慈子孝」、「夫和妻順」的德目。這裡君臣、父子、夫妻在道德權利與義務的關係上，有一點對等的味道。漢代以後，隨著封建專制制度的強化，則出現了「三綱」，即君為臣綱，父為子綱，夫為妻綱，只講臣對君、子對父、妻對夫的服從了。這時候所講的道德只剩下忠、孝、順了。君、父、夫享有道德權利，可以不履行道德義務；而臣、子、妻只盡道德義務，卻不可能享有道德權利。與此相關，封建社會占主導地位的儒家倫理學本質上是一種義務論的，只講個人諸多義務，而不言，或很少言個人利益或權利。

西方資本主義興起的時候，反中世紀神權道德而行之，大講人權道德，什麼天賦人權，人生而自由、平等，人有權去追求幸福，選擇生活之路，日久天長，終於在社會公眾之中形成了個人主義、利己主義、實用主義的價值觀，並以此為行事的標準。與此相關，他們的倫理學說，多半是功利論的，即判斷行為正當與否，看行為對個人和相關者的效果、實惠、利益、權利、幸福如何。道義論的也有，但從來沒有占主導地位。前者注重權利，後者注意義務，這就是說在資本主義社會，不論在實踐上，還是在理論上，道德的權利與道德義務，也是分離的。

最後，為人民服務，即「我為人人，人人為我」的道德，是利己主義與利他主義的道德整合。

在倫理思想上，利己主義和利他主義是兩種對立的道德觀，或倫理學說。利己主義的道德觀或倫理學說，以人性利己或人性自私為理論基礎；利他主義則以人性中的同情心或對他人的關係為基礎。兩者的人性論都是片面的，非科學的。人性就其本來意義無所謂利己與利他。利己與利他是後天的，是社會物質生活條件與環境教育的產物。然而在階級社會中，由於私有制的制約、利益的對立與某種程度的一致，人性可以說既是利己的又是利他的。

為人民服務，即「我為人人，人人為我」作為一種新道德觀，或倫理學說，不是利己主義的，但也不是利他主義的，它吸取了利己主義重視個人利益的合理性，同時也肯定利他主義對他人利益的關心；而拋棄了前者無視他人利益，後者輕視自己利益的偏狹性，它是超越於利己主義與利他主義之上的新的道德觀，或新的倫理學說。它是利己主義、利他主義道德觀或倫理學說的積極揚棄。恰如馬克思主義經典作家所指出的，新社會的道德「既不拿

利己主義來反對自我犧牲，也不拿自我犧牲來反對利己主義」，它在理論上不接受這種對立。相反，它揭示出這種對立的物質根源，揭示出這種對立將隨著其物質根源的消失而消失（參見《馬克思恩格斯全集》第 3 卷，第 275 頁）。這也就是說，爲人民服務的道德包含有眞正的集體主義思想。在這裡，個人利益、他人的或社會的利益有機的結合在一起。

綜上所述，可見爲人民服務，即「我爲人人，人人爲我」是一種眞正的平等互助的道德，這是新的社會關係的必然產物，是不同於舊道德的一種全新的道德觀。

（三）爲人民服務是社會主義道德的集中現，「社會主義道德建設要以爲人民服務爲核心」。這表明：「爲人民服務」是社會主義道德綱中之綱，是根本的大綱，是社會主義一切道德的根。

爲人民服務是社會主義道德的核心，作爲「核心」，必然有支撐點，必然包含有豐富的道德內容。如果從原則或規範的角度上來理解與分析，爲人民服務至少包含有下列四個原則，或者說，從「爲人民服務」這個核心可以引申出集體主義、人道、公正、誠信這樣幾個原則。

首先，從爲人民服務，即「我爲人人，人人爲我」中可以引申出集體主義原則。

因爲集體主義原則，主張個人利益與他人的、社會集體的利益相結合。「我爲人人，人人爲我」從利益關係上看，自我利益與他人利益、社會集體利益有機關聯，沒有個人利益或沒有對個人利益的關心，就沒有社會利益存在的可能；反之，沒有他人的、社會利益的存在，也就不會有個人利益的實現。由此看來，個人利益與他人的、社會的利益是一致的，集體主義作爲一條道德原則，其實質是人民大眾的功利主義。其要點有三：一是不損人的利己是合理的，也是合乎道德的。社會肯定通過正當勞動的致富行爲，保護和發展個人正當的合法權益。二是在維護、發展集體利益的基礎上，實行個人利益、集體利益、國家利益三結合，當個人利益與集體利益或國家利益發生矛盾又不能兩全其美時，應把集體利益或國家利益置於優先地位，即個人利益自覺地服從集體利益或國家利益。爲了集體或國家而放棄或犧牲個人利益則是高尚的道德行爲。三是一切侵犯個人正當利益的行爲，一切化公爲私，侵吞、蠶食社會共同利益或國家利益的行爲，都是違法的，反道德的，都應無例外的受到法律的制裁或道德輿論的譴責。

　　從爲人民服務，即「我爲人人，人人爲我」的原則中，還可以引申出人道原則。因爲人道原則的根本之點，是把他人視作我的同類。尊重他人爲人，承認他人的獨立的人格，關愛他人與關愛自己持有同等的態度。其要點有三：一是尊重人的價值。人是一切價值中最偉大的價值。「人有氣、有生、有知，且有義故最爲天下貴也」。二是以平等的態度待人，把他人看作是我的同伴，恪守「己所不欲，勿施於人」，「己欲立而立人，己欲達而達人」的古訓。三是關心人，愛護人、同損害人的尊嚴和利益，同危害社會的反人道現象做不妥協的鬥爭。

　　從爲人民服務，即「我爲人人，人人爲我」的原則中還可以引申出公正的原則。公正與公道、公平同義。這是因爲公正的基本含義是平等。這個原則蘊含著目的與手段、權利與義務、貢獻與索取的對應性或對等性。其要點有三：一是同等情況，同等對待。二是在利益分配上以「各盡所能，按勞取酬」爲標準，即通常所說的按勞分配，這是利益分配的唯一正當尺度。以此爲參照系，貢獻與獎賞、罪行與懲罰相當，則爲公道，否則就是不公道。三是公平與效率相一致，效率優先，兼顧公平，沒有效率的公平就是絕對平均主義，不顧及公平的效率則會導致貧富懸殊。

　　從爲人民服務，即「我爲人人，人人爲我」的原則中，還可以引申出誠信的原則。因爲人們互相交往，彼此服務，內含有一種說話數、言行一致的承諾。否則人們無法交往、無法溝通。誠信原則的要點有三：一是眞誠無欺、誠實做人、誠實做事；二是忠誠老實、不弄虛做假；三是心口如一、言行一致、履行承諾。

　　以上四條基本的道德行爲原則，都是爲人民服務根本原則的較爲具體的體現。爲人民服務和集體主義等道德原則是中國傳統優秀倫理文化的繼承，同時它又吸取了西方進步的倫理文化的積極因素，是一種全新的道德。它們貫穿在社會生活的一切領域，一切方面，成爲家庭道德、職業道德、社會公德，乃至個人的品質和行爲的指導方針。

　　道德原則或規範，總是有層次的，就爲人民服務這個社會主義道德的根本原則而言，它本身也有不同的層次。做好本職工作，人人各司其職，各盡其責，這是爲人民服務最基本的層次。努力地爲人民多辦實事，多辦好事，不計個人的得失，則是爲人民服務的較高的層次。不計報酬，不講條件地工作和勞動，即無私奉獻，則是爲人民服務的最高的層次。

　　一切共產黨員和革命幹部都應當是爲人民服務的模範。人民群眾要求他們不但應當一般地做到爲人民服務，更應當做到全心全意地爲人民服務，眞正地把人民大眾的利益擺在首要的位置，爲了人民的利益而堅持好的，爲了人民的利益而改正錯的。由此可見，爲人民服務的道德，是廣泛的群眾性與先進性相統一的道德，是我們社會中最根本的道德價值導向原則。

黨政幹部道德之根本
── 析「為人民服務」的政治倫理精義

　　黨政幹部是黨員群眾，人民群眾推舉出來，代表他們管理黨、治理社會、統治國家的領導人或負責人。這樣的工作性質，要求他們有較高的政治覺悟、政策水平、領導藝術，同時要求他們有較好的道德素質和倫理知識。

　　黨政幹部要遵守怎麼樣的道德呢？黨政幹部所要遵循的道德是雙重的。首先黨政幹部是群眾之一員。所以必須帶頭執行普通群眾所要執行的社會主義道德；同時他們又是幹部。所以又必須執行幹部的政治職業道德。簡言之，幹部不但要「為人民服務」，而且要「全心全意為人民服務」。

　　「為人民服務」是個政治原則、組織原則，也是一個倫理原則。作為一個倫理原則，為人民服務具有普遍意義。在社會主義初級階段我們倡導的一切道德，如愛祖國、愛人民、愛勞動、愛科學、愛社會主義，還有集體主義、人道主義、誠實守信、公正等，歸根究底，就是一句話，即「為人民服務」。為人民服務是毛澤東倫理思想的核心，也是社會主義社會最根本的道德原則，是社會主義道德之綱。

一

　　毛澤東為人民服務的道德觀，其理論根源於馬克思主義的唯物史觀，是對列寧關於「人人為我，我為人人」的思想的進一步發展。列寧認為，社會主義消滅了剝削，消滅了人對人的壓迫和奴役，這個社會是人人平等的社會，這裡既無階級對立。又無階級差別，因此，這個社會的道德不同於資本主義社會「人人為自己，上帝為大家的道德」，而是「人人為我，我為人人」

的新道德。

毛澤東為人民服務的道德觀，也是對現代中國進步道德的批判繼承。眾所周知，民主革命的偉大先行者孫中山先生三民主義的道德觀，就是「為眾人服務」的道德。孫中山說：「我從前發明過一個道理，說世界人類得之天賦的才能，約有三種：一是先知先覺的，二是後知後覺的，三是不知不覺的……這三種人相互為用、協力進行，然後人類的文明進步，才能一日千里。「天之生人，雖有聰明才力的不平等，但是人心必欲使之平等，這是道德上的最高目的。」又說：「要調和三種人，使之平等，則人人應該以服務為目的，不當以奪取為目的。聰明才力越大的人，當盡其能力而服千萬人之務，造千萬人之福。聰明才力略小的人當盡其能力，以服十百人之務，造十百人之福。所謂『巧者拙之奴』，就是這個道理。至於全無聰明才力的人，也應該盡一己之能力，以服一人之務，造一人之福。照這樣做去。雖天生人的聰明才力，有三種不平等，而人類由於服務的道德心發達，必可使之成為平等了。」這就是說，所謂為眾人服務的道德，即是人人盡其能。為他人服務、為社會造福。這樣就可以發展人類社會的平等。換句話說，為眾人服務的道德就是平等的道德。孫中山先生認為：「為眾人服務」的道德是一種世界道德新潮流，一種全新的道德。平心而論，孫中山「為眾人服務」的道德，的確是一種進步的道德。因為，這種道德，反對人對人的奪取，主張人對人應當相互服務。建立一種真正平等的人際關係、平等的社會。這種觀點的理論前提，有值得商榷之處，但它的結論卻是正確的。今天看來仍有科學價值和進步意義。毛澤東對孫中山「為眾人服務」的道德觀，在唯物史觀的基礎上，加以革命的改造，提出「全心全意為人民服務」的社會主義、共產主義的道德觀。

「全心全意為人民服務」的道德觀，從一個方面說是毛澤東對現代中國先進倫理思想的繼承和弘揚；從另一方面說，則是對中國革命的先進分子，尤其是共產黨人，舍生忘死一心一意為中國人民的解放，為祖國的獨立與自由，為建立社會主義新社會而奮鬥的大公無私精神的高度概括和科學總結。

為人民服務，作為社會主義新道德，我們實行了40餘年，現在發展社會主義市場經濟，還行得通嗎？筆者認為，還能行得通。這是因為：其一，社會主義經濟基礎儘管是多種所有制並存，但畢竟公有制占主體地位，儘管有多種分配形式存在。但畢竟是按勞分配為主體。這樣的經濟關係規定了人與人的關係是相互合作，團結友愛，因此，在道德上實行平等互助的原則，即

人人是服務者，人人又是被服務者，因而爲人民服務是有充分的客觀物質基礎的。其二，商品經濟存在與發展的重要條件之一即廣泛的社會分工和廣泛的社會合作而言，也需要爲社會服務、爲人民服務的道德行爲原則。商品生產者，雖然主觀爲自己，但必須通過客觀爲別人的中介，才能實現商品的價值。也就是說，商品生產者生產出的產品，變爲商品，一定要能夠滿足他人或社會的需要。可見倡導、實行爲社會公眾服務，或爲人民服務的道德，符合於商品經濟運行的客觀規律。

爲人民服務有不同的層次要求。無私奉獻是爲人民服務完全、徹底的表現，屬高層次。有償服務，即付給報酬的服務，只要按有關的規定或章程去服務，不是糊弄人家的金錢，不是欺騙人家，而是忠誠的、認眞負責地爲人家辦事、爲人家工作，也是爲人民服務。簡言之，兢兢業業做好本職工作，就是爲人民服務。這樣的爲人民服務，雖不如無私奉獻崇高，但仍不失爲一種值得肯定的道德行爲。

在商品經濟存在的條件下，人與人的關係難免有手段的一面，即彼此交往以是否時自己有利、有用爲目的，這樣自覺不自覺地把別人當作自己的手段。可是對方也有他自己的目的。他也需要把你當作手段，否則人家也不願與你交往。就此而言，你也是人家的手段。明白了這層道理，筆者認爲，在商品社會裏，照樣應當講爲社會服務，爲公眾服務。一言以蔽之，彼此相互服務。不但要互相服務，而且要優質服務。這種服務往往與報酬、好處、實惠相聯繫，不是高層次的無私奉獻或自我犧牲，但終究還是一種服務，仍屬道德範疇之內。

二

「爲人民服務」既是社會主義社會根本的道德原則，又是政治倫理原則。從政治倫理原則的角度上，該如何理解「爲人民服務」呢？

毛澤東一貫教導共產黨員、革命幹部要爲人民服務並且要「全心全意爲人民服務「。全心全意爲人民服務是毛澤東政治思想和黨的建設思想的重要觀點，也是他的倫理思想的核心。毛澤東在《爲人民服務》一文中說：「我們的共產黨和共產黨所領導的八路軍、新四軍是革命的隊伍，我們這個隊伍完全是爲著解放人民的，是徹底地爲人民的利益工作的。」在《論聯合政府》一文中又說：「全心全意地爲人民服務一刻也不脫離群眾；一切從人民的利益

出發，⋯⋯向人民負責和向黨的領導機關負責的一致性；這些就是我們的出發點。」在《堅持艱苦奮鬥，密切聯繫群眾》一文中說：「共產黨就是要奮鬥，就是要全心全意為人民服務，不要半心半意或者三分之二的心三分之二的意為人民服務。」鄧小平同志說：「提倡和表彰『全心全意為人民服務』，『個人服從組織』，『大公無私』，『毫不利己，專門利人』，『一不怕苦，二不怕死』」，並說「如果一個共產黨員沒有這些精神，就決不能算是一個合格的共產黨員。」

「全心全意為人民服務」是共產黨的宗旨，也是人民政府的宗旨。黨的十四大黨章總綱中指出：「堅持全心全意為人民服務，黨除了工人階級和最廣大人民群眾的利益，沒有自己的特殊的利益。黨在任何時候都把群眾利益放在第一位。同群眾同甘共苦，保持最密切的聯繫，不允許任何黨員脫離群眾，凌駕於群眾之上。黨在自己的工作中實行群眾路線，一切為了群眾一切依靠群眾，從群眾中來到群眾中去，把黨的正確主張變為群眾的自覺行動。黨風問題、黨同人民群眾聯繫問題是關係黨生死存亡的問題，黨堅持不懈地反腐敗，加強黨風建設和廉政建設」。

中華人民共和國憲法總綱第 27 條中也明文規定：「一切國家機關和國家工作人員必須依靠人民的支持，經常保持同人民的密切聯繫，傾聽人民的意見和建議。接受人民的監督，努力為人民服務。」這就是說，黨和政府，黨的領導幹部或一般工作人員，不論職務高低，資歷深淺，權力大小，都是人民的勤務員，他們的職責就是為人民服務。

綜合黨章、憲法和毛澤東、鄧小平關於為人民服務思想諸多的論述，可以看到作為政治倫理原則的「全心全意為人民服務」的精義，至少有如下幾點：

第一，一切為了人民群眾。人民群眾的利益高於一切。共產黨就是要教導人們正確認識自己的利益，並且團結起來為自己的利益而奮鬥。換言之，共產黨就是要為人民群眾謀利益，人民群眾的利益就是共產黨的利益。然而，在人剝削人的舊社會裏，廣大的人民群眾都是被剝削者。歷史上無數精英分子認識到剝削制度反人道性質，並想改變這種不合理的制度，但找不到科學辦法。只有共產黨人，以馬克思主義的世界觀為武器，才找到解放人民群眾的正確的道路和人民群眾共同富裕起來的道路。因此，共產黨和共產黨領導的政府及其「官員」，只能是忠誠的全心全意地為人民服務，為人民謀利

益，否則，它就不是共產黨或共產黨領導的政府，不是眞正的共產黨員、人民的公僕。

第二，一切依靠群眾，從群眾中來到群眾中去。一切爲了群眾，就要一切依靠群眾。倘若不依靠群眾，爲了群眾必然落空。只有深入到群眾中去，瞭解群眾的疾苦、願望、要求、意見與情緒，才能制定出眞正合乎群眾利益的法律、法令、方針、政策、決定或決議。這樣黨的方針、政策，國家的法令、規章才能爲群眾所歡迎，才能被群眾所認同。黨的主張、政府的意圖，才能成爲群眾自覺的行動。反之，高踞於群眾之上，命令群眾，把自己的意志強加在群眾的頭上，這勢必脫離群眾，遠離了爲人民服務的宗旨。

第三，廉潔奉公，與群眾同甘共苦。全心全意爲人民服務，這是很高的要求。其中包含有不同的層次。完全、徹底地爲人民服務，意味著無私奉獻，爲了人民群眾的利益，不惜犧牲個人的一切，以至於生命，眞正的是「革命第一，他人第一，工作第一」。這就是全心全意爲人民服務。做到這步，很不容易，這涉及個人的思想覺悟、品德修養、精神境界問題，顯然是較高的層次。

共產黨員、政府的領導幹部理應做到全心全意爲人民服務，否則不足以領導群眾和教育群眾。縱然一時做不到，那麼「先公後私」，「先人後己」，總應該做得到吧。這就是說，把公事、人民大眾的利益擺到優先的地位，把個人的私事、個人的利益放到一個其次的地位裏。這做起來，並不很難。假如這一點也做不到，那麼最低限度應做到廉潔奉公，與群眾同甘共苦。所謂廉潔奉公，與群眾同甘共苦，就是不貪污，不受賄，秉公辦事，清正廉潔，不以權謀私。如果連這點最低限度的要求也做不到，那麼最好的辦法，就是不要做黨員。不要當幹部。我們一些黨員，一些幹部之所以說話不靈，沒有權威，原因就在這裡。

第四，傾聽人民群眾的意見，接受人民群眾的監督。全心全意爲人民服務，就要尊重人民群眾的主人翁地位，尊重人民群眾的首創精神，重視人民群眾的意見和建議。廣大人民群眾是社會實踐的參加者，有豐富的實踐經驗。這是我們黨、政府智慧和力量的源泉。離開了群眾的意見和建議，就將把自己封閉起來，就必然產生脫離實際的形式主義和官僚主義。共產黨、政府幹部，尤其是領導幹部，既然是爲人民服務的，就應當本著公正、公平、公開的原則辦事情。人民群眾有意見、有批評、有建議，應當允許人家充分發表

意見。群眾的意見有的正確，有的不正確，有的又正確又不正確，這是正常的現象。不管什麼樣的意見，都應當允許發表。這對我們改進工作，忠誠地為人民服務是有益的。當前，在我們的幹部中有一種不好的風氣，就是樂意聽讚揚的話，不樂意聽批評的話，高興人家講與自己一致的意見，不高興人家講與自己不一致的甚至相反的意見。事實上，反面意見往往具有真理性，這就是所謂「良藥苦口利於病，忠言逆耳利於行」。反面意見，反向思維，可以使我們「兼聽則明」，頭腦更清醒，決策更英明。如果我們堵塞群眾的言路，或者提出種種清規戒律，限制人民群眾的批評，實質就是無視人民群眾的主人翁地位，不相信人民群眾，拒絕人民群眾監督。

1962 年毛澤東在 7000 人大會上，嚴厲地批評那些壓制群眾意見的人：「現在有些同志，很怕群眾開展討論，怕他們提出同領導機關、領導者意見不同的意見。一討論問題就壓抑群眾的積極性，不許人家講話。這種態度非常惡劣」。他又意味深長地說：「讓人講話，天不會塌下來，自己也不會垮臺。不讓人講話呢？那就難免有一天要垮臺。」是的，不讓人家講話，就是拒絕監督，便於為所欲為，就是為自己垮臺創造條件。

三

為人民的利益而堅持真理，為人民的利益而修正錯誤，這是為人民服務的題中應有之義。全心全意為人民服務，要服務得好，服務得群眾滿意，就得有勇氣接受群眾的批評與監督。共產黨員、國家幹部，尤其是領導幹部，首先應該明瞭這一點，並應身體力行。為此，要從思想上解決兩個認識問題：其一是主人與公僕的關係問題。我們是社會主義國家，人民群眾當家作主，是主人，而幹部不管職務多麼高，都不過是為人民服務的公僕。公僕是唯主人之命是從，是按主人的意志辦事的，這個關係不容顛倒。我們現在有些機關，有些幹部，不為人民辦事，以權謀私，或以職謀私。人民群眾找他們辦事，難得很，支吾搪塞，推拖教衍或者敲作勒索，不送禮、不行賄，就辦不成事。更有甚者，群眾指出他們的錯誤或違法違紀行為，遭到打擊報復。這不是主僕顛倒嗎？僕人變成了主人，而且變成了一個自私自利、損人利己、損公肥私，甚至貪得無厭的主人，這完全是一種扭曲，幹部由人民的公僕變成人民的老爺，這就是蛻化變質。其二是向人民負責和向領導負責的關係問題。黨和政府的各級幹部的權力，是從哪裏來的？是黨給的嗎？是頂頭上司

給的嗎？表面上看，似乎是這樣。於是人們發生一種錯覺，好像自己手中的權力是某某領導、某某上級給的。於是只對上級機關負責，對領導負責；只要領導、上級滿意，對他們作出交待就行了；至於群眾有何反映，有何意見，那是無所謂的，人民群眾意見再大，只要上級對我印象好，官照舊可以做下去。這是非常錯誤的觀念。黨的各級領導機關的權力，說到底都是廣大黨員賦予的；黨的領導幹部的權力，自然也是廣大黨員賦予的，也可以說，是受到黨員群眾的委託，在給黨、給人民做事情。從國家來說，也是如此。人民群眾是國家的主人。人民群眾選舉人民代表，由人民代表組成各級人民代表大會，然後再由各級人民代表大會選舉各級人民政府的主要領導成員，再由主要領導成員任命一些具體部門的幹部，組成政府，爲人民辦事。所以，從根本上說，政府「官員」的權力是人民賦予的，是受人民群眾的委託爲他們辦事。由此可見，黨和政府的權力來自黨員群眾或人民群眾。黨政各級組織的權力既然是黨員群眾或人民群眾賦予的，因此，對上級負責和對人民群眾負責應當是一致的，但是歸根到底是對人民負責的問題。可是在現實生活中常常把兩者割裂開來，只對領導負責，而不對人民負責。這裡尤其要指出，對那些高高在上、脫離群眾的領導負責，實質上就是對人民的不負責。因此，黨的各級領導幹部，政府的各級官員都應自覺地接受人民群眾的監督，把對領導負責與對人民負責切實地結合起來。鄧小平同志指出：「要有群眾監督制度，讓群眾和黨員監督幹部，特別是領導幹部。凡是搞特權特殊化，經過批評教育而又不改的，人民就有權依法進行檢舉、控告、彈劾、撤換、罷免。要求他們在經濟上退賠，並使他們受到法律、紀律處分。對各級幹部的職權範圍和政治、生活待遇，要制定各種條例。最重要的是要有專門機構進行鐵面無私的監督檢查。」鄧小平同志說的完全正確。

現在看來，沒有人民群眾的監督，全心全意爲人民服務很難完全落實。至於人民群眾如何監督，可操作性制度與措施現在還沒有完全地建立起來。我們相信，隨著政治體制改革的不斷深入，系統的行之有效的監督制度與機制會建立並完善起來。「全心全意爲人民服務」終究會得到全面、徹底的落實，成爲黨政幹部自覺遵守的行爲指南。

試論黨政幹部的道德建設

　　共產黨是執政黨。共產黨的幹部、共產黨領導的人民政府的幹部，他們的道德對全黨全國、全社會主義的風氣，有著舉足輕重的影響。鄧小平同志指出：「黨和政府愈是實行各項經濟改革和對外開放的政策，黨員尤其是黨的高級負責幹部，就愈要高度重視、愈要身體力行共產主義思想和共產主義道德。(《鄧小平文選》第 2 卷，第 367 頁）江澤民總書記在紀念中國共產黨成立 75 週年座談會上講話強調：為「保證黨和國家長治久安，嚴重的問題在於教育幹部。大力加強幹部隊伍建設，提高廣大幹部特別是領導幹部的素質，已經成為擺在全黨面前的一項刻不容緩的重大任務。」不言而喻，提高廣大黨政幹部的素質，自然包括思想道德素質在內。黨政幹部的思想道德素質，用一句話來說，就是全心全意地為人民服務。全心全意地為人民服務，既是黨政幹部的人生觀，也是黨政幹部的道德價值觀。全心全意地為人民服務、作為黨政幹部的道德價值觀，內涵十分豐富，把它規範化，我認為至少包含下面十點。

第一、立黨為公、執政為民

　　工黨為公，是說我們組織共產黨，成立共產黨為了什麼？不是為一己之私利，不是為某一團體之私利，而是為天下之公利，為工人階級和廣大勞動人民的利益。正如毛澤東在《為人民服務》一文中所說：「我們的共產黨和共產黨領導的八路軍、新四軍是革命的隊伍。我們的這個隊伍完全是為著解放人民的，是徹底地為人民利益工作的。」為解放人民而奮鬥，為人民利益而工作，歸根到底，就是要消滅剝削階級、消滅剝削制度，建立一個沒有壓迫、沒有剝削、沒有奴役的新社會。這個新的社會就是科學社會主義，她的最高

階段是共產主義。共產主義社會是世世代代勞動人民嚮往的美好社會理想的昇華。中國古代儒家經典《禮論·禮運篇》關於大同社會的描述，康有爲的《大同書》等都提出了「天下爲公」的理想。孫中山先生繼承並弘揚這一理想，提出以「三民主義」實踐這一理想。但他們沒有找到實現這一理想的階級力量和現實途徑。中國共產黨人以馬列主義的理論爲指導，依靠工人階級，結合中國社會的實際，找到了經由民主革命到社會主義革命與建設的現實道路，去一步一步地實現共產主義的理想。

我們今天實行改革開放，發展社會生產力，建立市場經濟體制，加強精神文明建設，不是爲了別的什麼，而是爲了走共同富裕的道路，將來實現共產主義。實現共產主義，這是我們堅定不移的理想和信念。今天我們所做的一切都是爲了最終的實現這個理想。實現這個理想的物質條件和精神條件是社會生產力的高度發展、科學技術革命的高度發展、人民大眾的思想覺悟的極大提高。千里之行，始於足下。這就要求我們從我做起，從現在做起，從一點一滴做起。

執政爲民，就是要求黨、政幹部樹立全心全意地爲人民服務的思想，把自己的個人利益溶於人民大眾利益之中，先公後私，先人後己，急人民之所急，想人民之所想，爲人民辦好事、辦實事。做人民的勤務員，做人民的僕人，忠心耿耿，認眞負責地爲人民群眾服務，爲人民群眾做事。任何「吃、拿、卡、要」都是違背爲人民服務的宗旨，違背執政爲民的政治與道德要求的。

第二、依法辦事，公正無私

人所共知，現代國家是法治國家，就是說以法治國。過去革命戰爭年代，或階級鬥爭的年代，黨和政府來不及制定系統的法律，也不重視法律，這是有歷史原因的。改革開放以來，我們大力進行法制建設，立了許多法。除國家的根本大法，即憲法之外，還有民法、刑法，財產繼承法、婦女兒童權利保護法、投資法、稅法等等。在實用法律方面，主張在法律面前人人平等，有法必依，執法必嚴，這些都是正確的，都是得民心的。

現在的問題是不按法律辦事，相當普遍。執法不嚴時有發生，貪贓枉法的事也不少，權大於法的現象依然存在。這說明加強法制建設，樹立法治觀念，嚴格執法，任務仍然十分艱巨。黨和政府的幹部必須依法辦事，樹立執法如山的意識，杜絕一切無視法的存在，以權代法的種種不良現象。所謂公

正無私，是說黨政機關的一切工作人員，尤其是領導幹部，要正確地使用權力，依法行政。這就是公正，即日常人們所說的公道。

公正即公道。在利益的分配上，在權利與義務的分配上，力求公平合理，就是公道，否則就是不公道。按勞取酬，就是利益分配的公道原則。勞動者得不到應得的報酬，不勞動者卻得到報酬；多勞者少得報酬，少勞者多得報酬，就是物質利益分配上的不公正。

分配公正之外，還有及時糾正工作中的失誤問題。就是說，當社會或國家對人或事的處理上，違反了法的有關規定，或違反行政紀律、黨的方針政策而發生了錯誤時，依據有關的法或原則予以糾正，恢復名譽，賠償損失等，這也是堅持公正原則。如改革開放的初期，平反冤假錯案、落實幹部政策等。公正是法與道德的基本原則。公正的標準就是社會主義的法和黨的方針、政策。黨政幹部依法或黨的方針、政策辦事，就是以公正的原則辦事。若如此，必須公而無私，或因公棄私。如有任何私心、私利的考慮，執行法或政策，很難公正。公正與無私有內在的聯繫。黨政幹部必須加強黨性鍛鍊，講政治，加強道德修養，這樣才能去私存公，依法辦事。

第三、敬業盡職，忠誠積極

敬業、勤業、樂業是中華民族傳統的優秀職業道德。所謂「敬業」，就是認真做好自己崗位上的工作，兢兢業業，一絲不苟。所謂「勤業」，就是刻苦鑽研業務，技術，力爭成為本行業的專家。所謂「樂業」，就是把自己從事的工作，不僅看作是謀生的手段，同時也看作是樂生的方式。黨政幹部首先應當是弘揚傳統職業道德的模範，忠實於自己的工作，盡心盡職，同時更要對業務精益求精。在改革開放的環境下，更要有開拓、創新的精神，敢於打破清規戒律，做前人不敢想、不敢做的事，但這一切都必須建立在科學的求真和務實的基礎上，而不是胡想、蠻幹。

第四、實事求是，力戒虛誇

實事求是是中國共產黨思想路線的核心，是毛澤東哲學思想的精髓，也是鄧小平建設有中國特色的社會主義理論的精髓。

毛澤東說：「『實事』就是客觀存在著的一切事物，『是』就是客觀事物的內在聯繫，即規律性。『求』就是我們去研究。我們要從國內外、省內外、縣內外、區內外的實際情況出發，從中引出固有的而不是臆造的規律性，即找

出周圍事變的內部聯繫，作爲我們行動的嚮導。」(《毛澤東選集》第 3 卷，第 801 頁) 毛澤東在這裡對實事求是的解釋，是從世界觀、方法論上講的。也就是說，它是我們共產黨人的世界觀，也是我們共產黨人的方法論。實事求是的精神實質，就是忠實於客觀事實，按客觀事物的本來面目去反映它，而不附加以任何外來的成份。實事求是從道德上說，就是誠實，即說老實話，辦老實事，做老實人。做幹部、當領導樹立實事求是的科學態度，至關重要。這關係到決策問題，執行上級指示問題，也關係到做人的問題。

說假話，如謊報工作成績，誇大經濟發展的指標等等，都是不老實的表現，有損於黨和政府的形象，有損於個人的人格。實事求是的反面，就是虛誇，就是弄虛做假。所以要力戒虛誇。虛誇是一種欺騙行爲，是絕對要不得的。要說眞話，不要說假話。毛澤東說：「愛講假話的人，一害人民，二害自己，總是吃虧。」

第五、顧全大局，團結協作

顧全大局，團結協作，就是要有「全國一盤棋」的思想。各部門，各地區，各行業互助合作，向著一個共同的目標前進。

毛澤東說：「要提倡顧全大局。每個共產黨員，每一項局部工作，每一項言論或行動，都必須以全黨利益爲出發點，絕對不允許違反這個原則。」(《毛澤東選集》第 3 卷，第 829 頁) 爲什麼要顧全大局？因爲全局與局部是有機統一的，全局由局部構成，沒有局部就不會有全部。但局部又受全局的制約，脫離全局的局部也不成其爲局部。全局具有整體性，局部具有個別性，全局利益往往反映局部利益的根本的長遠的方面，所以全局利益高於局部利益。當兩者發生矛盾時，局部利益要服從全局利益，全局利益亦應照顧局部利益。

從道德上看全局與局部、各部分與全社會的關係，則是小集體與大集體的關係。處理這兩者的關係，要遵循社會主義集體主義原則，即局部與全局統籌兼顧。兩者互相支持，協調發展。當兩者發生矛盾時，局部要服從全局。任何爲局部利益，或小團體的利益而損害國家利益的行爲是不道德的，應當受到道德輿論的譴責或法的制裁。如目前市場上的假冒僞劣，屢打不絕，屢禁不止。這是爲什麼？因爲有地方保護主義作怪。這是在今天的歷史條件下，鬧地方獨立性，企圖擺脫統一的法、統一的政令的不良現象，是絕對不能允許的。中央與地方是上、下級的關係，地方服從中央理所

當然。但中央與地方也還有一種互助協作的關係，因此，應相互支持，協調統一。

第六、尊重上級、愛護下屬

上下級的關係是領導與被領導的關係。由此可知，下級服從上級，從職權管轄範圍上說，不容置疑。但是上級與下級，也還有一個道德上的關係，這就是人格平等。要做一個好的上級、令下屬尊重的上級，上級必須以平等的態度與下級相處，尊重下級的工作職權與人格獨立，不可越俎代庖，不可頤指氣使，以勢壓人。上級要善於關懷下屬的工作、學習與生活，體諒他們，幫助他們解決個人無法或無力解決的困難與問題。上級應嚴格要求自己，為下級作出工作上、學習上、品德上的榜樣。這樣的上級自然會贏得下級的信賴與尊重，工作上也必然得到下級的全力支持。

在上下級關係上，從下級來說，的確有個如何對待上級的問題。尊重上級、服從上級是重要的方面，還有一個重要方面，就是下級要有敢於直言犯顏的精神。任何迎合上級、討好上級都是不正當的，尤其給上級拍馬屁，更是一種極壞的作風。

正確的上下級的關係，應當是一種同志、夥伴的關係，彼此建立一種友誼、信賴感。這是做好工作的重要保證。

第七、遵紀守法、率先垂範

當幹部的人，不管職務高低、權力大小，首先是個公民。作為公民，任何人都一樣，必須遵守公民應遵守的社會紀律，道德和法。其次對一個幹部來說，他應該成為遵紀守法的模範。幹部的模範榜樣，對一個單位，乃至整個社會影響都是巨大的。幹部是好樣子，群眾跟著學好，幹部是壞樣子，群眾就跟著學壞。這就是所謂「上行下效」。如果一個幹部不能嚴以律己，他就失去了領導的威信，失去了領導資格，因為群眾不信任他，再有權，也不行。當幹部的以為自己特殊，不受紀律、道德與法的約束，認為這些都是約束老百姓的。這種想法和看法都是錯的。這就是所謂對別人馬列主義，對自己自由主義。這不是社會主義國家工作人員，更不是共產黨的幹部應有的態度和作風。

第八、廉潔清正，艱苦奮鬥

所謂廉潔清正，就是為政清廉，不貪污、不受賄。一言以蔽之曰，不以

權謀私，不拘私情，廉潔奉公，公事公辦。以權謀私，就是公權私用，就是對公職褻瀆，對人民利益的踐踏。這是社會主義法和道德所不允許的。

以權謀私的表現甚多，諸如利用職權撈取個人好處，多吃多占，化公為私，收取賄賂，公款旅遊，超標準用車，更有甚者搞權錢交易等。這是百姓反映最強烈的問題之一。一切有覺悟的黨政幹部，都應深刻反省自己，真正做到廉潔自律，否則將遭到黨紀國法的懲處。

艱苦奮鬥，勤儉建國是我們黨的好傳統。在戰爭年代，黨員幹部「衝鋒在前，退卻在後」。在和平建設時期，「吃苦在前，享受在後」。在今天改革開放的新時期，黨政幹部應繼續保持艱苦奮鬥，勤儉建國的精神，與廣大人民群眾打成一片，同甘共苦。這是拒腐防變的關鍵之所在。那種利用手中的權力大吃大喝，講排場、比闊氣，說的不客氣一點，就是揮霍人民的血汗，不像個黨政幹部的樣子。如果執迷不悟，勢必走向反面。

第九、接受監督，自我省察

黨政幹部手中有權，為保證權力的正確使用，不陷入公權私用的誤區，就必須接受黨與政府監察部門的監督，接受人民群眾、民主黨派的監督，尤其要自覺地接受社會輿論的監督。經驗證明，沒有監督是不行的，沒有監督，濫用權力的可能性極大。社會的種種監督是外在的，這種監督不可少。但僅此不夠，還得有自我監督，即自我省察，自我檢討。歸根到底，外在的監督，通過內在的自律才能起作用。這就是毛澤東在《矛盾論》中所說的，外因是條件，內因是根據，外因通過內因而起作用。為此，從道德修養上說，就要達到「慎獨」的境界。《中庸》說：「天命之謂性，率性之謂道，修道之謂教。道也者，不可須臾離也，可離，非道也。是故君子戒慎乎其所不睹，恐懼乎其所不聞，莫現乎隱，莫顯乎微，故君子慎其獨也。」這話意思是說，道片刻也不可離開，如果可以離開，那就不是道了。所以君子在別人眼睛看不到的地方也處處謹慎小心，在別人耳朵聽不到的地方也常常懷著畏懼的心理加以注意。要明白儘管隱藏得好，沒有不被人發現的；儘管極其細微，沒有不顯露出來的。因此，君子在個人獨處時，十分謹慎，儘管有可能做缺德犯法的事，也不能去做。這就是「慎獨」。「慎獨」是一種修養方法，也是一種修養境界。

做到「慎獨」很不容易。它是自我修養的高境界、高水平，需要經過長期的艱苦訓練和自我改造。

第十、堅持真理，修正錯誤

所謂「堅持真理，修正錯誤」，就是學習馬列、毛澤東思想、鄧小平理論，站穩無產階級、人民大眾的立場，堅持從實際出發、實事求是的思想路線。為人民利益而堅持好的，為人民利益而改正錯的。為此，應做到敢講真話、講實話、辦實事。為堅持真理，堅持原則，就得有「五不怕」的精神，即不怕摘烏紗帽、不怕老婆離婚、不怕開除黨籍、不怕坐班房、不怕殺頭。

要堅持真理，修正錯誤，還得發揚黨的三大作風，即理論聯繫實際、密切聯繫群眾，批評與自我批評。這三大作風是我們黨立於不敗之地的根本保證。

試論黨德的基本內容

　　江澤民總書記在全國宣傳部長會議上提出應始終注意把法制建設與道德建設緊密結合起來，依法治國與以德治國緊密結合起來。這是完全更正確的診斷。那麼，「以德治國」應該如何去治？應該從那裡入手呢？依我之愚見，應從黨德建設抓起，從黨員尤其是黨員領導幹部的德行入手。

　　所謂黨德，就是共產黨人的道德，它是我們社會主義社會先進分子道德的標準，它是我們社會主義社會先進分子道德的標準。我們從前講的，現今還在堅持倡導的共產主義道德，其實質就是黨德，不過其著眼點，在全社會，包括共產黨人在內，沒有特別突顯共產黨人的道德就是了。黨德，其實質是黨法，具有準法律性質，即具有一定的強制性。黨員領導幹部對黨德不論贊成與否，都必須執行。不執行不僅要受到黨和群眾的輿論譴責，而且要受到黨的紀律處分。

　　根據黨章、毛澤東、鄧小平、江澤民關於黨的思想、組織、作風建設的理論和思想，黨德內容可概括如下：

一、黨的根本性的道德價值理念

　　第一，全心全意為人民服務是共產黨的宗旨，是黨的最高道德價值理念。毛澤東說：「共產黨就是要奮鬥、就是要全心全意為人民服務。」（《毛澤東選集》第五卷，第420頁）鄧小平說：「中國共產黨員的含義或任務，如果用概括的語言來說，只有兩句話：全心全意為人民服務，一切以人民的利益作為每一個黨員的最高準繩」。（《鄧小平文選》第1卷，第257頁）江澤民說：「全心全意為人民服務，是我們黨的根本宗旨，是我們黨始終得到人民擁護和愛

戴的根本原因所在。」（《十四大以來重要文獻選編》，第 978 頁）毛澤東、鄧小平、江澤民論說的爲人民服務的思想，簡言之，就是爲人民謀利益。爲人民做好事、做實事。我們黨的性質和宗旨決定了黨必須把爲人民謀利益和幸福作爲自己全部活動的出發點和歸宿。全心全意爲人民服務，就是完全、徹底地爲人民的解放、爲人民的利益、爲人民的自由和幸福而奮鬥。「爲人民的利益而生，爲人民的利益而死」，這就是共產黨存在的價值，也是共產黨人的人生觀、價值觀。

第二，實事求是。鄧小平說：「實事求是，是無產階級世界觀的基礎，是馬克思主義的思想基礎。過去我們搞革命所取得的一切勝利，是靠實事求是；現在我們要實現四個現代化，同樣要靠實事求是。」（《鄧小平文選》第 2 卷，第 143 頁）這是從哲學、從政治方面說的。從道德方面說，實事求是，就是一個誠實或誠信問題。立黨、治國、從政、執教、經商、行醫等等，總之一句話，做人做事都要誠實守信。這也就是中國傳統倫理文化所謂「誠者天之道，思誠者人之道也。」

實事求是，是立黨之本、立國之本、也是立人、立事之本。它是我們共產黨人的根本道德價值觀之一。弄虎作假、撒謊、欺騙、隱瞞事實眞相，是嚴重地違背共產黨人的道德信念的。

第三，顧全大局，是集體主義道德原則在黨的活動中的表現。毛澤東指出：「要提倡顧全大局。每一個黨員，每一種局部工作，每一項言論或行動，都必須以全黨利益爲出發點，絕對不許可違反這個原則。」（《毛澤東選集》第 3 卷，第 821 頁）毛澤東在 58 年前說的話，好像就在今天講的，多麼有針對性！現在我們一些地方領導人竟把他們本地區或本部門本單位的局部利益、置於全黨、全民、全國利益之上，打假打不勝打，掃黃屢掃不盡，原因就在於沒有全局觀念。要黨員幹部顧全大局，並不意味著不顧局部。局部與全局是對立統一的，相成相濟，局部和全局應當統籌兼顧。但是全局更根本，必須樹立全局第一的觀念。

二、黨的工作倫理

黨的工作倫理，是指黨員、幹部在他的工作崗位，在他的職權範圍內，在他的日常工作中應當遵守的道德、倫理法則。這些法則很多，擇其要者述說如下：

　　第一，熱愛人民的倫理，即人道的原則，亦即關心人民，尊重人民，愛護人民。共產黨人做官者必須改變封建時代的一個陳舊的觀念，即所謂「百姓的父母官」，官就是管，管老百姓。共產黨的「官」不是官，是服務員，是老百姓的服務員，他們是爲人民服務的，爲老百姓辦事的。老百姓才是他們的衣食父母。他們的薪金，不是政府給的，而是納稅人給的，是老百姓的血汗，因此，就要忠誠爲人民辦事，否則就是忘恩負義。

　　爲人民辦事的前提是對人民大眾的關心、尊重和愛護。而關心人民、尊重人民、愛護人民不是別的，正是人道原則的主要之點，只有關心人民、尊重人民、愛護人民，才能急人民所急、想人民所想，才能爲人民多辦事、辦好事、辦實事。

　　第二，公平辦事的倫理。公平即公道，公平作爲黨的工作倫理，集中體現在黨制定政策或法規，必須出以公心、不偏不倚，給人民群眾以應得。公平倫理，要求在分配社會物質利益、物質資源、獎金、酬報、福利時，一視同仁地對待人民大眾，力求保持權利與義務的對應關係，即使有所側重，也要在一定限度內，不失總體平衡。公平倫理，還要求組織或領導機關尊重群眾的私有財產，包括知識產權，不可侵犯他人的私人利益或社會的公共財富。

　　第三，任人唯賢的倫理。任人唯賢，這是共產黨與其它政黨的顯著區別之一。中國共產黨在幹部問題上，歷來重視德才兼備。毛澤東說：「共產黨的幹部政策，應是以能否堅決地執行黨的幹部政策，應是以能否堅決地執行黨的路線，服從黨的紀律，和群眾有密切的聯繫，有獨立的工作能力，積極肯幹，不謀私利爲標準，這就是『任人唯賢』的路線。」（《毛澤東選集》第 2 卷，第 527 頁）鄧小平在新的歷史時期，發展了「任人唯賢」的工作倫理，對選拔幹部的標準，提出新的見解、新的主張。他說：「中國要出問題，還是出在共產黨內部。對這個問題要清醒，要注意培養人，要按照『革命化、年輕化、知識化、專業化』的標準，選拔德才兼備的人進班子。」（《鄧小平文選》第 3 卷，第 380 頁）改革開放以來，任用幹部總的情況是好的，但也出現不少問題，如拉幫結派，任人唯親，把庸人、甚至壞人安插在領導崗位上，跑官、要官、賣官的醜聞不時的見諸於報端。對這種違法亂紀、禍黨殃民的做法，必須採取強有力的措施，予以清理、整頓和處置，絕不可以姑息遷就，否則遺害無窮。

第四，信的倫理。信的倫理作為黨的工作倫理，就是在人民大眾面前要誠實守信，說到做到，說一不二。言而有信。信的倫理要求政策、法規的相對穩定性或連續性，切忌朝令夕改，否則，將失信於民。信的倫理，還要求對普通百姓平民的承諾，務必兌現，兌現不了，應作出解釋與說明。

第五，和的倫理。和的工作倫理，即團結合作，或合作共事。毛澤東在《黨委會的工作方法》一文中說「我們都是五湖四海彙集攏來的，我們不但要替於團結和自己意見相同的同志，而且要善於團結和自己意見不同的同志一道工作。」（《毛澤東選集》第 4 卷，第 1443 頁）毛澤東的教導千眞萬確，依中國傳統文化看，「天時不如地利，地利不如人和」。人和至關重要。人和意味著團結，團結意味著力量的加強壯大。這也就是，團結一切可以團結的力量，化消極因素為積極因素，我們就可以戰無不勝，攻無不克。然而這個「和」，這個「團結」又是有原則的。「和」、「團結」，絕對不是一團和氣，絕對不可以拿原則作交易，而今我們黨內存在的某些嚴重問題，諸如以權謀私、貪污受賄等，就是「一團和氣」造成的，如不能展開黨內的批評與自我批評，尤其是不能有效地實行監督等。

第六，勤儉的倫理。古人云：「成由勤儉敗由奢」。成就一番事業靠的是勤儉，敗壞一樁事業是由於奢侈浪費，頗有道理。勤儉是中華民族的傳統美德。中國共產黨人，繼承並弘揚了這一光榮的傳統。毛澤東在他的名著《關於正確處理人民內部矛盾的問題》一文說：「要使國家富強起來，需要幾十年艱苦奮鬥的時間，其中包括執行屬行節約反對浪費這樣一個勤儉建國的方針。」（《建國以來毛澤文稿》第六冊，第 355 頁）毛澤東講勤儉的工作倫理，在改革開放的今天，還管用嗎？鄧小平作了明確而又堅定的回答：「中國搞四個現代化，要老老實實地艱苦創業。我們窮、底子薄、教育、科學、文化都落後，這就決定了我們還要有一個艱苦奮鬥的過程。」（《鄧小平文選》第 2 卷，第 257 頁）以江澤民為核心的第三代領導集體，也一直提倡艱苦奮鬥，勤儉節約。曾幾何時，一些黨的領導機關，領導幹部完全把毛澤東、鄧小平、江澤民的教導忘得一乾二淨。他們藉口與國際接軌，把辦公大樓修得十分豪華，吃喝玩樂，為滿足填不滿的私欲，不惜貸款，或挪用公款，或巧立名目動用公款。這那裡還有一點共產黨員或共產黨幹部的氣味。

三、黨的德性倫理

德性，即人的內在的道德素質，或道德品質，它外顯於人的行為，就是

修行。德性與德行一體兩面。共產黨人的德性有很多，但其精華，可作加下概括：

第一，無私無畏。公而忘私，或大公無私，就是把黨的、民族的、國家的利益擺在首位，從不以私犯公，公私界線分明，常常為了公而犧牲自己的私。無私與無畏相聯繫，無私才能無畏，為了實現共產主義理想和信念，為了完成革命或建設任務，勇往直前，吃苦受累、流血犧牲在所不惜。無私無畏的卓越代表，在中國共產黨的歷史上多得不可勝數。例如婦孺皆知的夏明翰、楊靖宇、張思德、白求恩、徐特立、劉胡蘭。新中國成立後的無私無畏的典型，也不勝枚舉，雷鋒、焦裕祿、王進喜便是。當今的典型上海的水電工人徐虎、解放軍找水英雄李國安、北京竇店村前黨支部書記仇振亮、已故西藏阿里地委書記孔繁森等等。

第二，忠誠積極。忠誠積極，對黨的事業，忠貞不二，對共產主義的理想與信念堅定不移，積極地為黨的事業而奮鬥、而工作，不怕苦，不怕累，不怕難，不怕死，生命不止，奮鬥不息。革命先烈夏明翰，以詩言志：「砍頭不要緊，只要主義真，殺了夏明翰，還有後來人。」東北抗聯一路軍總司令楊靖宇將軍，戰死疆場，胃裏全是草竟沒有一顆糧食。他以「頭顱不惜拋棄，鮮血可以噴灑」的崇高氣節與敵人拼殺，令日寇膽戰心寒，又驚歎不已。這種堅定不移，堅貞不屈的信念與行為，慟天地，泣鬼神，光彩永照人間。

忠誠積極，在改革開放的情況下，就是要堅持黨的基本路線不動搖，解放思想衝破禁區，大膽創新，奮力開拓，走前人沒有走過的路，做前人沒有做過的事。紙上談兵，空喊口號，說大而空的話，不務實際，不真幹實幹，就是不忠誠積極的表現。

第三，謙虛不傲。謙虛不驕傲，對共產黨人來說，有特殊的意義，因為共產黨執政容易驕傲而脫離群眾，如果不謙虛，就聽不進不同的意見。毛澤東有一句名言：「虛心使人進步，驕傲使人落後。我們應當永遠記住這個真理。」(《毛澤東文集》第 7 卷，第 117 頁) 為什麼要記住這個真理呢？因為古今中外成大事者，都是虛懷若谷，好學不倦，從不驕傲。共產黨人，以解放全人類為己任，今天的中國共產黨人正在努力為實現國家的「四個現代化」而努力奮鬥著，為此，必須抱謙虛的態度學習一切先進的科學文化知識、先進的管理經驗。否則，我們就要更加落後於時代。驕傲與謙虛相對立。驕傲

容易自滿，盛氣凌人自以爲老子天下第一，誇大個人成績，完全聽不進批評意見，長此以往極易犯大錯誤。

第四，廉潔自律。廉潔自律，是說共產黨員特別是手握領導權的各級幹部，必須遵守黨規黨法、不貪污、不受賄、不以權謀私。廉潔奉公，不徇私情，這是共產黨人個人道德品質的極爲重要的方面。誠如毛澤東所說：「共產黨員在政府工作中，應該是十分廉潔、不用私人、多做工作、少取報酬的模範。」（《毛澤東選集》第 2 卷，第 522 頁）新舊社會官員道德，都有廉潔自律這一條。任何時代的政府，任何社會的政黨，都不會允許它的黨員、它的幹部去貪污受賄，果眞如此，這個政黨，這個政權，將威信掃地，自絕於人民大眾。共產黨人除了工人階段、工民大眾的利益之外，沒有個人的私利。他們的個人利益，即在階級的、大眾的利益之中。離開了工人階級和人民大眾的利益，單獨地追求他個人的利益，或利用手中的權利，牟取個人或家庭、或小團體的私利，那麼，他就不是一個眞正的名實相符的共產黨人，頂多是個掛著共產黨招牌的自私自利之徒。因此，共產黨人是堅持反對以權謀私，貪污受賄的。所以江澤民說：「領導幹部首先是高級幹部要以身作則，模範地遵紀守法，自覺接受監督，抵制腐朽思想的侵蝕，做艱苦奮鬥，廉潔奉公的表率，帶領群眾同腐現象作鬥爭。把反腐鬥爭同純潔黨的組織結合起來，在黨內不允許腐敗分子有藏身之地。」

第五，知過必改。共產黨人是工人階級和人民大眾中的先進分子，他們在工作中，在日常生活中是我們的榜樣，但也不是完美無缺的人。共產黨人以光明磊落的胸襟對待自己的缺點和錯誤，這就是批評與自我批評。批評其目的，用傳統文化的語言說，是揚善抑惡，扶正祛邪。批評與自我批評，是黨的政治、思想、組織作風純潔的保證。恰如毛澤東所說：「我們有批評與自我批評這個馬克思列寧主義的武器。我們能夠去掉不良作風，保持優良作風。」（《毛澤東選集》第 4 卷，第 1439 頁）批評與自我批評也是中國傳統倫理關於個人道德修養理論與方法加「內省」、「自訟」、「反求諸己」的創新。把自我省察、自我批評與相互批評結合起來，以便堅持眞理，修正錯誤。爲了人民的利益而堅持好的，爲了人民的利益而改正錯的，這就是批評與自我批評的根本目的。

試論黨德建設的若干問題
—— 紀念中國共產黨建黨 80 週年

　　江澤民總書記在中共全國宣傳部長會議上講到「以德治國」的問題，這是中國共產黨自 1949 年建國執政以來，首次提出的重要的建國方針。1996 年通過「九五」計劃時提出了「依法治國」的方略。今年，江澤民總書記又提出「以德治國」的問題，無疑的具有深遠的歷史意義與現實意義。

　　江澤民主張法治與德治同時並舉，他說，我們要堅持不懈地加強社會主義法制建設，「依法治國」，同時，我們要堅持不懈地加強社會主義的道德建設，「以德治國」。江澤民說，對一個國家治理來說，法治與德治，從來都是相輔相成，互相促進的。兩者缺一不可，也不可偏廢。法制屬於政治建設，屬於政治文明，德治屬於思想建設，屬於精神文明，二者範疇不同，但其地位和功能都是非常重要的。我們應始終注意把法制建設與道德建設緊密結合起來，依法治國與以德治國緊密結合起來。這是完全正確的論斷。

　　人所共知，我們正在努力建設一個富強、民主、文明的現代化的國家，這裡的「富強」是指科學昌盛、經濟發達，人民生活富裕，而「民主、文明」，則是指文化教育繁榮、法治嚴明，道德彰顯。所以，在加強法制建設「依法治國」的同時，加強道德建設「以德治國」，便是建設現代化強國的題中應有之意。那麼，「以德治國」，應該如何去治？應該從那裡入手呢？依我之愚見，應從黨德建設抓起，從黨員尤其是黨員領導幹部的德行入手。

　　這裡首先應明確，什麼是黨德？黨德包括那些內容？所謂黨德，就是共產黨人的道德，共產黨人言行的道德尺度。包括一切黨的幹部在內。它是我

們社會主義社會先進分子道德的標準。我們從前講的，現今還在堅持倡導的共產主義道德，其實質就是黨德，不過其著眼點，在全社會，包括共產黨人在內，沒有特別突顯共產黨人的道德就是了。

這裡存在的問題，一方面，對廣大群眾要求過高，他們難以馬上達到共產黨人的道德水準，所以或多或少有可望而不可及之感，另外一方面，由於沒有突顯黨德對黨員的要求，客觀上也就降低了黨員的道德水準。因此，當今學習江澤民總書記的講話，有必要提出黨德、政德與民德三個基本概念。所謂政德，就是政治道德，政策、制度、法令中的道德，以及一切官員的道德，尤其是領導幹部，（高層官員）的道德。政德是一種特殊職業道德。所謂民德，則是人民大眾的道德，即社會主義社會的國民道德，亦即通常所說的社會主義道德。黨德、政德、民德三者雖有聯繫，但內容要求作用範圍不同。政德、民德的內容這裡暫且不論，著重闡釋黨德。

黨德，是黨內分子的道德，黨員、黨的各級領導統統包含其中。黨德，其實質是黨法，具有準法律性質，即具有一定的強制性。黨員、黨員領導幹部對黨德不論贊成與否，都必須執行。不執行不僅要受到黨和群眾的輿論譴責，而且要受到黨的紀律處分。

根據毛澤東、鄧小平、江澤民關於黨的思想、組織、作風建設的理論和思想以及黨章，黨德內容可概括為以下幾個方面：

一、黨的根本性的道德價值理念

第一，全心全意為人民服務

黨章規定全心全意為人民服務是共產黨的宗旨。這就是黨的最高道德價值理念。

已故毛澤東主席說過：「共產黨就是要奮鬥，就要是全心全意為人民服務，不要半心半意或者三分之二的心三分之二的意為人民服務。」〔註1〕

毛澤東還說過：「全心全意為人民服務，一刻也不脫離群眾，一切從人民的利益出發，而不是從個人或小集團的利益出發；向人民負責和向黨的領導機關負責的一致性；這些就是我們的出發點。」〔註2〕鄧小平說：「中國共產黨員的含意或任務，如果用概括的語言來說，只有兩句話：全心全意為人民

〔註1〕毛澤東：《堅持艱苦奮鬥，密切聯繫群眾》，1957年3月。
〔註2〕《毛澤東選集》第三卷，第1094～1095頁。

服務，一切以人民利益作為每一個黨員的最高準繩」。〔註3〕江澤民說：「全心全意為人民服務，是我們黨的根本宗旨，是我們黨始終得到人民擁護和愛戴的根本原因所在」。〔註4〕

　　毛澤東、鄧小平、江澤民論說的為人民服務的思想，簡言之，就是為人民謀利益，為人民做好事、做實事。我們黨的性質和宗旨決定了黨必須把為人民謀利益和幸福作為自己全部活動的出發點和歸宿。全心全意為人民服務，就是完全、徹底地為人民的解放、為人民的利益、為人民的自由和幸福而奮鬥。這就是共產黨存在的價值，也是共產黨人的人生觀、價值觀，「為人民的利益而生，為人民的利益而死。」為此，就必須反腐敗實行廉潔政治。江澤民說：「要同腐敗現象、腐敗分子進行鬥爭，密切黨和群眾的聯繫。腐敗現象的蔓延，嚴重破壞了黨和群眾的聯繫而且成為國內外敵對勢力顛覆我們的藉口。反腐敗鬥爭關係到黨的生死存亡的問題。」〔註5〕

第二，實事求是

　　實事求是，本來就是黨的思想政治路線的核心，毛澤東、鄧小平思想的精髓。

　　鄧小平說：「實事求是，是無產階級世界觀的基礎，是馬克思主義的思想基礎。過去我們搞革命所取得的一切勝利，是靠實事求是；現在我們要實現四個現代化，同樣要靠實事求是。」〔註6〕這是從哲學、從政治方面說的。從道德方面說，實事求是，就是一個誠實或誠信問題。立黨、治國、從政、執教、經商、行醫等等，總之一句話，做人做事都要誠實守信。這也就是中國傳統倫理文化所謂：「誠者天之道，思誠者人之道也。」這裡的「道」是規律、法則之意。

　　實事求是，是立黨之本、立國之本，也是立人、立事之本。它是我們共產黨人的根本道德價值觀之一。弄虛作假、撒謊、欺騙、隱瞞事實真象，是嚴重的違背共產黨人的道德信念的。有一些黨員幹部向上級寫的報告，虛假成份太多，以至於有「幹部出數字，數字出幹部」的說法。說了假話，不但不受處分反而得到陞遷，真是是非顛倒到了極點。

〔註3〕　《鄧小平文選》第 1 卷，第 257 頁。
〔註4〕　《十四大以來重要文獻選編》，第 978 頁。
〔註5〕　《十三大以來重要文獻選編》，第 580 頁。
〔註6〕　《鄧小平文選》第 2 卷，第 143 頁。

第三，顧全大局

顧全大局是集體主義道德原則在黨的活動中的表現。

毛澤東指出：「一部分同志，只看見局部利益，不看見全體利益，他們總是不適當地特別強調他們自己所管的局部工作，總希望使全體利益服從他們的局部利益。……這種現象必須預防，必須將各種不統一的現象完全除去。要提倡顧全大局。每一個黨員，每一種局部工作，每一項言論或行動，都必須以全黨利益為出發點，絕對不許可違反這個原則。」〔註7〕這話是毛澤東在58年前，即1942年延安整風時說的話。好像就在今天講的一樣，多麼有針對性。現在我們黨令、政令不通暢，一些地方黨的領導人竟把他們本地或本部門本單位局部利益，置於全黨、全民、全國利益之上，打假屢打不勝，掃黃屢掃不盡，原因就在於此。

鄧小平說：「在目前情況下，尤其需要重申和強調個人服從組織、少數服從多數、下級服從上級、全黨服從中央的原則。在黨內、軍內和政府系統，要堅決反對一切不遵守黨紀、軍紀、政紀的現象。」〔註8〕重溫鄧小平、毛澤東的教誨意義重大，對促使那些記性不好，忘性倒不錯的人翻然悔悟，大有裨益。要求黨員幹部顧全大局，是正確的，這並不意味著可以不顧局部，事實上局部與全局是對立統一的，相輔相成。但是全局更根本，通常的情況下，局部與全局應是統籌兼顧的。儘管如此，黨員幹部必須樹立全局第一的觀念。

二、黨的工作倫理

黨的工作倫理，是指黨員、幹部在他的工作崗位上，在他的職權範圍內，在他的日常工作中應當遵守的道德、倫理法則。這些法則很多、擇其要者述說如下：

第一，熱愛人民的倫理

熱愛人民的倫理，即人道的原則，亦即關心人民，尊重人民，愛護人民。

共產黨人做官者必須改變封建時代的那種陳舊觀念，所謂「百姓的父母官」，官就是管，管老百姓。共產黨的「官」不是官，是服務員，是老百姓的

〔註7〕《毛澤東選集》第3卷，第821頁。
〔註8〕《鄧小平文選》第2卷，第360頁。

服務員，大官是大服務員，小官是小服務員。他們是爲人民服務的，爲老百姓辦事的。老百姓才是他們的衣食父母。他們的薪金，不是黨中央發的，也不是人民政府給的，而是納稅人給的，是老百姓的血汗，因此，就要忠誠爲人民辦事，否則就是忘恩負義。

爲人民辦事的前提是對人民大眾的關心、尊重和愛護。恰如毛澤東生前所說：「關心黨和群眾比關心個人爲重，關心他人比關心自己爲重。這樣才算得一個共產黨員。」〔註9〕而關心人民、尊重人民、愛護人民不是別的，正是人道原則的主要之點。只有關心人民、尊重人民、愛護人民，才能急人民所急，想人民所想，才能爲人民多辦事、辦好事、辦實事。目前在黨內有一些人高高在上，對人民大眾的疾苦，不聞不問，找上門來，還盡量地推諉，這哪裏是在爲人民服務。

第二，公平辦事的倫理

公平即公道。公平作爲黨的工作倫理，集中體現在黨制定經濟、文化、科技、教育、衛生等社會政策或指導政府制定有關的法規之中，必須出以公心，不偏不倚，給人民群眾以應得。

公平倫理，要求在分配社會物質利益、物質資源、獎金、報酬、福利，以及升學就業、晉升的機會，一視同仁地對待人民大眾，力求保持權利與義務的對應關係。即使有所側重，也要在一定限度內，不失總體平衡。公平倫理，還要求組織或領導機關尊重群眾的私有財產，包括知識產權，不可侵犯他人的私人利益或社會的公共財富。

我們黨內一些重權在握的人制定政策，或頒佈行政法規有欠公允，常常漠視人民大眾的權利或利益，招致人民大眾的不滿，甚至痛恨。在安排升學、就業、晉升的機會時，優先照顧自己的子女，或親屬，或朋友，剝奪了人民大眾本應享有的機會或權利，這些都是不公平的，因此，他們便失去了人民大眾的信任。以權謀私、憑藉手中的權力，攫取公共財產，化公爲私，這是目前中國社會最大的不公。

第三，任人唯賢的倫理

黨的領導，說到底，就是出主意、用幹部兩件大事。

「政治路線確定之後，幹部就是決定的因素。」可見，用什麼人做幹

〔註9〕《毛澤東選集》第 2 卷，第 361 頁。

部，事關重大。任人唯賢，抑或任人唯親，這是共產黨與其他政黨顯著區別之一。中國共產黨在用幹部問題上，歷來重視德才兼備。毛澤東說：「共產黨的幹部政策，應是以能否堅決地執行黨的路線，服從黨的紀律，和群眾有密切的聯繫，有獨立的工作能力，積極肯幹，不謀私利爲標準，這就是『任人唯賢』的路線。」〔註10〕毛澤東還說過：「這些幹部和領袖懂得馬克思列寧主義，有政治遠見，有工作能力，富於犧牲精神，能獨立解決問題，在困難中不動搖，忠心耿耿地爲民族、爲階級、爲黨而工作。……這些人不要自私自利，……他們是大公無私的民族的階級的英雄，這就是共產黨員、黨的幹部、黨的領袖應該有的性格和作風。」〔註11〕這就是共產黨選拔幹部的標準。

鄧小平在新的歷史時期，發展了「任人唯賢」的工作倫理，對選拔幹部的標準，提出新的見解、新的主張。他說：「中國要出問題，還是出在共產黨內部。對這個問題要清醒，要注意培養人，要按照『革命化、年輕化、知識化、專業化』的標準，選拔德才兼備的人進班子。我們說黨的基本路線要管一百年，要長治久安，就要靠這一條。眞正關係到大局的是這個事。」〔註12〕鄧小平還說：「我們今後配備領導班子的時候，要選用什麼人呢？要選那些認眞學習馬列主義、毛澤東思想，在鬥爭中經得起考驗的人；要選那些黨性強，能團結人，不信邪的人；要選那些艱苦樸素，實事求是，說老實話，辦老實事，做老實人，作風正派的人；要選那些努力工作，聯繫群眾，關心群眾疾苦，有魄力，有實際經驗，能夠辦事的人。」〔註13〕改革開放以來，黨任用幹部總的來說是好的，但也出現不少問題，如拉幫結夥，任人唯親，把庸人、甚至壞人安插在領導崗位上。跑官、要官、賣官的醜聞不時的見諸於報端，對這種違法亂紀、禍黨殃民的做法，必須採取強有力的措施，予以清理，整頓和處置，絕不可以姑息遷就，否則貽害無窮。

第四，信的倫理

信的倫理作爲黨的工作倫理，就是對人民大眾誠實守信，說到做到，說一不二，言而有信。信的倫理要求政策、法規的相對穩定性或連續性，切忌

〔註10〕《毛澤東選集》第 2 卷，第 527 頁。
〔註11〕《毛澤東選集》第 1 卷，第 277 頁。
〔註12〕《鄧小平文選》第 3 卷，第 380 頁。
〔註13〕《鄧小平文選》第 2 卷，第 75 頁。

朝令夕改，黨的基本路線尤其不能改變，否則，將失信於民。鄧小平說得非常堅決：「基本路線要管一百年，動搖不得。只有堅持這條路線，人民才會相信你，擁護你。誰要改變三中全會以來的路線、方針、政策，老百姓不答應，誰就會被打倒。」〔註 14〕江澤民說：「群眾對領導幹部要聽其言、察其行的，你說的是一套，做的又是一套，臺上講反腐敗，臺下搞不正之風，群眾怎麼信任你呢？這樣的人，實際上已經喪失了領導資格。」〔註 15〕

信的倫理，還要求對普通百姓平民的承諾，務必兌現，兌現不了，應作出解釋與說明。

目前假話、大話、空話盛行，一些黨員領導幹部，拿說假話不當回事，因而造成嚴重的黨的信任危機。

第五，和的倫理和的工作倫理，即為團結合作，或合作共事

毛澤東在《黨委會的工作方法》一文中說：「我們都是從五湖四海彙集攏來的，我們不僅要善於團結和自己意見相同的同志，而且要善於團結和自己意見不同的同志一道工作。我們當中還有犯過很大錯誤的人，不要嫌棄這些人，要準備和他們一道工作。」〔註 16〕毛澤東的教導千真萬確。依中國傳統文化看，「天時不如地利，地利不如人和」。人和至關重要。人和意味著團結，團結意味著力量的加強壯大。這也就是，團結一切可以團結的力量，化消極因素為積極因素，我們就可以戰無不勝，攻無不克。

然而這個「和」，這個「團結」又總有原則的。恰如毛澤東所言：「對不符合黨的原則的，就應當保持一個距離，就是說，要劃清界限，立即擋回去。不能因為是老朋友，老上司，老部下，老同事，同學，同鄉等而廢去這個距離。」〔註 17〕可見「和」、「團結」，絕對不是一團和氣，對不可以拿原則作交易。而今我們黨內存在的某些嚴重問題，諸如以權謀私、貪污受賄等，就是「一團和氣」造成的，不能積極展開黨內的批評與自我批評，尤其是不能有效地實行監督。故此，江澤民提出「三講」，即「講學習」、「講政治」、「講正氣」。開展「三講」教育以來，黨風有一定的好轉，受到人民大眾的好評。

〔註 14〕《鄧小平文選》第 3 卷，第 371 頁。
〔註 15〕《十四大以來重要文獻選編》，第 1197 頁。
〔註 16〕《毛澤東選集》第 4 卷，第 1443 頁。
〔註 17〕毛澤東：《在中國共產黨全國代表會議上的講話》，1955 年 3 月。

第六，勤儉的倫理

古人云：「成由勤儉、敗由奢」。成就一番事業靠的是勤儉，敗壞一樁事業是由於奢侈浪費，頗有道理。勤儉是中華民族的傳統美德。中國共產黨人，繼承並弘揚了這一光榮的傳統。毛澤東在他的名著《關於正確處理人民內部的矛盾問題》一文中說：「要使全體幹部和全體人民經常想到我國是一個社會主義大國，但又是一個經濟落後的窮國，這是一個很大的矛盾。要使國家富強起來，需要幾十年艱苦奮鬥的時間，其中包括執行厲行節約、反對浪費這樣一個勤儉建國的方針。」〔註18〕毛澤東又說：「要提倡勤儉持家，勤儉辦社，勤儉建國。我們的國家一要勤，二要儉，不要懶，不要豪華。」〔註19〕

毛澤東講勤儉的工作倫理，在改革開放的今天，還管用嗎？鄧小平作了明確而又堅定的回答。「中國搞四個現代化，要老老實實地艱苦創業。我們窮，底子薄，教育、科學、文化都落後，這就決定了我們還要有一個艱苦奮鬥的過程。」〔註20〕鄧小平又說：「艱苦奮鬥是我們的傳統，艱苦樸素的教育今後要抓緊，一直抓六十至七十年。我們的國家越發展，越要抓艱苦創業。提倡艱苦創業精神，也有助於克服腐敗現象。」〔註21〕以江澤民為首的第三代領導人，也一直提倡艱苦奮鬥，勤儉節約。

曾幾何時，一些黨的領導機關、領導幹部完全把毛澤東、鄧小平、江總書記的教導忘得一乾二淨。他們藉口與國際接軌，把辦公大樓修得十分豪華；以「培訓中心」、「教育基地」的名義，變相建郊外別墅；吃喝玩樂，出入乘高級轎車；為滿足填不滿的私欲，不惜貸款，或挪用公款，或巧立名目動用公款。君不見，媒體披露，有的官員到澳門豪賭，一擲千金；有的去嫖娼，竟用公款去報銷，這那裡還有一點共產黨員或共產黨幹部的氣味。這是一批社會主義的蛀蟲、黨的敗類，必須毫不留情地把他們清除出黨。

三、黨的德性倫理

德性，即人的內在的道德素質，或道德品質，它外顯於人的行為，就是德行。德性與德行一體兩面。共產黨人的德性有很多，但其精華，可作如下概括：

〔註18〕毛澤東：《關於正確處理人民內部矛盾的問題》，1957年2月。
〔註19〕毛澤東：《農業合作化的一場辯論和當前的階級鬥爭》，1955年10月。
〔註20〕《鄧小平文選》第2卷，第257頁。
〔註21〕《鄧小平文選》第3卷，第306頁。

第一，無私無畏

公而忘私，或大公無私，就是把黨的、民族的、國家的利益擺在首位，從不以私犯公，公私界線分明，常常爲了公而犧牲自己的私。

毛澤東說：「共產黨員無論何時何地都不應以個人利益放在第一位，而應以個人利益服從於民族和人民群眾的利益。因此，自私自利、消極怠工，貪污腐化，風頭主義等等，是最可鄙的；而大公無私，積極努力，克己奉公，埋頭苦幹的精神，才是可尊敬的。」〔註 22〕他還說：「這些人不要自私自利，不要個人英雄主義和風頭主義，不要懶惰和消極性，不要自高自大的宗派主義，他們是大公無私的民族的階級的英雄，這就是共產黨員、黨的幹部、黨的領袖應該有的性格和作風。」〔註 23〕

無私與無畏相聯繫，無私才能無畏，爲了實現共產主義理想和信念，爲了完成革命或建設任務，勇往直前，吃苦受累、流血犧牲在所不惜。無私無畏的卓越代表，在中國共產黨的歷史上多得不可勝數。例如婦孺皆知的夏明翰、楊靖宇、張思德、白求恩、徐特立、劉胡蘭。1937 年在延安毛澤東給徐老的祝壽信說：「你是革命第一，工作第一，他人第一。」給劉胡蘭墓碑上的題詞：「生的偉大，死的光榮」。新中國成立後的無私無畏的典型，也不勝枚舉。雷鋒、焦裕祿、王進喜便是。當今的典型有上海的水電工人徐虎、解放軍找水英雄李國安、北京竇店村前黨支部書記仇振亮、已故西藏阿里地委書記孔繁森等等。

第二，求真務實

求眞務實，就是講眞話，做實事。講眞話是做人、做事的本份。實事求是的道德理念，就是要求人們講眞話，辦實事。恰如鄧小平所說：「我看大慶講『三老』，做老實人，說老實話，幹老實事，就是實事求是。」〔註 24〕

毛澤東說：「講眞話，每個普通的人都應該如此，每個共產黨員更應該如此。」〔註 25〕每個共產黨員爲什麼更應該如此呢？因爲共產黨人的哲學，就是實事求是的哲學，實事求是，決定我們必須講眞話，辦實事。講假話，不辦實事，就是背離了實事求是、放棄了唯物辯證法。

〔註 22〕《毛澤東選集》第 2 卷，第 522 頁。
〔註 23〕《毛澤東選集》第 1 卷，第 277 頁。
〔註 24〕《鄧小平文選》第 2 卷，第 45 頁。
〔註 25〕《毛澤東文集》第 3 卷，第 349 頁。

經驗事實證明，講眞話的人，可能吃眼前虧，但終究不會吃虧。講假話的人，眼前會佔便宜，但終究要吃虧。毛澤東說：「老實人，敢講眞實話的人，歸根到底，於人民事業有利，於自己也不吃虧。愛講假話的人，一害人民，二害自己，總是吃虧。」〔註26〕江澤民總書記告誡說：「共產黨員，特別是領導幹部，說話辦事都應當老老實實，對黨負責，對人民負責。」〔註27〕忠於黨和人民的事業，說老實話，做老實事，當老實人，光明磊落，表裏如一，是共產黨人應有的品質。

第三，忠誠積極

忠誠積極，對黨的事業，忠貞不二，對共產主義的理想與信念堅定不移，積極的爲黨的事業而奮鬥、而工作。不怕苦、不怕累、不怕難、不怕死。生命不止，奮鬥不息。毛澤東說：「這種先鋒分子是胸懷坦白的、忠誠的、積極的與正直的；他們不謀私利的，唯一的爲著民族和社會的解放」。〔註28〕

革命先烈夏明翰，以詩言志：「砍頭不要緊，只要主義眞，殺了夏明翰，還有後來人。」東北抗聯一路軍總司令楊靖宇將軍，戰死疆場，胃裏全是草竟沒有一顆糧食。他堅持「頭顱不惜拋掉，鮮血可以噴灑，而忠貞不二的意志是不可動搖的」堅定信念，以崇高氣節與敵人拼殺，令日寇既膽戰心寒，又驚歎不已。這種堅定不移，堅貞不屈的信念與行爲慟天地，泣鬼神，光彩永照人間。

忠誠積極，在改革開放的情況下，就是要堅持黨的基本路線不動搖，解放思想衝破禁區，大膽創新，奮力開拓。走前人沒有走過的路，做前人沒有做過的事。紙上談兵，空喊口號，大而空的話，不務實際，不眞幹實幹，就是不忠誠積極的表現。

第四，謙虛不傲

謙虛而不驕傲，對共產黨人來說，有特殊的意義，因爲共產黨執政容易驕傲而脫離群眾，如果不謙虛，就聽不進不同的意見。毛澤東說過：「中國的革命是偉大的，但革命以後的路程更長，工作更偉大，更艱苦。這一點現在就必須向黨內講明白，務必使同志們繼續地保持謙虛、謹愼、不驕、不躁的

〔註26〕 《毛澤東文集》第 8 卷，第 50 頁。
〔註27〕 《十四大以來重要文獻選編》，第 980 頁。
〔註28〕 《毛澤東文集》第 2 卷，第 42 頁。

作風，務必使同志們繼續地保持艱苦奮鬥的作風。」〔註 29〕毛澤東還有一句名言：「謙虛使人進步，驕傲使人落後。我們永遠要記住這個真理。」〔註 30〕為什麼要記住這個真理呢？因為古今中外成大事者，都是虛懷若谷，好學不倦，從不驕傲。共產黨人，以解放全人類為己任，今天的中國共產黨人正在努力為實現國家的「四個現代」，即現代工業、現代農業、現代科學文化、現代國防而努力奮鬥著，為此，必須抱謙虛的態度學習一切先進的科學文化知識、先進的管理經驗。否則，我們就要更加落後於時代。

驕傲與謙虛相對立。驕傲容易自滿，盛氣凌人自以為老子天下第一，誇大個人成績，完全聽不進批評意見，長此以往極易犯大錯誤。恰如鄧小平所說：「執政黨的地位，還是很容易在共產黨員身上滋長著一種驕傲自滿的情緒。有一些黨員，稍稍有點工作成績，就自以為了不起，就看不起別人，看不起群眾，看不起黨外人士，似乎當了共產黨員就比非黨群眾高出一頭……，這實際上是一種狹隘的宗派主義傾向，也是一種脫離群眾的危險傾向。」〔註 31〕

第五，廉潔自律

廉潔自律，是說共產黨員特別是黨的各級領導幹部，必須遵守黨規黨法，不貪污，不受賄，不以權謀私。廉潔奉公，不徇私情，這是共產黨人個人道德品質的極為重要的方面。毛澤東說：「共產黨員在政府工作中，應該是十分廉潔、不用私人、多做工作、少取報酬的模範。」〔註 32〕新舊社會官員道德，都有廉潔自律這一條。任何時代的政府，任何社會的政黨，都不會允許它的黨員、它的幹部去貪污受賄，不然的話，這個政黨，這個政權，將威信掃地，自絕於人民大眾。

共產黨人除了工人階級，人民大眾的利益之外，沒有自己的特殊私利。他們的個人利益，即在階級的、大眾的利益之中。離開了工人階級和人民大眾的利益，單獨地追求他個人的利益，或利用手中的權利，牟取個人或家庭、或小團體的私利，那麼，他就不是一個真正的名實相符的共產黨人，頂多是個掛著共產黨招牌的自私自利之徒。因此，共產黨人是堅持反對以權謀

〔註 29〕《毛澤東選集》第 4 卷，第 1438～1439 頁。
〔註 30〕《毛澤東文集》第 7 卷，第 117 頁。
〔註 31〕《鄧小平文選》第 1 卷，第 214 頁。
〔註 32〕《毛澤東選集》第 2 卷，第 522 頁。

私，貪污受賄的。所以江澤民總書記說：「每個黨員幹部都要切記自己是一名共產黨員，時刻想到應盡的責任和義務，經常按照黨章和黨內的各項規定對照檢查，自重、自省、自警、自勵，規範行為，嚴以律己。」〔註33〕江澤民又說：「領導幹部首先是高級幹部要以身作則，模範地遵紀守法，自覺接受監督，抵制腐朽思想的侵蝕，做艱苦奮鬥，廉潔奉公的表率，帶領群眾同腐敗現象作鬥爭。把反腐敗鬥爭同純潔黨的組織結合起來，在黨內不允許腐敗分子有藏身之地。」〔註34〕

第六，知過必改

共產黨人是工人階級和人民大眾中的先進分子，他們在工作中，在日常生活中是我們的榜樣，但也不是完美無缺的人。

共產黨人以光明磊落的胸襟對待自己的缺點和錯誤，這就是批評與自我批評。批評其目的，用傳統文化的語言說，揚善抑惡，扶正祛邪。批評與自我批評是我們黨的三大優良作風之一，即理論聯繫實際，密切聯繫群眾，批評與自我批評。

批評與自我批評，是黨的政治、思想、組織作風純潔的保證。恰如毛澤東所說：「我們有批評和自我批評這個馬克思列寧主義的武器。我們能夠去掉不良作風，保持優良作風。」〔註35〕批評與自我批評也是中國傳統倫理關於個人道德修養理論與方法如「內省」、「自訟」、「反求諸己」的創新。把自我省察、自我批評與相互批評結合起來，以便堅持真理，修正錯誤。毛澤東說：「共產黨人必須隨時準備堅持真理，因為任何真理都是符合人民利益的；共產黨人必須隨時準備修正錯誤，因為任何錯誤都是不符合於人民利益的。」〔註36〕

江澤民非常重視黨員幹部的道德自律。他說「各級領導幹部尤其是高級幹部務必帶頭加強黨性鍛鍊，在改造客觀世界的同時努力改造主觀世界，嚴以律己，防微杜漸。」〔註37〕為了人民的利益而堅持好的，為了人民的利益而改正錯的，這就是批評與自我批評的根本目的。

〔註33〕《毛澤東鄧小平江澤民論黨的建設》，第691～692頁。
〔註34〕《在中國共產黨第十五次全國代表大會上的報告》，第55頁。
〔註35〕《毛澤東選集》第4卷，第1439頁。
〔註36〕《毛澤東選集》第3卷，第1095頁。
〔註37〕《毛澤東鄧小平江澤民論黨的建設》，第666頁。

　　總之，共產黨人的個人品質，或德性不只是上面的 6 點。還有其它諸點，因篇幅有限，不宜贅述。這裡請允許我援引毛澤東當年《爲陝北公學成立與開學的紀念題詞》，作爲共產黨人德性的總概括：要造就一大批人，這些人是革命的先鋒隊。這些人具有政治的遠見。這些人充滿著鬥爭精神和犧牲精神。這些人是胸懷坦白的，忠誠的、積極的、正直的。這些人不謀私利，唯一的爲著民族和社會的解放。這些人不怕困難，在困難之前總是堅定的，勇敢向前的。這些人不是狂妄分子，也不是風頭主義者，而是腳踏實地富於實際精神的人們。中國要有一大群這樣的先鋒分子，中國革命的任務就能夠順利的解決。

　　這些優秀的品質，具有恒久性。在改革開放、實現四個現代化的今天，依然是可貴的，值得珍視的。

論當今共產黨人道德價值觀

改革開放十七年來，我國的社會經濟關係、思想意識、尤其是道德價值觀念，發生了前所未有的變化。隨著社會主義經濟關係的變動和市場經濟體制的建之，隨著改革開放政策的全面深入的貫徹、實施以及科學技術的發展，社會主義道德原則、規範的條目、內容也有新的變化。我們共產黨員必須對這些變化有新的認識，才能正確地遵循這些原則與規範。

一、共產黨員應是格守集體主義原則的模範

集體主義原則，從前的解釋與說明離開了馬克思主義真經，有一定的片面性。只講「大河有水，小河滿」，不講或很少講「小河沒水，大河干」。或者說，只講個人對集體的義務，不講集體對個人的義務；只講個入無條件服從集體，很少講集體應如河關照個人。簡言之。從前講集體主義，多是強調個人服從集體。個人利益服從集體利益。很少講，尤其很少貫徹集體與個人相結合。集體利益與個人利益的結合。這樣就有意無意地忽視了個人的利益的積極性。最終則危害集體利益、社會的公共利益和社會的總體發展。

因此，必須重新理解集體主義。重新界定集體主義，使之符合馬克思主義的真經。據我的理解，社會主義的集體主義的精神實質是調動兩個積極性。即集體與個人的積極性。因此，個人利益與集體利益的結合才是它的精神實質。這是馬克思主義的一貫思想。

馬克思主義的創始人及其偉大繼承者，在解釋、闡發集體主義原則時。幾乎都強調個人利益與集體利益相結合。恩格斯在《家庭、私有制和國家的起源》一書中寫到：「社會的利益絕對高於個人利益，必須使兩者處於公正而

和諧的關係之中」（《馬克思恩格選集》第 4 卷，第 175 頁）恩格斯這裡說的社會利益自然是集體利益的一種形式，意思是說，社會集體利益與個人利益有不可分割的聯繫。社會集體利益往往反映個人利益長遠的本質的方面，所以說它絕對高於個人利益。但這個「絕對」不是絕對的「絕對」，於是恩格斯說：「必須使兩者處於公正而和諧之中」，意思是說，兩者彼此負責，雙方權利與義務是平等的，至少應有一種對等性。換言之，社會利益與個人利益相結合，或者「統籌兼顧」不可偏執一端。毛澤東無論在民主革命時期，還是在社會主義革命時期，對集體主義的許多解釋，強調的也是集體利益與個人利益相結合。毛澤東在抗日戰爭最艱苦的 1942 年發表了一篇著名的文章《抗日時期的經濟問題和財政問題》，提出「發展經濟，保障供給」的正確方針。這篇文章的中心思想是調動人民群眾的積極性，發展生產，支持戰爭。毛澤東既批評了不顧戰爭需要、單純地強調政府應施行「仁政」，一味減輕人民負擔的錯誤觀點，又批評了不顧人民困難，只顧政府和軍隊的需要、竭澤而漁、誅求無已的另一種錯誤觀點。他強調必須把政府、軍隊的需要和人民群眾的需要結合起來。他說：「爲了抗日和建國的需要，人民是應該負擔的，人民很知道這種必要性。當公家極端困難時、要人民多負擔一點。也是必要的。也得到了人民的諒解。但是我們一方面取之於民，另一方面就要使人民經濟有所增長，有所補充。這就是對人民的農業、手工業、鹽業和商業，採取幫助其發展的適當步驟和方法。使人民有所失同時又有所得，並且使所得大於所失，才能支持長期的抗日戰爭」。（《毛澤東選集》第 3 卷，第 894 頁）接著毛澤東十分明確地指出：「在公私關係上，就是公私兼顧或叫軍民兼顧。我們認爲只有這樣的口號，才是正確的口號。（《毛澤東選集》第 3 卷，第 894 頁）社會主義建設時期，毛澤東多次從不同方面講到集體主義原則時，他所關注的也還是如何調動兩個積極性，把集體利益和個人利益正確地結合起來如在中國農村社會主義高潮的按語中說：「提倡以集體利益和個人利益相結合的原則爲一切言論行動標準的社會主義精神」。（《毛澤東選集》第 5 卷，第 244 頁）毛澤東在《論十大關係》一文中說：「國家和工廠、合作社的關係，工廠、合作社和生產者個人的關係，這兩種關係都要處理好。

爲此，就不能只顧一頭，必須兼顧國家、集體和個人三個方面，也就是我們過去常說的「軍民兼顧」，「公私兼顧」」。（《毛澤東選集》第 5 卷，第 272 頁）又說：「總之，國家和工廠，國家和工人，工廠和工人，國家和合作社，

國家和農民，合作社和農民，都必須兼顧，不能只顧一頭。無論只顧那一頭，都是不利於社會主義，不利於無產階級專政的」。(《毛澤東選集》第 5 卷，第 275 頁）

　　馬克思主義經典作家闡釋集體主義原則的本質特徵時，爲什麼強調集體利益與個人利益的結合呢？這首先是因爲他們諳知人類利益關係發展的客觀規律性。這就是說，人類利益關係是從集體利益與個人利益的同一性到對立性，再到同一性的否定之否定的過程。

　　原始社會氏族的集體利益，與其成員的個人利益完全一致。氏族始終是人們行爲的界限。當時生產力極其低下，財產公有，產品平均分配，個人無力抵抗自然界的襲擊。一言以蔽之，脫離氏族集體，個人將無法生存。由於分工和生產力的進一步的發展，出現了私有制，即進入階級社會以後，人們利益多元化，少數統治者的私人利益以「社會公共利益」的面目出現，與廣大勞動者的個人利益相對立，並且常常以犧牲勞動者的利益爲代價，保持和發展所謂社會共同體的利益。這就是說，社會集體利益與個人利益是對立的。當然這並不是說，在階級社會，社會集體利益與個人利益，沒有任何一致性。一致性有，不過比之對立性來說，微不足道。當歷史進入社會主義階段，即消滅剝削階級、剝削制度之後，社會集體利益與個人利益之間的對立已經改變，其一致性是主要的方面。這是因爲社會成員間利益儘管不同，但無根本的利害衝突。發展社會生產力，實現共同富裕，則是全體社會成員的共同的奮鬥目標和根本利益之所在。所以我們說，社會主義集體利益與個人利益是一致的。這與原始氏族社會氏族集體與氏族成員個人利益的一致不同，它是建築在生產力有了相當高的發展水平上的一致。且這種一致，不是完全的一致，而是包含有差別的一致。正因爲如此，作爲社會主義道德主要原則的集體主義，必然要講集體利益與個人利益的「兼顧」或結合。

　　其次，馬克思主義經典作家之所以強調集體利益與個體利益相結合，也是他們對歷史經驗的總結。

　　馬克思、恩格斯在《德意志意識形態》一文中指出階級社會以國家名義出現的社會共同體的利益，與人們實際的個人利益是對立的，這種共同體對個人來說，完全是「虛幻」的。人類解放、工人階級的革命運動，所追求的則是「眞實」的集體。這種眞實的集體，將是一個以每個人的自由發展爲一切人的自由發展條件的聯合體。這即是說，在這個聯合體中，根本改變了社

會集體與個人的對立，實現了社會與個人的和諧一致。毛澤東之所以強調集體利益與個人利益相結合，甚至把它提到關係社會主義前途和無產階級命運的高度來認識，這是因爲，毛澤東總結了當時蘇聯的經驗，即過分強調發展重工業，輕視改善與提高廣大勞動人民生活密切相關的農業、輕工業，忽視勞動人民的個人利益，因此嚴重地削弱和破壞了人民群眾的社會主義的積極性。同時也是總結了我國自己 1958 年大躍進片面強調發展集體經濟，「一大二公」、「一平二調三收款」，無視勞動人民個人利益，甚至剝奪勞動者個人利益的慘痛教訓。

第三，集體利益與個人利益相結合，本是社會主義道德題中應有之義。換言之，這是社會主義道德本質特性的反映。

過去社會諸種道德，由於是階級社會私有制經濟關係的特殊反映形式，人對人經濟上的剝削、政治上的壓迫、思想上的奴役，全部社會關係都深深地烙有不平等的印跡。作爲社會關係的道德，或者說反映這樣一種社會關係的道德是一種階級壓迫的道德，等級特權的道德，資本主義是金錢自由的道德，其實質也是一種不平等的道德。因此，階級社會道德的共同特性，就是權利與義務的分離。人與人之間的道德關係、道德要求是不公正的，不論以怎樣面目出現的「集體」，它們對社會成員具體個人持有絕對的權利，而作爲「集體」中一員的個人只負有絕對的義務。在這樣的社會集體裏，社會利益與個人利益的對立就是不可避免的。社會主義社會與此不同，人與人之間的關係比之資本主義社會是眞正的平等，並且在經濟、政治、法律、社會諸方面越來越平等，一言以蔽之，是同志般的互助合作的關係，當然也有非同志般互助合作的關係，但人際關係的主流是平等互助的。因此，作爲這種人際關係的反映，社會主義道德從根本上改變了權利與義務分離的狀況。故此，集體主義道德原則中集體與個人、集體利益與個人利益也必然彼此互相負責，在通常的情況下，兩者只能是結合與兼顧。

馬克思、恩格斯、毛澤東關於集體主義本質特徵的論述，據我的理解，是帶有功利主義含義的，或者說是以功利主義的理念來說明集體主義的。功利主義作爲一種倫理學說古已有之，西方古希臘伊壁鳩魯的快樂主義，近代英國哲學家培根、霍布斯的倫理學說，十八世紀的法國愛爾維修、霍爾巴赫的倫理學說，十九世紀邊沁、密爾、葛德文、德國古典哲學家唯物主義者費爾巴哈的倫理學理論，中國古代的墨子、南宋時期的陳亮、葉適等都是功利

主義倫理學派。綜觀中外倫理學說史，所謂功利主義倫理學派，其共同的特徵是認為個人或社會利益是道德的基礎，道德是尋求個人或社會共同利益或幸福的手段，道德評價的標準是個人利益與社會利益的和諧一致，是行為的實際效果。

馬克思主義倫理學說，無疑的具有功利主義的性質，或者說，從一定意義上說，它是一種嶄新的功利主義倫理學。然而它又不同於歷史上一切形式的功利主義、它是對以往一切功利主義，特別是資產階級功利主義的積極揚棄，吸取了它們的合理因素，而形成了一種新的、人民大眾的功利主義。

以往所有的功利主義，特別是資產階級的功利主義，雖具有社會公益論的因素，但本質上是個人主義的功利主義。正如邊沁他們自己所說的「個人利益是唯一現實的利益」，（轉引自《馬克思恩格斯選集》第 2 卷，第 107 頁）「大多數的好行為不是要利於世界，不過要利於個人（世界利益就是個人利益合成的）」（《功用主義》，第 20 頁）。人民大眾的功利主義與個人主義的功利主義有原則的不同。

個人主義的功利主義，其理論的前提是自然主義的人性論，即人的本性是趨樂避苦的或天生利己的。所以個人利益是人的一切行為發生的動力，既是行為的出發點，又是行為的歸宿點。其主要的理論觀點，追求個人利益或幸福是目的，關心、維護他人或社會的利益與幸福是手段。個人利益、幸福與他人利益、幸福的結合，目的是確保個人的利益與幸福。換言之，利他是為了利己。評價行為是非、善惡的唯一方法，則是行為的效果，而不是動機。即行為能否帶來好處、實惠、利益或幸福。實踐的結果或目的是努力增加個人與相關者的最大的利益與幸福。

人民大眾的功利主義與此不同，其理論基礎為：人的本質是社會關係的總和，社會關係規定了人的本質，人也創造了社會關係。所以人就其天性而論，無所謂利己與利他。利己或利他為社會關係或社會實踐與教育所決定。主要的理論觀點，人既是目的，又是手段，即人人是目的，人人又是手段，利己與利他相統一，人民大眾的根本利益是一切行為的出發點與歸宿點。評價人的行為與品質的方法，既看效果，又看動機，是動機與效果的統一論。實踐的目的或結果是努力增加社會財富和福利，一部分人先富起來，最後則是共同富裕。

以上所論，就是新的革命功利主義，即人民大眾的功利主義與以往一切

功利主義，特別是與資產階級功利主義的原則區別。

眾所周知，在發展商品經濟，建立市場經濟體制的條件下，追求經濟效益，精打細算投入與產出，努力爭取最大效益，或者說對個人利益、幸福的普遍關注，已成為人們生活的信條。這說明功利意識與觀念，已深入人心，成為一種價值觀。同時從對社會生活的負面影響看，狹隘的、短視的、庸俗的急功近利的功利主義思想泛濫，對社會經濟、政治、文化、教育等諸方面造成了嚴重的危害。由此觀之，站在人民大眾的功利主義的立場上，重新界定集體主義原則，更新其內容，賦予其新的思想、新的意義、引導社會成員處理好個人與他人、個人與社會與國家利益的關係，調動千軍萬馬建設社會主義，實現國家四個現代化，意義深遠而重大。

那麼，究竟應該怎樣重新界定集體主義原則呢？

我認為，至少有以下三點：

第一，不損人的利己是合乎道德的。社會肯定通過正當勞動的致富行為，保護和發展個人的正當的合法的權益。

第二，在維護、發展集體利益的基礎上，實行個人利益與集體利益相結合，或個人利益、國家利益統籌兼顧。當集體利益與個人利益發生矛盾時，只要集體利益是正當的，個人就應當自覺地把社會整體利益置於優先的地位，即自覺地使個人利益服從集體利益，為了社會集體利益而放棄或犧牲個人的利益則是崇高的道德行為。

第三，一切侵犯個人正當利益的行為，一切化公為私、侵吞、蠶食社會共同利益或國家利益的行為都是違法的、反道德的，都應無例外受到社會主義法律制裁與社會道德輿論的譴責。

我這樣界定集體主義，顯然與以往的界說不同。

首先是如何看待利己的問題，利己與利己主義不同，利己不一定損人。正當利己，合法、合理的利己應肯定，它是人們行為的動因之一，是人們積極性的源泉之一。利己主義把利己看作人行為的唯一動因，或終極的動力源泉；利己主義常常為了利己而損人，或為了利己而不擇手段。

利己與追求實現個人利益密切相關。個人利益乃是個人生存、發展、實現自由與幸福所必須的資料與條件的總和。

社會主義革命與建設的目的，就是從根本上改變廣大勞動者與全體國民的生存與發展的條件，實現他們夢寐以求的自由與幸福。正因為如此，鄧小

平說：「貧窮不是社會主義，社會主義要消滅貧窮，不發展生產力，不提高人民的生活水平，不能說是符合社會主義要求的」(《鄧小平文選》第 3 卷，第116 頁)。鄧小平又說：「社會主義的目的，就是要全國人民共同富裕，不是兩極分化！(《鄧小平文選》第 3 卷，第 110～111 頁) 鄧小平這些思想揭示了社會主義的本質特徵，同時又啟發了我們，必須重視社會成員的個人利益。否則，何以談得上「消滅貧窮」，達到共同富裕呢？不言而喻，重視、維護、發展社會成員的個人利益是社會主義不可缺少的內容。換言之，也只有社會主義才真正重視、維護、發展社會成員的個人利益。

其次，個人利益與集體利益不是對立的，兩者有區別，但又有不可分割的聯繫。如果說個人利益是個人生存、發展、實現自由與幸福所必需的資料與條件的總和，那麼，集體利益則是一定社會群體或整個社會存在與持續發展，保障其社會成員自由與幸福生活所必需的資料與條件的總和。前者具有個別性，後者具有共同性。兩者相輔相成，互相依賴，互相滲透。個人利益是集體利益的源泉，集體利益是個人利益的保障。沒有個人利益的存在，沒有個人勞動、工作的積極性，就沒有集體或社會的利益。反之，個人生活在社會中，沒有他人協作，沒有社會的關照，也不可能取得個人利益。因此，個人利益與集體利益或社會利益的關係是辯證統一的。然而集體利益或社會利益是部分社會成員或全體社會成員的共同利益，或公共利益。它是個人利益的本質的、長遠的方面，具有全局性，而個人利益具有局部性。故此，集體利益或社會利益高於個人利益，當兩者發生矛盾時，不能兩全齊美，那麼，個人使自己的私人利益自覺地服從集體或社會的公共利益，便是理所當然的。這也就是先公後私，或因公棄私。

第三，個人的私人利益或者集體、社會的公共利益，兩者互相依存，相得益彰，沒有私人利益就沒有公共利益，沒有公共利益也不會有私人利益。兩者同樣受到國家法律和道德的保護。

就公私關係而言，我們社會主義道德，反對自私自利、損人利己、損公肥私的思想與行為，肯定「公私兼顧」、先公後私的思想與行為，倡導因公棄私，或大公無私的思想與行為。

就功利主義道德觀而言，我們反對自私的、狹隘的、短視的、庸俗的功利主義，倡導人民大眾的社會主義的功利主義。

我們共產黨人明瞭集體主義原則的精神實質，在執行這個原則時。首先

應做到「公私」結合，決不可以損公肥私或損人利己。做到這一點，僅僅是一個社會主義公民的起碼的道德要求。但這還不夠。須知共產黨人是工人階級的先鋒隊，人民群眾中的先進分子，因此，應當比一般群眾做得更好才是。這也就是說，共產黨人應高標準要求自己，一事當前先公而後私。必要時，因公棄私，為了社會公共利益，為了黨和人民群眾的利益，不惜犧牲自己的私人利益，甚至個人的生命。換句話說，共產黨人，必須樹立全局觀點，把黨和群眾的利益自覺自願地置於個人利益之上、之前。一旦個人利益與黨和人民群眾利益發生矛盾或衝突，應自覺地放棄個人私利，維護全黨和人民群眾的利益。也可以說共產黨人要有全局觀點，以全局利益為重，把本地區、本單位、本人的利益置於全局利益之下。把全局利益擺在第一重要地位。在任何情況下都不得違背或侵犯全局性利益。這才是一個共產黨人應有的思想與行為，否則就不是一個共產黨員，至少不是一個合格的共產黨員。

二、共產黨員要樹立為全社會服務的價值觀，即「我為人人，人人為我」

「我為人人，人人為我」，這是新社會的道德觀，是社會主義根本的道德觀，它不同於資本主義社會「人人為自己，上帝為大家」的道德觀。

列寧在《從莫斯科一到喀山鐵路的星期六義務勞動到全俄星期六義務勞動》一文中，表述了「人人為我，我為人人」的原則。他說：「我們將雙手不停的工作幾年以至幾十年，我們要努力消滅『人人為自己，上帝為大家』這個可詛咒的常規……我們要努力把『人人為我，我為人人』的原則灌輸到群眾的思想中去，變成他們的習慣，變成他們的生活常規」（《列寧全集》第 31 卷，第 104 頁）。這就是列寧對社會主義道德原則的表述。「人人為我，我為人人」原則的實質，是平等互惠，因此，這個原則又可稱為平等互惠原則。

「人人為我，我為人人」的原則是作為「人人為自己，上帝為大家」的舊社會的道德原則的對立面而提出來的。

「人人為自己，上帝為大家」之所以是可詛咒的常規，這是因為，上帝根本不存在，上帝為大家是空話，而真實存在的東西，就只有「人人為自己」，而且是人人只為自己，而不為別人，不為大家。「人人為自己」，沒有人去為大家，不言而喻，這是一切私有制社會的道德原則。

一切私有制社會的道德原則，具體的表現可能有所不同，如封建社會的

所謂道德金科玉律「己所不欲，勿施於人」，中世紀基督教的「愛人如己」，還有什麼資本主義社會的理性利己主義原則，即「主觀為自己，客觀為別人」，把個人利益與社會利益結合起來作為道德評價的尺度。還有什麼追求最大多數人的幸福的功利主義原則等，歸根到底都是利己主義，或主要傾向是利己主義。

而「人人為我，我為人人」則不同，這個原則不是利己主義，也不是利他主義，而是超越於利己主義與利他主義之上的人我互利互惠的原則，這是新社會的道德原則，這個原則，不言而喻，是社會主義新社會的根本的道德原則，毫無疑義，把它作為社會主義社會的道德價值導向原則是當之無愧的。

其次，「人人為我，我為人人」的原則之所以是社會主義的價值導向原則，還因為這個原則是社會主義本質特徵的反映。

按照馬克思的最初設想，社會主義是消滅了階級、消滅了剝削的社會，在這裡人們對生產資料的佔有，對勞動成果的享用，對社會生活中的權利與義務的分配，都是平等的，或者是準平等的。人與人的關係是同志式的，互助合作的，因此，作為社會主義的根本原則，不能是別的，只能是「人人為我，我為人人」。馬克思所設想的社會主義在今日看來，理想的成分多於現實的成分，現實的社會主義是公有制占主導地位，還有其它的所有制。因此，人對人的剝削沒有也不可能是消滅乾淨的。但是公有制占主導地位這卻是個根本原則，此外就是共同富裕。鄧小平說，這是社會主義的兩條根本原則。這兩條根本原則無疑的要求我們堅持「人人為我，我為人人」的道德原則。

第三，「人人為我，我為人人」，之所以是社會主義的價值導向原則，還因為這個原則是符合人性，或者說是人性所要求的。

人性是利己的，抑或是利他的，在歐洲近代倫理學思想史上有過激烈的爭論。以霍布士、孟德威爾為代表的利己說，與沙慈伯利、赫起遜為代表的利他說，各執一端。後來休謨、亞當·斯密的道德情感論出現了，認為人是利己的，也是利他的。不管利己說、利他說，還是利己利他兼而有之的學說，他們的理論出發點都是自然主義的人性論，從人的趨樂避害的本性上闡釋他們的觀點，因而是不科學的。

但是平心而論，休漠、亞當·斯密的觀點接近於真理。

人要生存、要發展，就要利己，這是毫無疑問的。但人不是自然界的生物，人是社會動物。人不能脫離社會，脫離社會的人不是人，而是動物。動物的本能有利己的方面、也有利他的方面，何況人乎？所以說「人就是利己的」這個論點絕不能成立的。但是說人就是利他的，同樣也不能成立。離開利己的利他是不存在的。

從理論上說，利己與利他不可分。只利己不利他，到頭來不能利己；反之只利他不利己，也不能利他。正如弗洛姆所指出的：「愛我自己的自我，與愛任何他人的自我是無法分割的聯繫在一起的」。（《自為的人》，國際文化出版公司，1988 年版，第 113 頁）

利己與利他的統一，就是真實的人性，而「人人為我，我為人人」就是這種真實人性在道德上的體現。

第四，「人人為我，我為人人」的原則同發展社會主義的商品經濟是相適應的。

發展社會主義的商品經濟，其姓資姓社姑且不論，單就商品經濟的存在與發展的重要條件之一，即廣泛的分工而言，這種廣泛的社會分工與社會合作是統一的。沒有分工就沒有合作，反之，沒有合作就沒有分工，故此，就需要「人人為我，我為人人」。即是說，彼此相互服務的道德觀。

商品生產者雖然主觀上為自己，但必須通過客觀為別人的中介，才能實現商品的價值。這就是說，商品生產者生產的產品，要變成商品，一定要滿足他人或社會的需要，可見，實行「人人為我，我為人人」的道德價值導向原則，符合商品經濟運行的客觀規律。

第五，「人人為我，我為人人」的原則，之所以是社會主義的道德價值導向原則，還因為這個原則是社會主義道德的總括詞，是社會主義諸道德原則的母體。

「人人為我，我為人人」的原則，內涵極其豐富，社會主義的許多道德原則都可以由此派生出來，或者由此得到說明。

從「人人為我，我為人人」的原則中，可以引申出人道的原則。人道原則的根本之點，是把他人看作是我的同類，尊重他人為人，愛他人與愛自己具有同等的價值。

從「人人為我，我為人人」的原則中，可以引申出真正的集體主義的原則。集體主義原則的實質是人民大眾的功利主義，即個人與集體的互利互助。

「人人爲我，我爲人人」表明人我兩利，互助互愛。

從「人人爲我。我爲人人」的原則中，可以引申出平等或公正的原則。「人人爲我，我爲人人」意味著人、我在權利與義務上是對等的，從根本上消滅了舊道德權利與義務的分離，即某些人享有權利而不盡義務，或者某些人只負有義務，而不能享有權利。

「人人爲我，我爲人人」同時意味著人的價值是目的價值與手段價值的統一。沒有誰只是目的而不是手段，反之亦然。

從「人人爲我，我爲人人」的原則中，還可以引申出誠實守信的原則。「人人爲我」這就意味著要求別人爲我服務，必須是誠實的、認眞負責的；反之，「我爲人人」，即爲別人服務，必須將心比心，以誠實的負責的態度，對待別人。

以上所論，就是「人人爲我，我爲人人」爲什麼是我們社會的道德價值導向原則的理由或根據。「人人爲我，我爲人人」的原則，就其實質而論，與爲人民服務的原則是一致的，今天我們對爲人民服務的理解，正如中共中央十二屆六中全會所指出的那樣，「在我們的社會裏，人人都是服務的對象，人人都爲他人服務」。「人人都是服務的對象」，即「我爲人人」；「人人又都爲他人服務」，即「人人爲我」。

「我爲人人，人人爲我」，這樣的互助的道德，服務的道德，需正確的理解。它不是半斤對八兩的價值交換，也不是爲了索取而給予。而是說在一個消滅剝削制度，人際關係平等的社會裏，人與我互助的道德。人我互助指在一個廣大的社會範圍內的人我互助，我在此時此地，爲他人服務，那麼在彼時彼地，他人就要爲我服務。反之亦然。但是對共產黨員來說，首先應當是「我爲人人」，而不能坐等「人人爲我」。共產黨員是工人階級的先鋒隊員，是人民群眾中的先進分子，他具有解放全人類的雄心壯志。因此，他們在戰爭時期，「衝鋒在前，退卻在後」，在和平建設時期，則應是「吃苦在前，享受在後」。這就是「先天下之憂而憂，後天下之樂而樂。」要麼，怎麼說是一名共產黨員呢？當然這並不是說，共產黨員可以不要自己的私人利益，如果共產黨員都不要自己的私人利益，那麼，他們還有本事、有能量爲人民服務嗎？顯然沒有了。需知對共產黨員來說，強調「我爲人人」，說到底，就是先人後己，先公後私而已。應當記住一個眞正爲人民做事情的人，一個全心全意爲人民服務的人，人民總不會忘記他們的，人民必定以這樣或那樣的方式

給予相應的回報。相反的，那些不爲別人做事的人，巧取豪奪人民利益的人或侵吞社會公共財富的人，不論他們有多高的地位，多大的權利，遲早將遭到人民的唾棄，永遠地被釘在歷史的恥辱上。

三、共產黨員應建立公正的道德觀，秉公執法，秉公辦事

公正與正義、公平、公道同義。公正作爲一個道德範疇是古老而又常新的道德觀念。

公正與偏私相對立。《管子·形式》說：「天公平而無私，故莫惡而不復；地公平而無私，故小大莫不載」《戰國策》上說說：「商君治秦，法令不行，公平無私」可見公正、公平與偏私、相對立，是正直、無私的意思。

公正範疇具有多種意義，是政治學、法學、倫理學共有的概念。是從政治、法律、倫理不同角度上調節人際關係的行爲準則。

那麼到底什麼是公正？公正的基本含義是什麼？拉法格在《思想起源論》一書中說：「公正的概念用畢達哥拉斯的公式來表示就是：不要破壞天平盤上的平衡──天秤自從被發明起便成了正義的形容詞了」。這就是說公正即正義，基本的含義是平等。法學是從權利與義務對等關係上理解正義。政治學是從統治階級的意志與秩序上理解正義。倫理學則是從對待人與事的恰當處理上理解正義。

公正範疇是個歷史範疇，又是個階級範疇，在不同的歷史時期，不同的時代，或同一時代不同階級那裡，公正的含義是不盡相同的。

原始社會的公正概念，是血親復仇的向等報復意義，即「以眼還眼」，「以牙還牙」，「以血還血」。在奴隸社會、封建社會裏，公正同維護不同等級特權相聯繫。安於既定的階級或階層中的地位，不思改變、遵守統治階級的秩序就是公正。資本主義社會的公正概念，同社會契約、同社會的法律秩序，同維護資本主義私有制相聯繫。尊重他人的私有財產，遵守法律與契約，便是公正，否則就是不公正。

社會主義的公正觀與此不同。社會主義的公正觀，作爲一項道德原則，它批判地繼承人類倫理思想史上公正範疇的一切合理因素。它的基本的含義雖然也是平等，但不同於資本主義社會公正原則所要求的那種形式上的平等。社會主義公正原則的平等，其深層含義，則是消滅階級。正如列寧所說：「如果不把平等理解爲消滅階級，平等就是一句空話」。然而，消滅階級

卻是一個漫長的歷史過程。社會主義初級階段上的公正觀，主要包含有下述內容：第一，經濟上，實行「各盡所能，按勞分配」的物質利益的分配原則，按這個原則辦，就是公正，否則為不公正。第二，權利與義務的一致性。需知權利與義務相輔相成，沒有無權利的義務，也沒有無義務的權利。社會主義初級階段的所有公民，他們彼此都享有為法律、道德所認可的權利，也同樣負有法律、道德所規定的義務。第三，社會主義的公正觀，要求公平與效率的統一。這不同於小資產階級絕對平均主義的公正觀。這種公正觀，以犧牲效率為代價，保障絕對平均地分配社會財富，這是不公正的，因為它使一些人無償地佔有了另一些人的勞動成果。社會主義的公正觀，不是結果的平等，而是出發點的平等，即機會的平等。這即是說讓人們有同等的機會參與競爭，其結果肯定是不平等的，即有明顯的差別。這樣就會促進社會勞動的效率、經濟效益、社會效益迅速增加。這就是社會主義公正道德觀的內容。

今天我們實行改革開放的政策，大力發展商品經濟，這樣一種經濟生活、社會生活和現實，要求我們樹立公正觀，平等的參與競爭，本著按勞分配的原則，分配物質利益。同時要求每個公民在享有權利的同時，履行公民各種義務。

在日常生活、工作、勞動之中，應本著公正、或公道原則辦事，不可偏私，不可違反社會主義的法律與道德。在提職、晉升、升學、就業、分配物質利益、分擔社會義務等活動中，一切共產黨人，均應帶頭執行公正原則，秉公辦事。這就是社會公民應遵守的道德，更是一個共產黨員應起碼做到的行為準則。

總之，共產黨員在社會關係大變動的時期，在改革開放的歷史新時期，我們必須面對現實，格守共產黨員的理想與信念，堅持社會主義道路，以身作則地遵循社會主義和共產主義道德，諸如集體主義和愛國主義的原則，全心全意為人民服務的思想；同時，也要適應時代的變化，樹立新的道德原則與規範，諸如「我為人人，人人為我」，公正無私等。

提高幹部道德水平刻不容緩

　　眾所周知，社會主義精神文明建設的重要方面，是道德建設。道德建設的重點是幹部道德。加強黨政幹部道德建設，提高他們行為的道德水平刻不容緩。一則是市場經濟發展的客觀形勢，要求在全社會加強「法治」的同時加強「德治」。市場經濟是法治經濟，也應當是講道德的經濟。作為國家、社會的經濟、政治、科技、文化方方面面的組織者、管理者的黨政幹部應當具備較高的道德素質，這是理所當然的。二則是廣大群眾一貫要求，黨政幹部在社會公共生活、職業生活、家庭生活乃至個人生活方面，為群眾做出榜樣。

　　改革開放以來，伴隨著社會進步，社會風氣不良現象日益增長，引起廣大群眾的憂慮與不滿。人們熱切希望黨政幹部端正思想行為，為全社會樹立良好的道德形象。這不僅是黨政幹部自身的問題，也關係到黨和政府的威信，方針政策的貫徹實施，社會風氣的匡正問題，更關係到黨、國家政權的性質能否不蛻變的大問題。正如群眾說：「若想紅旗飄萬代，重在教育當權派」。多麼深刻的見解，多麼值得日夜反思的忠告！

　　黨和國家高層領導人，洞悉群眾的心聲與願望，多次講到黨政幹部要講政治，加強思想道德修養。江澤民總書記要求幹部「做一個有道德的人」。李鵬總理在全國人大八屆四次會議上作《關於國民經濟和社會發展『九五』計劃和 2010 年遠景目標綱要》的報告中，又一次講到：「政府機關首先是國務院各部門，領導幹部首先是高級幹部，要以身作則，廉潔自律，自覺接受監督」。

　　當前我們應當提倡諸如「立黨為公，執政為民」，「依法辦事，公正無

私」，「敬業盡職，忠誠積極」，「實事求是，力戒虛誇」等等規範。而最根本的則是全心全意地爲人民服務。首先要擺正幹部與群眾關係的位置。人民群眾是國家的主人、社會的主人。幹部不管有多麼高的地位，都是人民的公僕。公僕爲人民服務就是要兢兢業業，盡心盡職；就是要忠誠積極，奮不顧身；就是要滿腔熱忱，高度負責。公僕必須把人民群眾的利益擺到第一重要的位置，努力爲人民謀利益，辦好事。爲人民的利益堅持好的，爲人民的利益而改正錯的。

牢固樹立公僕意識，還要徹底改變「幹部是老百姓父母官」的封建觀念。在社會主義時代，人民群眾才是幹部的衣食父母，幹部則應是人民群眾的兒女。

幹部還必須懂得權力與責任的關係。權力是人民賦予的，因此，必須爲人民用好權，對人民負責任，自覺地接受人民群眾的監督。應改變以往權力意識強，責任意識差的傾向。

在解決認識問題的同時，還必須「依法治吏」爲此，不妨學習和借鑒西方對政府官員實行的道德管理、監督的機制與辦法。

首先，把道德行爲規範或倫理行爲準則，上升爲法律，使之具有法律的效能與作用。爲此可制定《中華人民共和國黨政幹部道德法》、或《國家公務員倫理行爲準則》，接下來，可在中共中央委員會、全國人大常委會、國務院下設道德法監督執行局或廉政倫理行爲督導、檢查辦公室，各省、市、地、縣均應設相同或相似的機構，並賦予特別的監督、執法的權力，如調查、質詢、聽證、以至於配合檢查機關對不法幹部提起公訴，追究其行政或法律責任。這樣幹部道德法才能眞正發揮作用。

此外還必須從物質待遇上，切實解決一些問題。如干部的工資待遇，必須保持在社會平均工資中等以上的水平，至少不低於中等水平，這是幹部廉潔自律，忠誠服務於人民的物質保證。

同時還要「精兵簡政」，裁減冗員。現在幹部隊伍過於龐大，國家負擔沉重，不要說提高待遇，就是維持現狀，都感到困難。這也是滋生官僚主義、衙門作風、推委、扯皮、工作效率低下的根本原因之一。

由此看來，「以法治吏」，提高幹部道德素質，提高黨政機關工作效能，眞正做到全心全意爲人民服務，還得做一番綜合治理的工作。

做「官」就要講「官德」

　　主持人欽建軍：我們常說，爲官一任，造福一方。能造福一方的「官」，恐怕除了他的雄才大略之外，還有一個最基本素質，就是他的良好的品行操守。離開這一點，再有才能的「官」，也不會造福一方。因爲對社會，對百姓沒有一種獻身精神，沒有一種公僕意識，又何談造福呢？時下，像孔繁森、李國安這樣的「官」正成爲廣大幹部學習的楷模，他們的爲官之德，也成爲廣大幹部追求的道德標準。但是，也確有一些爲官者，只講做官，不講做人，結果不僅沒有造福一方，而且還敗壞了黨和政府在人民群眾心目中的形象。

　　本期沙龍，請幾位中國倫理學界的專家談談「官德」問題，以作爲對正在進行的幹部道德教育的一點啓發。

　　羅國傑（原中國人民大學副校長，中國倫理學會會長）：幹部素質從某種意義上說已成爲我們能否實現 21 世紀戰略目標的決定因素，其中的道理是不言而喻的。幹部素質的內容很多，但最基本的應該是道德素質。

　　幹部道德作爲一種職業道德，最重要的特點就是要具有全心全意爲人民服務的人生觀和價值觀，要以廣大人民群眾的利益、需要、特別是廣大工人、農民的利益和需要爲最高標準，想人民群眾之所想，急人民群眾之所急，堅決地爲維護他們的利益而奮鬥。一個國家幹部不是騎在人民群眾頭上的老爺，而是爲老百姓鞠躬盡瘁的公僕。只有爲人民群眾服務的思想成了自己道德素質的一部分，才能夠爲官廉潔，才能夠經受住金錢、地位、榮譽、美色等種種考驗，堅持社會主義的方向，帶領廣大人民群眾，將社會主義現代化事業不斷推向前進。因此，我認爲，全心全意爲人民服務的思想，是「官德」

的核心，也是整個幹部素質的一個根本性問題。要想提高幹部的整體素質，必須從這裡開始。

應當看到，改革開放以來，我們的幹部中的一些人，在拜金主義、享樂主義和極端個人主義的腐蝕下，經不起考驗，背離了全心全意為人民服務的宗旨，以權謀私，自私自利，以致腐化墮落、蛻化變質，有的甚至成為腐敗分子和犯罪分子。這種情況，應當引起我們的高度重視。特別應當指出的是，幹部的職業道德水平，影響到整個社會的道德風尚和廣大人民群眾的道德水平，牽涉到社會的穩定。中國古代的政治家認為，從政的官員，好比一個人的身體，老百姓就好比他的影子，認為「身正影必正」、「未有身正而影曲，上治而下亂者也」。由此可見，只有使我們的廣大幹部的職業道德有所提高，才能使我們的社會風氣從根本上得到改善。在改革開放的新形勢下，一些幹部之所以背離了為人民服務的宗旨，原因雖然很多，但其中最重要的一條，就是人生觀、價值觀和道德觀，受到各種腐朽思想的侵蝕，個人私欲不斷膨脹，最後陷入罪惡的泥潭。最近幾年我們強調了法制建設，是非常正確和必要的，但卻忽視了道德建設，這也是一個值得總結的教訓。一些人因違法受到法律制裁，公理正義得到了維護，但是，由於在倫理道德上沒有大力地進行善惡、美醜的教育，沒有深入持久地培養人們的羞恥之心，一些人並沒有在法律制裁面前引以為戒，自覺去規範自己的行為，反而去鑽法律的空子，繼續違法犯罪。這種情況，也就使我們認識到，加強幹部道德教育是何等的重要。西漢時期的賈誼曾講過這樣的話：「人之智，能見已然而不能見未然。夫法者懲於已然之後，而禮者禁於未然之前。」他所說的「禮」，就是我們今天講的道德。他認為一個人的道德素質的提高，就必然會遠離犯罪的道路。明朝著名思想家薛勝，在講到國家官吏的廉潔時，將從政者的廉潔分為三種情況。他說：「世之廉者有三：有見理明而不妄取者，有尚名節而不苟取者，有畏法律、保祿位而不敢取者。理明而不妄取，無所為而然，上也；尚名節而不苟取，狷介之士，其次也；畏法律、保祿位而不敢取，則勉強而然，斯又為次也。」薛勝認為，那種害怕受到法律懲罰，為了保住自己的官位而不敢貪污的人，雖然也可以算是一個廉潔的官吏，但這是最低一等的；那種為了顧全自己的名節而不貪污的人，是其次一等的；只有那種從內心認識到廉潔是一種高尚品德，把廉潔視為一種應當遵守的道德而自覺地清廉自守，才是從道德出發的廉潔，是最高層次的廉潔。由此可見，只有提高了廣

大幹部的職業道德水平，廉政勤政才有根本的保證。

　　魏英敏（北京大學哲學系教授、中國倫理學會副會長）：「官德」的內容可以說有很多，但我以爲最重要的就是八個字「立黨爲公、執政爲民」。什麼是「立黨爲公」？當初成立中國共產黨，不是爲了一己之私利、一家之私利，或一集團之私利；而是爲了天下之公利，爲了廣大勞動人民的根本利益。中國古代儒家經典《禮記》「禮運」篇，康有爲的《大同書》中，都提出過「天下爲公」的理想。孫中山先生繼續發揚了這一理想，甚至提出以「三民主義」實踐這一理想，但卻沒找到實現這一理想的階級力量和現實途徑。中國共產黨人以馬列主義的理論爲指導，依靠工人階級，結合中國社會的實際，找到了經由民主革命到社會主義革命與建設的現實道路，去一步一步地實現「天下爲公」的共產主義理想。我們今天搞改革開放，發展社會生產力，建立市場經濟體制，加強精神文明建設，也不是爲了別的，還是爲走共同富裕的道路，逐步實現「天下爲公」的共產主義理想。所以說，共產主義的理想和信念是每一個共產黨員，尤其是領導幹部最基本也是最需具備的道德素質。這種理想、信念，任何時候，任何地點，都不能動搖，不能遺忘。爲什麼呢？因爲它是立黨的根本，如果連這個根本都動搖或遺忘了，那你還做什麼「官」。做「官」也只能是個「昏官」、「庸官」、「貪官」。所謂「執政爲民」，就是說我們的黨，政府的大大小小的「官員」，都要樹立全心全意爲人民服務的思想，樹立人民公僕的意識。用手中的權力爲人民謀利益。爲官不是一般的職業。官者，手中握有各種各樣的公共權力，怎樣使用，大不一樣。是「清官」還是「污吏」，往往從權力的使用上就可以一目了然。正如江總書記最近指出的那樣，黨員幹部要「努力實踐黨的全心全意爲人民服務的宗旨，密切聯繫群眾，特別是工農群眾，堅決維護人民群眾的利益」。爲此，就要擺正自己與人民群眾的關係，爲人民辦好事、辦實事，把人民群眾當成自己的衣食父母，國家和社會的主人，而自己不論官職多高，權力多大，都是人民大眾授權辦事的勤務員。因此，要恭恭敬敬，忠心耿耿，認眞負責地爲人民掌好權，用好權。保持「吃苦在先，得利在後」的好傳統、好作風，爲人民的利益堅持好的，改正錯的。任何以權謀私的行爲都是違背共產黨人幹部道德標準的，而失去了「官德」也就等於失去了人民群眾的擁護，後果是不言而」喻的。

　　陳瑛（中國社會科學院應用倫理學研究中心主任、中國倫理學會副會長

兼秘書長）：記得有一首流傳頗廣的民謠《做人難》，講到人的一生的難處，不但有七情六欲，生老病死，尤其是要面對著親疏長幼，尊卑賢愚的各種複雜的社會關係，在這種條件下，要保持自身的純潔正直，很不容易。因此，要做一個合格的人，一個真正的人，首先要講做人的品德，譬如勤儉、仁愛、誠實謙遜、遵紀守法等。然而要做一任好官就難多了，這是因為「官場」極複雜，在「官」的地位環境中，要產生許多不利於、或者妨礙他履行做人道德的因素。首先是別人有意無意的捧場，尤其是那些要利用「官」的權力謀私利的人，他們會阿談奉承、腐蝕拉攏，無所不用其極。你喜歡吹捧，他就捧你上天；你喜歡享樂，他就送上金錢美女。每每選中「官」的弱點進攻，非叫你自願上鈎不可。其次是「官」自己的飄飄然。似乎自己就是比別人聰明能幹，比別人貢獻巨大，用不著勤儉、仁愛、誠實、謙遜和遵紀守法。殊不知，你一當上「官」，在客觀上就與「民」分開了，處在矛盾的另一端，人民群眾已經把你置於自己的目光監督之下，每個行為都會得到他們評判。做得好，受到讚揚和擁護；做得差，招來批評和厭惡。尤其是中國的老百姓。他們特別看重「官德」，認為它比政績更重要。如果「官德」較好，決策失誤，出了些問題，人民可以原諒；相反，如果「官德」不好，即使工作中有點成績，人民也不買你的帳，因為人民從心裏瞧不起你，已經把你打入了「另冊」。當一個好老百姓，未必能當好官，而當一個好官就一定是一個好老百姓。共產黨的「官」最難當，這是為什麼？因為除了上述做「官」的各項難處之外，共產黨還以全心全意為人民服務作為自己的宗旨，共產黨員做「官」必須堅決貫徹這一宗旨，這就意味著，為官者不僅在道德上要時時處處作群眾的表率，而且在物質上時時處處為群眾謀利益。不但「官德」要好，而且政績也要好。另一方面，人民群眾是國家的主人，他們有權力監督和批評大大小小官員，直至必要時，解除這些幹部的職務。在社會主義初級階段，雖然是社會主義的公有制為主體，但私有制和其他多種經濟成份仍然存在；在思想上和政治上，各種勢力，各種傾向競長爭高，是非善惡美醜的鬥爭形勢非常複雜，而這些鬥爭集中地體現在「官場」上。因此，處於這個時期的這種崗位上，要保持共產黨員的純潔性，保持高尚的品德和節操，可以說是很困難的。沒有十倍的警覺，百倍的堅毅，很難抵禦各種有形無形的誘惑侵襲，腐蝕拉攏。而稍一失足，就可能釀成千古遺恨。當然，共產黨員幹部的難處，也就是他們的光榮之處。他們的光榮正是在於要具備一個人所

難得的品質，在最艱巨複雜的事業中，全心全意為人民服務。我們的《中華人民共和國國歌》中有一句「中華民族到了最危險的時候」，使我們民族警鐘長鳴，這是我們民族興旺發達的一個重要條件。同樣，我們共產黨員幹部如果把自己的上馬就任和「陞官晉級」，也認為是「到了最危險的時候」，學習古人「戰戰兢兢，如臨深淵，如履薄冰」；嚴肅對待，自警自勵，一定會當個人民擁護的好官，至少會少犯許多錯誤。

　　主持人：剛才三位專家所談給讀者最深的印象恐怕就是「官德」的核心是什麼。現在可以很清楚地說，所謂共產黨的「官德」，高度概括就是五個字「為人民服務」。這使我想起敬愛的周總理，他總是把一枚「為人民服務」的紀念章戴在胸前。當許多人為追逐權力爭鬥不止的時候，周總理卻始終追求人民公僕的完善。周總理深諳「官德」的眞諦，應該成為每一位為官者的楷模。謝謝各位專家的光臨。

消費倫理與保護生態環境

　　4 月 22 日的「世界地球日」，是 30 年前由美國興起的、旨在保護人類生存環境的群眾性運動，20 年後得到聯合國的首肯。

　　為了紀念「世界地球日」的誕生，今年 4 月 15 日，中國開展了以「讓環保走進我們的生活」為主旨的為期一周的環境教育活動，諸如企業環保日、交通環保日、校園環保日等。

　　為什麼會有聲勢如此浩大的生態環保活動呢？這是因為，不論當今的中國，抑或當今的世界都面臨嚴重的生態環境危機。有資料顯示：世界森林正以每年 1150 萬公頃的速度消失。熱帶雨林平均每分鐘就要被毀 38 公頃。由此導致每天熱帶雨林中至少有一個物種滅絕了。全世界每年有 600 萬公傾的土地變成沙漠。全球面臨水危機。全世界有 100 多個國家或地區缺水。在有限的淡水中，全世界每年有 4200 多億立方米的污水排入江河湖海，大量的淡水被污染。這些都是人類自己造的孽。

　　人類是怎樣造的孽？面臨這樣嚴重的環境危機該怎麼辦？

一

　　生態危機的形成，原因有三，即人口的大量增加、科技與工業的飛速發展和過度消費。人口的大量增加是一個嚴重的問題。世界人口長期無限制的增長，造成人口爆炸。1999 年全世界人口已突破 60 億大關，每年仍以 8000 萬的速度在增長，預料 2050 年可達 94 億。中國的計劃生育算是實行得比較好的國家，人口增長控制在適當的限度內，即使這樣，現在也已達到 12 億 5 千萬之眾。中國與世界，這麼多人口，對地球來說負擔太重了，大有超載之

勢。人們要吃飯、要穿衣、要住房、要交通，這樣勢必毀林、毀草開荒，多種糧食，爲了保證糧食供應就要多施化肥與農藥，無形中污染了土地與水體。人們在草原上過度放牧，在江河湖無休止的捕魚撈蝦，造成草場退化、漁業資源枯竭和生態環境的危機。

科學技術的進步和工業的發展使社會財富顯著增加，人類的生活空前改善，這些在給人類增加福利的同時也帶來了災難。這就是環境的污染，生態平衡的破壞日甚一日。工業廢水、廢氣、廢渣不經防污處理，排入天空、大地、江河湖海之中，惡化了人類的生存環境。人類生活方式的改變，特別是無節制的消費，產生的垃圾，對環境的污染與破壞空前嚴重。

據有關資料統計：美國 1920 年每人每天倒出 2.7 磅的固體廢棄物；1970年時已上升爲 53 磅；到 1980 年竟高達 8 磅。加上工礦企業的廢棄物，每人每天達 50 磅，這些廢棄物污染環境，危害健康，毒化生存空間。

人們消費方式的不當，造成資源的浪費又加劇了環境的惡化。據有關資料顯示，本世紀七十年代初美國每人每年平均消耗原油 3 立方米、天然氣 3000 立方米、鋼 600 公斤、報刊 40 公斤、橡膠 11 公斤、煙草 4 公斤、各種包裝材料 250 公斤。如此高的資源需求，加上美國之外的發達國家，它們的人口約占世界總人口的 20%，每年消耗資源量占全球的 80%以上。

西方一些知名學者對此明白無誤地提出了批評。《只有一個地球》一書的作者巴巴拉・沃德和雷納・杜博斯在書中指出：「對消費品的喜新厭舊成風，無限制的使用能量，我們的前途只能是生態系統的災難。」生態學家勞倫斯在講到美國消費方式時也指出：「我們在濫用珍貴的燃料和電能，在許多場合應用高質量的能源完全是多餘的，是一種浪費，一種奢華。」不當的消費，尤其奢侈型消費，不但造成資源的浪費，加劇環境惡化，而且也給人類的健康造成了嚴重的危害。所謂現代社會「文明病」，不是別的，正是消費過度，營養過剩造成的，以車帶步，出門就上車，下車就進門，很少騎自行車，甭談走路了。吃穿極精細且考究，高脂肪、高熱量的攝取，身體發福，體重增加，體育活動尤其體力勞動大大減少，因而心臟負擔過重，心臟病、動脈硬化、高血脂、糖尿病，大量流行，而且越來越低齡化，許多中年人甚至青年人也患上這些疾病，這是令人深思的。

過度消費，奢侈消費，或豪華消費在當今的社會中成爲一種時尚，甚至是人生追求的目標，這實在是人類的悲哀。

　　這種悲哀來源於消費主義思想的影響。那麼什麼是消費主義呢？唐能賦先生在《經濟倫理學》一書中做了一個很好的界定：「一般地說，消費主義是指人們一種毫無顧忌，毫無節制的消耗物質財富和自然資源，並把消費看作是人生最高目的的消費觀和價值觀。」表現為：物質產品毫無必要的更新換代，大量佔有和消耗各種能源和資源，隨意拋棄仍然具有使用價值的產品和採用地球難以承受的生活方式，等等。唐先生的見解可謂切中要害。〔註1〕

　　消費主義在西方社會頗為流行，以美國為甚。消費主義與「信貸消費」有關，但消費主義並不就是「信貸消費」。「信貸消費」是在本世紀二十年代末至三十年代西方社會普遍發生經濟危機的背景下，由英國經濟學家約翰‧梅納德‧凱恩斯提出來的，目的是為了解決經濟危機。在他看來，經濟危機的發生，商品過剩，工人失業，是市場有效需求不足。有效需求不足又是消費不足和投資不足引起的。解決危機的辦法就是擴大消費，增加投資，刺激生產。他在《就業，利息和貨幣通論》中提出「信貸消費」的概念，並指出「奢侈有利，節儉有弊」。對消費主義思潮的興起起了推波助瀾的作用。

　　消費主義是消費至上主義，為消費而消費，這種消費觀意味著奢侈、浪費、暴殄天物。消費主義的危害，第一，加速地球上資源的消耗，同時破壞了生態平衡。消費主義的盛行同人口大量增加一樣，造成地球上有限資源的加速消耗，同時產生出大量的工業和生活垃圾，污染了空氣，水體和農田。第二，消費主義的觀念本質上是物質主義的享樂主義。消費主義使人的生理、心理、精神受到莫大損害。人們只知追求眼前的物質享受，物欲空前泛濫，陶醉於燈紅酒綠、聲色犬馬之中，喪失了精神家園，失去了應有的理想信念，一切都實利化了，物質化了。人為物役，成為物質消費的奴隸。同時過度消費，不知節制，自覺不自覺地染上許多惡習，如嗜酒成性，放縱性欲，貪得無厭，揮霍無度，損害健康，腐蝕心靈，敗壞風氣。

　　當前世界上流行一種新的消費觀，這就是「信貸消費」。「信貸消費」與消費主義不同，「信貸消費」即舉債消費，亦即先借錢消費，然後再還債。這是一種理性消費，經過思考的自主選擇，不是消費主義那樣非理性的消費，為消費而消費。「信貸消費」是消費者有計劃的提前消費，是有把握，有指望經濟收入可以還上貸款的消費。「信貸消費」與消費主義僅一步之差。「信貸

〔註1〕 唐能賦：《經濟倫理學》〔M〕，西南財經大學出版社，1997年，第255～259頁。

消費」過度就不可避免地滑向消費主義。

「信貸消費」與傳統的消費觀念有原則性的區別。傳統消費觀念是積蓄了足夠數量的金錢才去消費，否則不去消費，這可以說是一種現金消費。

「信貸消費」是一種新的消費觀念，這種消費觀念，是否合乎道德？

筆者認為在市場經濟條件下，「信貸消費」是合乎社會主義經濟倫理的，是值得肯定的新的消費觀。理由如下：

第一，信貸消費的前提是借貸雙方的信用關係，沒有信用，借貸無從談起。第二，這種消費方式，可以拉動需求，促進生產，有利於增進社會財富，改善和提高人民大眾的生活水平。第三，信貸消費，從一定意義上說，可以促進人們節約用錢，計劃用錢，節約不必要的開支，把金錢集中到該使用的地方上去。因此，把信貸消費與節儉消費對立起來是沒有根據的。

二

人類的消費生活不但與生產相聯繫，即消費不能超過生產允許的限度，同樣人類的消費也與生態環境相關聯，即不能超過生態環境許可的範圍。森林、礦藏、耕地、草場、水源都是有限的，不可以無限制的開發，更不可掠奪式的取用。

由於人口增加、粗放的經營方式和過度消費，造成生態環境的危機，因此人類在生產和消費過程中，必須樹立環境意識，至少不要危害生態的平衡，相反地應該有利於自然環境的休養生息，以便人類可持續消費和社會的可持續發展。因此，有必要重新認識儉德或節儉的重要意義。

中國人一向崇尚儉德，古人以儉為善，以奢為惡。《左傳》裏有「儉，德之共也，侈，惡之大也」。〔註2〕《論語》多處講到儉。如《論語‧學而》中子禽問子貢說，孔老夫子到一個國家參與一個國家的政事，是他自己求得的呢？還是國君主動給他的呢？子貢說，他的老師「溫，良，恭，儉，讓」所以才得到這種待遇。這裡的儉是儉樸之意。《論語‧八佾》篇：「林放問禮之本。子曰：大哉問！禮，與其奢也，寧儉；喪，與其易也，寧戚。」這裡的「儉」是節儉之意。子曰：「奢則不遜，儉則固。與其不遜也，寧固」。這裡的儉有寒酸之意。墨家認為「儉則昌，謠佚則亡」〔註3〕。這裡「儉」有昌盛

〔註2〕 《左傳‧莊公二十四年》。
〔註3〕 《墨子‧辭過》。

之意。道家則把「儉」看作是三寶之一。為人處世有三寶：「一曰慈，二曰儉，三曰不敢為天下先」〔註4〕。這裡「儉」有節制之意。

綜合上述，可見傳統倫理文化中「儉」的含義有三：一，「儉」是善德，儉的對立面「奢」是惡德。二，「儉」是簡樸，儉省，儉用，節儉即珍惜財物，杜絕浪費，精打細算，計劃開支。三，儉與吝嗇也是相對立的，所以吝則不儉，儉則不吝。這三點集中起來，說明節儉或儉省處於奢侈與吝嗇的中間。它是一種中道，即一種道德，一種德行。

節儉是自然經濟時代的消費倫理。那時生產力低下，物質產品匱乏，人們不得不節儉度日，即精打細算，量力而行，量入為出。同時它也是一種生產倫理，即節儉與勤勞有內在的聯繫。節儉必須要勤勞，勤勞生產，勤奮工作，起早貪黑，不辭辛苦才能維持生活，所以勤勞節儉自然而然地成為中華民族世代相傳的傳統美德。問題是這種節儉的消費觀在市場經濟條件下，還有沒有價值？

一個時期以來，節儉的美德，遭到否定，受到冷落，什麼「新三年，舊三年，縫縫補補又三年」早該進歷史博物館了。老年人講過去的艱苦生活，青年人聽不進去，常常說「啥時候了，還講這一套。」時代的確不同了。如今已進入信息時代，知識經濟時代，市場經濟日益發達，商品貨物琳琅滿目，讓人眼花繚亂。城鄉大眾經濟收入有不同程度的增加，因此節儉的消費觀念，不被認同，可以理解。人們普遍要求提高生活質量，講究享受，「吃的講營養，穿的講高檔，住的講寬敞，行的講漂亮（指漂亮的小汽車，摩托車）」。這是可以理解的，也沒有什麼可指責的。

改革開放以來，人們生活有提高但並不是普遍的富裕。即使普遍富裕，是否就可以不要節儉了，筆者認為不可以。今天我們講節儉，不論作為消費倫理觀，抑或作為生產倫理觀，都是有價值的。為什麼？

第一，節儉是中道，是介於奢侈與吝嗇之間。中道是道德的本質。節儉恰好是一種中道，一種好的品德。過去有價值，現在有價值，將來也還有價值。

第二，節儉作為一種生產倫理，可以促使生產者降低成本，節約原材料，節約能源等消耗，變粗放式經營為集約式經營，從而大幅度提高勞動效率，增加收益。能源等消耗，變粗放式經營為集約式經營，從而大幅度提高

〔註4〕《老子‧六十七章》。

勞動效率，增加收益。

第三，節儉有利於保護資源，杜絕浪費，愛惜勞動成果。我國人口多，資源相對不足，耕地，水源，草場，礦藏等人均佔有率比較低，因此，節約勢在必行。所以，節儉的消費觀，是不能完全否定的，在今天仍有價值，並應創造性地應用於我們的社會生活，使之成為新消費倫理觀的一部分。

三

我們面臨生態環境危機的現實，如何建立科學、文明、健康、適度的消費觀，是一個值得深入探討的問題。筆者認為，隨著市場經濟的發展，人們生活的普遍提高，享受快樂人生意識的增長，我們的消費觀念，必須革新。

首先，樹立彈性的消費觀。

今日的社會是多元價值觀的社會，消費價值觀，也是多元的，這是一個基本的生活事實。因此，不必強求一律，更不宜硬性規定一個所謂合理的消費價值觀尺度。

如果說有一個合理的消費價值觀，那麼它只能是一個彈性的標準。消費一般地說，主要是指人的私人消費，因此多元性、多樣性不可避免。由於人們的收入不同，生理、心理需要不同，偏好不同，個性不同，教育程度不同，職業不同，因此人們的消費觀念千差萬別。在這樣的諸多不同之中，還是有一個大致相同的合理標準。所謂大致相同的「合理」標準，依筆者之見，只能合乎個人的具體情況。這裡所謂個人的具體情況，一是和收入相稱，二是和自己物質、文化生活需要相適應，三是有利於身心健康。

其次，從經濟倫理上說，應當倡導合乎道德要求的消費觀。

這裡所謂合乎道德要求的消費觀，即消費倫理觀。消費倫理觀是消費生活中的倫理意識與行為準則，約束指導人們的消費活動，和調節消費生活中的各種關係。我們的消費倫理觀，既是傳統節儉消費倫理的弘揚，又是新時代精神的體現。

第一，適度消費。適度消費，以勞動貢獻與報酬為前提，以生理、心理、精神需要為根據。過度消費，超過經濟能力許可的消費，奢侈消費，或消費不足，該消費不消費，過著清貧如洗的生活，都不合乎消費道德的要求。

第二，物質消費與文化消費均衡發展。物質消費與文化消費，兩者同等重要，物質消費從生理上滿足人們的需求，文化消費從心理上滿足人們的

需求，兩者不可偏廢。只注意物質消費，忽略文化消費，久而久之，把人變成了動物，使人陷入了物質主義，喪失理想與信念，這種片面的消費，在我們看來違背了消費倫理觀。文化消費是人全面發展不可或缺的方面。文化消費，必須是健康的，文明的，向上的；一切庸俗的，頹廢的，黃色的文化消費都是不可取的，它將使人的精神萎靡不振，魂不附體，稀裏糊塗了此一生。

第三，可持續消費。生產發展有可持續與不可持續的問題，消費同樣存在可持續與不可持續的問題。我們要可持續的消費，避免「斷頓兒」，就要樹立生態意識。承認自然界有生存發展的權利，人必須改變人類中心主義和霸權主義的心態，以平等的、友好的態度，對待自然界有生命的物質和無生命的物質，不可任意摧殘它們，消滅它們。在這裡必須堅決反對消費主義無限制的開發自然，掠奪自然。對待人的日益膨脹的消費欲必須加以合理的自我節制。

人類對自然資源的開發利用，必須考慮到它的有限性、不可再生性，即使可以再生，也必須給它以喘息的機會、休養生息的機會，否則人就在吃子孫飯，斷自己後代的生路，自掘墳墓。人類對自己的消費，必須注意不要污染生存環境，努力減少污染。物盡其用，用盡其值，就是不能再用了，也要廢物利用，變廢為寶。一次性的消費，如塑料餐具，一次性圓珠筆，應從根本上加以杜絕。

同時，還要考慮代際消費的合理安排。要顧及下一代人，下幾代人的消費需要，即公平分享自然資源，分享無污染的自然空間，萬萬不可「吃祖宗的飯，斷子孫的糧」。

以上是我們應當提倡、推行的消費倫理價值觀。

消費倫理觀，是經濟倫理的一部分，而經濟倫理又是社會倫理的組成部分之一。倫理的特性不同於法律，不可以強制人們去遵守，我們只能通過勸誡、引導、說服、教育、示範的方式使人們認同。倫理工作者的義不容辭的責任，就在於旗幟鮮明地表明自己的態度。這種態度很可能不被接受，或不被理解，儘管如此，也不能調和，折衷，含含糊糊。總之，我們反對愚昧式的消費，也反對奢侈式的消費，而提倡文明、合理、健康、適度的消費。這種消費是保護生態環境前提下的消費。

對當今中國道德價值根本原則的認識

在建立市場經濟體制的條件下，倡導「我爲人人，人人爲我」的道德價值導向原則，似乎更切實際，更合情理，更易爲人們所接受。

首先，舊社會的道德原則，不管具體表述有怎樣的差別，本質上是利己主義的，而「人人爲我，我爲人人」則不同，這個原則不是利己主義的，也不是利他主義的，而是人己互利、互惠，或者說是平等、互助的原則，換言之，是超越利己主義與利他主義之上的嶄新的道德原則。

這個原則之所以是社會主義的根本的道德價值原則，是因爲它是社會主義社會人的社會關係本質方面的反映。馬克思、恩格斯、列寧所理解的社會主義，是消滅了階級、消滅了剝削的社會。在這個社會裏，人們對生產資料的佔有，對勞動成果的享用，對社會權利和義務的分配都是平等的或接近平等的，人與人的社會關係是同志式的、互助合作的。作爲反映這種社會關係的道德，只能是「我爲人人，人人爲我」。

我們今天的社會主義是在經濟，技術、文化非常落後的條件下建立起來的。公有制占主導地位，還允許其它所有制存在，還要大力發展商品經濟。因此，人與人的關係還存在著一定程度的雇傭與被雇傭，剝削與被剝削的關係。儘管如此，公有制占主導地位和共同富裕這兩條社會主義根本的原則，客觀上規定了我們的道德只能是「我爲人人，人人爲我」。

其次，「我爲人人，人人爲我」的道德原則與發展社會主義的商品經濟相適應。商品經濟廣泛的社會分工，需要「人人爲我，我爲人人」的道德價值導向原則。廣泛的社會分工與廣泛的社會合作是統一的。沒有分工，就沒有合作，反之；沒有合作，也就沒有分工。商品生產者生產出的產品要變成商

品，一定要能夠滿足他人或社會的需要，即商品生產者、經營者必須有爲社會服務的精神。可見倡導「我爲人人，人人爲我」的道德價值導向原則符合商品經濟運作的客觀規律。

第三，「我爲人人，人人爲我」是社會主義諸道德準則之母。社會主義初級階段的許多道德原則，都可以由此派生出來，或由此得到說明。

從「我爲人人，人人爲我」的原則中，可以引申出人道的原則。人道原則的根本之點。是把他人看作是我的同類，尊重他人爲人，愛他人與愛自己具有同等的價值。

從「我爲人少，人人爲我」的原則中，可以引申出眞正的集體主義原則。集體主義原則的精神實質是個人利益與集體利益的結合，即通常所說的個人利益、集體利益、國家利益統籌兼顧。如果兩者發生矛盾，就要顧全大局，把集體的利益，國家的利益置於優先的地位。

從「我爲人人，人人爲我」的原則中，可以引申出平等或公正的原則。「我爲人人，人人爲我」意味著人我權利、義務平等，從根本上消滅了權利與義務分離的狀況。

「我爲人人，人人爲我」同時意味著人的價值是目的價值與手段價值的統一。沒有誰只是目的而不是手段，反之亦然。

從「我爲人人，人人爲我」的原則中，還可以引申出誠實守信的原則。

「人人爲我」意味著要求別人爲我服務必須是誠實的、認眞負責的。反之「我爲人人」即爲別人服務，也必須將心比心，以誠實、負責的態度對待之。

「我爲人人，人人爲我」的原則，質言之，就是人、我互利、互助的原則，即社會成員間相互服務的原則。這也即是中共中央十二屆六中全會《關於社會主義精神文明建設指導方針的決議》所指出的：「在我們的社會裏，人人都是服務對象，人人又都爲他人服務」，亦即毛澤東所說：「爲人民服務」。

黨的思想政治工作的繼承與創新

　　思想政治工作，歷來是中國共產黨人的傳家寶。從一定意義上說，共產黨是靠思想政治工作起家的，沒有先進的思想政治工作，就沒有黨的方針、政策的貫徹和執行，就沒有中國新民主主義革命的勝利和社會主義建設、改革開放的偉大成就。

一、黨的思想政治工作的歷史回顧

　　黨的思想政治工作，有悠久的歷史、光榮的傳統。每個時期思想政治工作，都圍繞黨的中心工作或主要任務，有鮮明、響亮的口號，如早在紅軍初創時期毛澤東提出「支部建在連上」；土地革命時期有「打土豪，分田地」的口號；抗日戰爭時期「有中國人不打中國人」、「停止內戰，一致對外」的口號；解放戰爭時期有「打倒蔣介石，解放全中國」的口號。這些口號都有鮮明的政治目標，是一種偉大的政治動員。

　　回顧歷史，黨的思想政治工作有許多好的傳統，好的經驗，好的做法。對其要有分析地繼承。在繼承的基礎上創新。

　　第一，思想政治工作要始終突出黨的中心工作，為完成中心工作。重要任務進行政治動員和思想保證。

　　思想政治工作，要圍繞黨的中心任務，這一點要肯定。我們現在講經濟建設是中心，我們的思想政治工作，不能離開這個中心，而要為這個中心服務。思想先行，過去是對的，今天仍然是對的。思想先行，就是進行思想動員，明確認識，端正態度，取得共識，這是事業成功的思想保證。過去常說的「政治掛帥」不講了，因為它失之偏頗但不等於說可以不講政治，今天我

們要講的政治，就是要堅持尊重群眾、尊重實踐這個辯證唯物主義和歷史唯物主義的根本觀點。

第二，思想政治工作要立場堅定、旗幟鮮明。

思想政治工作，要立場堅定、旗幟鮮明，在這裡講什麼「價值中立，無立場」的哲學是錯誤的。我們反對貪污腐敗，反對以權謀私，旗幟鮮明，絕不含糊。反對拜金主義、享樂主義和極端個人主義，旗幟鮮明，絕不含糊。在國際政治生活中反對大國霸權主義，反對強權政治，主張和平共處五項原則，也是旗幟鮮明，絕不含糊的。在國內政治生活中主張民族團結，反對民族分裂主義也是清楚明確的，維護祖國領土完整統一，反對臺獨，反對一中一臺是堅定不移的，毫不動搖的。

第三，堅持抓兩頭。帶中間的思想政治工作方法。

所謂抓兩頭，即一頭抓先進，另一頭抓後進，抓住兩頭，中間就帶起來了。抓先進的一頭，就是樹典型，這就叫做典型引路。抓先進典型，是我黨思想政治工作一以貫之的優秀傳統。不僅有先進個人，還有先進集體。

第四，思想政治工作，各行各業都有專門的機構或組織，從上到下有個組織系統，有專人負責，運轉靈活，有效率。

第五，思想政治工作是內外有別的。

一般是先黨內，後黨外，先幹部後群眾。層層傳達，層層討論，統一思想，統一行動。

第六，思想政治工作的根本方法，是民主的方法、討論的方法、批評與自我批評的方法、說服教育的方法、以理服人的方法。目的是「懲前毖後，治病救人」。

以上是黨的思想政治工作好的傳統、好的經驗、好的方法。這是一方面，但還有另外一方面，就是缺點、錯誤的方面。

第一，由於受左的思想影響，尤其是受以「階級鬥爭為綱」的影響，常常把思想問題、學術問題、工作問題與政治問題混為一談，上綱上線。所謂「抓辮子」、「扣帽子」、「打棍子」，諸如右派、右傾、反動等等，嚴重混淆兩類不同性質的矛盾，把人民內部矛盾當敵我矛盾。這樣勢必會傷害一些同志的感情，破壞同志間的良好關係。

第二，從前思想政治工作統攝一切，道德問題、心理問題、行為文明問題，統統視為思想政治問題，因此常常簡單化，甚至以粗暴的態度對待。

第三，思想僵化，教條主義嚴重，不論什麼問題都「對號入座」。這些問題，當時中央已有發現並且開始做了些糾正，如 1960 年頒佈工作方法 60條，又如 1976 年甄別平反，但很不徹底。

二、貫徹黨的十六大精神，做好思想政治工作

（一）以「三個代表」重要思想爲指導，不斷提升思想政治工作水平。

當前和今後很長的時間裏，做好思想政治工作都要學習好、領會好、運用好「三個代表」重要思想，牢牢把握住它與馬克思列寧主義、毛澤東思想、鄧小平理論的一致性與創新性。對高校來說，一是要培養一流人才，人是生產力要素的核心，科學技術是人發明的，又是人掌握和運用的。培養出一批又一批有膽有識、有創造能力、有合作精神的人才，就是代表先進生產力發展要求的體現。二是出優秀的教材、學術著作，包括實用或應用技術著作，特別對文科來說，更要求出文化精品，這樣才能做到以科學的理論武裝人，以正確的輿論引導人，以高尚的精神塑造人，以優秀的作品鼓舞人。這裡需要特別注意的是要貫徹共產主義的理想、信念，貫徹全心全意爲人民服務的人生價值觀。三是要關心教師的生活，改善待遇與工作條件。「三個代表」的核心是代表廣大人民群眾的根本利益，正如胡錦濤同志所說「群眾利益無小事，凡是涉及群眾的切身利益和實際困難的事情，再小也要盡全力去辦。」

（二）貫徹「三個代表」重要思想，在思想政治工作領域要體現與時俱進的創新精神。

當今是和平與發展的時代，但世界並不安寧，發展並不順暢。從世界來說，經濟全球化進程加速，但富國越來越富，窮國越來越窮。超級強國實行霸權主義，強權政治，動輒武裝干涉他國內政，用先發制人的手段，推翻一個國家政權，弄得世界雞犬不寧；恐怖組織滲透到許多國家，伺機行動，鬧得人們驚恐萬分，心神不定。

在這種形勢下，思想政治工作，應讓人民做好應對突發事變的思想準備，即樹立憂患意識，居安思危，有了這個意識就可以臨危不懼，處變不驚，從容應付。

從國內來說，我們正處在一個歷史的轉折點上，從傳統的農業社會向現代的工商社會轉變，從計劃經濟向市場經濟轉變，從傳統產業經濟向知識、

信息化經濟轉變。加入 WTO 以後，我們的經濟正進一步開放，我們的意識形態，文化、教育等與世界各國處於大交流、大碰撞、大融合的時期。我們中國的文化傳統的價值觀，革命時代的文化價值觀受到種種衝擊。我們的思想政治工作，面臨各種挑戰。影視網絡對青少年的影響很大，這個問題應引起我們的足夠警覺，我認為西方價值觀與我們傳統價值觀、文化觀、倫理觀是不同的，甚至相衝突的。當然對西方合理的東西，我們要吸納，但對錯誤的東西我們不能退縮，不能麻木，要高舉唯物主義的旗幟批判腐朽的、錯誤的東西。這就要求我們思想政治工作者，提高分析、判斷能力，提高理論水平，改進工作方法，引導群眾積極向上。

另外，黨風、民風相互影響，黨風對民風有決定性影響，這是一條規律。共產黨是執政黨，黨員、幹部對全社會的影響是非常大的。反過來說，民風對黨風亦有影響，兩者是互動的。

黨不僅是工人階級的先鋒隊，也是中國人民中華民族的先鋒隊，中國共產黨是當代中國最優秀、最先進分子的集合體。一切黨員、幹部特別是領導幹部一定要以身作則，讓群眾做的自己帶頭去做。不讓群眾做的自己首先不做。黨風、政風好，民風就會跟著好。因此，新時期思想政治工作，應把抓黨內的思想政治工作擺到一個突出重要的地位上來。黨員，尤其是黨員領導幹部應帶頭做好自己的思想工作，牢固樹立「立黨為公，執政為民」的思想。

在全面建設小康社會的新時期，黨的思想政治工作的創新是非常重要的，無論方針、政策、內容，還是方式、方法均應有創新。

三、思想政治工作的繼承與創新

我們黨的思想工作有許多值得繼承與弘揚的東西，就思想政治工作的目的而言，團結一切可以團結的力量，化消極因素為積極因素，努力締造那種既有自由，又有紀律，既有統一意志、又有個人心情舒暢的生動活潑的政治局面，這是值得肯定和繼承的。今天我國處於一個歷史的轉折時期，社會生活的激烈變革，造成許多新情況、新問題，思想政治工作就要千方百計凝聚人心、鼓舞士氣、解疑釋惑、化解矛盾，保持鞏固安定、團結的大好局面。思想政治工作要為保證黨的中心工作的完成，為經濟建設服務，現在還要加上一條，為人的身心健康服務，為人的全面發展服務。對從前好的經驗、好

的做法，諸如，民主的方法、討論的方法、說服教育的方法、抓兩頭帶中間的方法等，都要繼承與弘揚。尤其是批評與自我批評的方法，這是防微杜漸，監督領導幹部的好方法。

思想政治工作的方法、方式，在深化改革、全面開放，全民奔小康的情況下，要勇於創新。這個創新，應包含下面幾點。

第一，思想政治工作應結合實際工作，結合解決群眾的實際問題來做。這裡所謂實際工作，就是各種經濟、文化教育、文藝等工作，不要脫離實際工作，空做思想政治工作。幫助群眾解決如下崗就業問題，就既要幫助群眾轉變擇業觀念，又要幫助組織培訓，尋找就業機會，聯繫就部門等，這樣就會「得人心、暖人心、穩人心」。

第二，思想政治工作要做活、做細、做深。過去我們的思想政治工作原則性有餘，靈活性不足，單一性過強，多樣性太少，常常把思想問題、心理問題、道德問題、舉止文明問題統統納入思想政治工作的軌道上來，一律視為思想政治問題，這樣極易簡單化。更為嚴重的是常常混淆兩類不同性質的矛盾。我們現在要特別注意思想政治工作具體化、細化，不同性質問題要區別對待。例如思想問題，通過討論，求同存異，就可以解決。心理問題，通過引導、談話或宣泄、轉移、替代、化除等等方法解決。道德問題，通過學、思、行，或通過言傳身教、典型引路等方法解決。舉止文明，通過職業訓練、紀律約束等方法解決。

第三，思想政治工作對象要突出二頭，一頭是黨的幹部、一頭是青少年。青少年是國家的未來，民族的希望，是我們做思想政治工作的重點對象，過去如此，今後也如此，這可謂是優良的傳統。

另一頭是幹部、官員。從政的人，務必品行端正，堂堂正正做人，否則，沒資格為官，沒資格管理老百姓。

第四，思想政治工作以正面教育、表揚好人好事為主，批評、處罰為輔。

人們都有追求進步、積極向上的心理傾向，願意得到同伴、同仁、上級或領導的肯定和表揚，願意實現自我價值。這就是平常說的「人往高處走，水往低處流」。

另外，思想政治工作還要尊重群眾的首創精神，宣傳、推廣群眾或基層組織創造的先進的思想政治工作的好經驗、好方法。要創造一種文化氛圍，

造成講道德、講紀律、講文明、講進步的氛圍。注意通過網絡引導青少年積極向上，這是思想政治工作新的園地。

　　總之，我們要通過思想政治工作，化解矛盾、消除對立，改善、融洽人與人的關係，達到團結一心奔小康的目的。我們的思想政治工作，必須旗幟鮮明，態度明朗，意志堅定，高揚馬克思主義的世界觀、人生觀、價值觀與社會主義的道德觀，宣揚真、善、美，批判假、惡、丑，鼓舞人們積極向上，迎難而進，腳踏實地努力工作，創造美好的生活。

「以德治國」與提高全民道德素質

　　2001 年 1 月，江澤民總書記在全國宣傳部長會議講話中，提出「依法治國」思想的同時提出「以德治國」的思想，其意義十分重大。江澤民說：「我們在建設有中國特色的社會主義，發展社會主義市場經濟的過程中，要堅持不懈地加強社會主義法制建設，依法治國，同時也要堅持不懈地加強社會主義道德建設，以德治國。對於一個國家的治理來說，法治與德治，從來都是相輔相成、相互促進的。二者缺一不可，也不可偏廢。」他又說：「二者範疇不同，但其地位和功能都是非常重要的。我們應始終注意把法制建設與道德建設緊密結合起來，把依法治國與以德治國緊密結合起來。」〔註 1〕

　　在這裡江澤民同志明確提出「以德治國」的問題，並且把它與「依法治國」相提並論。這就是說，「以德治國」與「依法治國」同樣都是當今我們治理國家的方針。這在中國共產黨的歷史上是第一次，是江總書記對馬克思主義國家學說的重大貢獻。也是對政治學、倫理學理論研究的重大貢獻。

　　其重要意義是對我們建設富強、民主、文明的現代化國家的完整意義的解讀。我們不只是要建設一個現代化的法制國家，我們也還要建設一個現代化的道德國家，即「富而好禮」的國家，或「安和樂利」的國家。

一、法與道德、法治與德治的關係

　　法與道德都是行為規範，即人們行為的標準與尺度。但兩者有區別，亦有聯繫。它們的區別是：法是外在於人的他律，由立法機構制定，人人必須

〔註 1〕全國宣傳部長會議在京召開：〈江澤民與出席會議同志座談並作重要講話〉〔N〕，人民日報，2001 年 1 月 11 日。

執行；道德是內在於人的自律或自訂自守。法訴諸於強制力量即通過行政與各種司法機關貫徹實施，道德訴諸於良心、輿論、傳統與教育的力量發揮作用。法管轄的範圍小於道德，道德管轄範圍大，法管不到的地方，它可以管得到。法對人的約束有條件，有範圍；道德不同，它不受條件、範圍的限制。法對人的約束多爲消極的；而道德對人的約束則是積極的。法制止人爲惡；道德不只如此，還勸人爲善。

法與道德除了有區別之外，還有聯繫。法與道德在內容上有交叉、有重疊。法中有道德，如唐律，本來是法律，但它把道德問題諸如不孝，不敬、不睦等十條即所謂「十惡」，列入其中。又如，我國憲法中有「五愛」即愛祖國、愛人民、愛勞動、愛科學、愛社會主義，本是道德也列入法之中。道德中有法，如男女平等本是道德規範，但是它也是我國《婚姻法》的內容。「法是最低限度的道德，道德是不成文的法。」道德是制定和執行法的理論基礎，沒有道德理念指導的法，是不公正的，甚至是野蠻的。俗話說「殺人償命、欠債還錢」，就是法律中公正原則的體現。法律禁止當事人做僞證，要求說眞話，是誠實原則的體現。可見公正、誠實等這些道德價值觀念是制定、執行法律的根本理念。法是貫徹執行道德的堅強後盾。沒有法支撐的道德，道德就是一紙空文，軟弱無力。

那麼，法治與德治的關係又是怎樣的呢？法治與德治，同爲經濟基礎所規定的上層建築，它們對經濟基礎有能動作用。它們是統治階級治理社會、管理國家、約束百姓的兩種不同性質的手段，是統治者的左、右手。

法治通過一系列制度、機構、組織、命令、規定等管理國家、社會與百姓。德治則通過一系列的觀念、意識、準則、習慣、示範、教育等管理國家、社會與百姓。簡言之，法治是制度化的道德，而德治則是非制度化的法律。對統治者來說，兩者不可缺少，相輔相成，功能互補。

二、儒家「以德治國」論再認識

江澤民講的「以德治國」與儒家講的「德治」即「以德治國」，用的名詞概念是相通的，但其含義不同。也可以說江澤民所說的「以德治國」是對傳統文化「以德治國」的批判繼承，革命地改造。

（一）儒家「以德治國」的主要內容

1、道德是治國的根本原則《論語・爲政》中說：「爲政以德，譬如北辰，

居其所而眾星共之」。意思是說實行德政，就可以把群眾團結起來。

孔子又曰：「道之以政，齊之以刑，民免而無恥；道之以德，齊之以禮，有恥且格。」即是說道德從心理上、精神上把人管起來；法、政治僅僅是從行為上把人管起來，道德治本，法治標，因此，道德高於刑罰（法律），高於政治。

孟子在《離婁上》說：「三代之得天下也以仁，其失天下也以不仁。國之所以興廢存亡者亦然。

「天子不仁，不保四海；諸侯不仁，不保社稷；卿大夫不仁，不保宗朝；士庶人不仁，不保四體。」得天下靠的是仁政，失天下了是因為不講仁政。

2、實行「王道」政治，反對「霸道」王道即為「仁政」。孟子說：「以不忍人之心，行不忍人之政，治天下可運之掌上」。《孟子·公孫丑上》說：「以力假仁者霸」，「以德行仁者王」。這就是說以力服人，不能服人心，以德服人，使人心悅誠服。「仁政」包含有「民為貴，社稷次之，君為輕」的思想。君與臣民如同船與水，水可以載舟，亦可以覆舟。百姓可以擁護君主，也可以把君主打翻在地。得民心者得天下，失民心者失天下。簡言之「民惟邦本」。還有「制民之產」。《孟子·梁惠王上》說：「……故明君制民之產，必使仰足以事父母，俯足以畜妻子，樂歲終身飽，凶年免於死亡；然後驅而之善，故民之從之也輕。」意思說實行一家一戶小農經濟制，讓人民吃飽穿暖，上能贍養父母，下又能撫養子女，這樣平民百姓可以接受道德的訓導，達到國泰民安的目的。

又說「無恒產」便「無恒心」。即沒有穩定的財產，就沒有穩定的道德心。沒有生活保障，就沒有道德的保障，什麼壞事都可以幹得出來。

實行王道政治，即實行「仁政」，還包括把賢能之士，選拔到領導崗位上來，委以重任。孔子在《論語·為政》中有這樣一段記載：哀公問曰：「何為則民服？」孔子對曰：「舉直錯諸枉，則民服；舉枉錯諸直，則民不服。」把正直的人安排當領導，把邪惡之人拿下來，老百姓服，否則不服。孟子認為，治理國家，要把有德又有才的人選用到政府中領導崗位上來，即「賢者在位，能者在職」，這樣就能政通人和，「無敵於天下」。

3、國家居主導地位的道德綱要，則為「三綱」、「五常」和「忠君」、「孝親」「三綱」即「君為臣綱，父為子綱，夫為妻綱」，「五常」即仁、義、禮、

智、信。綱為主導，支配，統馭之意，也有表率之意。

「仁」就是愛人，首先是愛自己最親近的人，其次才是愛其他的人，即愛眾人。「義」就是適宜、恰當、公正。「禮」則是調節人與人關係的禮節，制度和規範。「智」是對道德的認識與掌握。「信」則是誠信無欺。

所謂「忠君」即事奉君主忠誠積極、盡心竭力。所謂「孝親」則是對父母盡養、順、敬之責。「三綱」、「五常」「忠君」「孝親」是為維護封建專制主義的制度，維護等級秩序服務的，所謂「尊卑有等」、「長幼有序」。

4、法令、政策的實施在領導人的率先垂範《論語・顏淵》篇記載季康子問政於孔子，孔子對曰：「政者，正也，子帥以正，孰敢不正。」在《論語・子路》篇孔子曰：「其身正，不令而行；其身不正，雖令不從。」又子曰：「苟正其身矣，於從政乎何有？不能正其身，如正人何？」在《顏淵》篇還有「君子之德風，小人之德草，草上之風必偃」。孔子以上所言，都說明領導人，以身作則，貫徹政府的法令、政策、決議，老百姓就會效法。

5、德教為先，修身為本要以德治國，從君主到平民百姓，都要學習道德，接受道德教育，恰如《大學》所說：「自天子以至於庶人，壹是皆以修身為本。」（右經一章）〔註2〕

修身的關鍵在「正心」，所謂「格物、致知、正心、誠意、修身、齊家、治國、平天下」。

「大學之道，在明明德，在親民，在止於至善。」這也就是「內聖外王」之道。修身成聖就可以把家庭、社會、國家治理好。一言以蔽之曰：王天下，實現王道政治。以上就是儒家「以德治國」的主要內容。

（二）對儒家「以德治國」的評說

儒家「以德治國」的思想是小農經濟時代的產物，家族本位主義的文化，即以血緣關係為紐帶構成的道德文化。道德、政治一體化，道德政治化，政治道德化。

家長、族長、國君（皇帝）掌握生殺予奪之權，他們以為用一整套倫理原則，又加上個人的道德威望，就可以治理國家、管理社會、約束百姓。這是儒家的理想，也是他們的幻想。而事實上是「德主刑輔」。漢代以後歷代封建統治者皆是陽儒陰法，德法並用。所謂「寬猛相濟」、「恩威並施」。儒家這

〔註2〕夏延章等譯注：《大學・四書今譯》〔M〕，南昌：江西人民出版社，1989年。

套理論，從總體上說，不適合今天的社會生活，因為時代不同了，小農經濟時代，治國安邦的理論，不可能適合現代社會需要。儒家的「以德治國」論有其歷史局限性亦有其合理因素。先說它的局限性，再說它的合理性。

第一，儒家「德治」，其立論的前提是「人性本善」論。

孔子《論語‧陽貨》篇中說：「性相近，習相遠」，這句話有人性善之意。孟子發展了這一思想，明確地提出了人性本善論。這就是所謂的「四端」說。《孟子‧告子上》寫道：「惻隱之心，人皆有之；羞惡之心，人皆有之；恭敬之心，人皆有之；是非之心，人皆有之。惻隱之心，仁也；羞惡之心，義也；恭敬之心，禮也；是非之心，智也。仁義禮智，非由外鑠我也，我固有之也，弗思耳矣。」《孟子‧公孫丑上》又說：「惻隱之心，仁之端也；羞惡之心，義之端也；辭讓之心，禮之端也；是非之心，智之端也。人之有四端也，猶其有四體也。」

仁、義、禮、智四種善端是人的內心生來就有的，是一種道德的先天萌芽，但不是完備的，經過後天學習與教育，可以成為四種道德。人先天就有善端，生來就有道德的因素（因子）存在。這是一種先驗論。生而知之，不是學而知之，這種觀點是唯心主義的，不能成立。

第二，道德至上論，即道德萬能論。這也是儒家「以德治國」的局限性。

儒家過分地誇大了道德的作用，認為道德高於刑罰（即法律），高於政治、高於經濟、高於宗教。

認為依靠道德，可以把國家治理好，把社會管理好。使社會秩序井然，天下太平。

他們以為經過道德修養、道德教育，即「修身」就可以達到「修己以安人」，「修己以安百姓」之目的，即正心、誠意、修身、齊家、治國、平天下。

道德的確是治理國家、管理社會、訓導百姓的一種方式或手段，但是，它僅僅是一種而已。事實上，治理國家要靠政治、法律、道德、宗教、文學、藝術、教育等等諸多的手段與方式。

第三，儒家的「以德治國」的德，是一種權威主義的倫理。即是專制主義的道德，是為維護「尊卑貴賤」等級秩序服務的道德。其中缺乏現代民主意識與平等精神。

第四，儒家的「以德治國」，並不完全否定法的作用，但它卻貶低了法的

作用。

儒家認為「法治標」、「德治本」。這種論點令人懷疑，很難得到辯護。

《禮記》有「禮者禁於將然之前，而法者禁於已然之後」的說法。今日中國倫理學界有人還在重複著這句話。這種論斷起源於孔子說的「道之以政，齊之以刑，民免而無恥；道之以德，齊之以禮，有恥且格」。這裡的意思是，人要守規矩，不犯錯誤，不做違法亂紀的事，必須從心理上解決問題，就是要知道做缺德犯法的事是可恥的。即有羞恥心，人可以不做壞事。恰如宋儒朱熹所云，人需知恥，方能有所不為。羞恥心是良心的一種表現形式。換言之，人要有良心。

孟子尤其強調良心的重要作用。在《孟子·告子上》說：「仁，人心也；義，人路也。舍其路而弗由，放其心而不知求，哀哉！人有雞犬放，則知求之；有放心而不知求。學問之道無他，求其放心而已矣！」就是說，良心太重要了。做學問就是保住良心，而沒有良心，或沒有良知，很難成為有道德的人，很可能做壞事，或成為壞人。這裡有對的一面。然而，有了良心，就可以解決社會上諸種不道德的問題嗎？就可以包醫百病嗎？只靠良心，恐怕不行。生活實踐一再證明，良心不是絕對靠得住的。

法對人只有懲罰，而沒有教育作用這種見解也值得懷疑。眾所周知。槍決罪犯的布告，有「以儆效尤」的字樣，這個「儆」字，就是教導人，以此為戒；否則，絕沒有好下場。怎麼能說法只治標不治本，只能懲罰行為不能在心理上預先防犯人們去犯罪呢？

以上所說的一切，是儒家「以德治國」的局限性、非科學性。但是，儒家「以德治國」的思想，也有積極的東西，值得我們吸取。

第一，特別重視道德的社會作用，把它看作是治理國家的手段，訓導百姓的方式，這是可取的。

儒家認為，平民百姓學習道德可以不「犯上作亂」，還可以做有道德的人，提高人性。這種見地頗有道理。道德不只是政治的工具，更是社會的事業，是人們淨化靈魂、陶冶性情、提升人格、超越自我的手段。

第二，「德教為先」、「育人為本」。重視對人的道德教化。這個思想很好，可以吸取。我們現在強調德育教育：「教書育人、管理育人、服務育人」，就是「德教為先」、「育人為本」的光輝繼承。

第三，儒家尤其重視領導人的個人德性，在國家、社會中的榜樣作用，

是非常有價值的見解。《孟子・離婁上》說：「君仁，莫不仁；君義，莫不義；君正，莫不正。一正君而國定矣。」孟子在《滕文公上》還從反面說道：「上有好者，下必甚焉者矣。」這同江澤民主席近年講的，上梁不正下梁歪，中梁不正倒下來，意義相同。

三、江澤民講的「以德治國」與儒家講的「以德治國」的區別

（一）「以德治國」論的全新內容

江總書記的「以德治國」論的提出不是憑空想像，而是對傳統儒家「以德治國」論的批判繼承和綜合創新。一方面，他肯定了儒家「以德治國」論的積極因素，諸如重視道德的社會管理功能，強調國家政府領導人的道德自律，關注「德教爲先」的精神等等，另一方面則否定了儒家「以德治國」論中的消極思想，如道德至上主義、道德萬能論、道德政治化傾向等等。同時江總書記又根據社會主義初級階段的特點，在建立社會主義市場經濟條件下，提出了一套全新的「以德治國」論。集中體現在《公民道德建設實施綱要》裏。它不同於儒家的「以德治國論」。

第一，江總書記講的「以德治國」與儒家講的「以德治國」所不同的首要之點，是儒家在道德至上論的理念下講「以德治國」，有很大的片面性。江總書記講的「依法治國」的同時「以德治國」，實質是以法制爲基礎，德法兼治，德法並重，法治德治相結合，相輔相成。

第二，「以德治國」立論的前提不同。

儒家講「以德治國」立論的前提，是人性本善，江總書記講的「以德治國」立論的前提，不是人性善與不善的問題，而是對中國歷代統治階級統治經驗的總結，即「德法兼治」，「恩威並施」。對於統治者、領導者來說，雖說道德與法，如同車之兩輪，缺一不可。但法治更根本。

第三，我們「以德治國」的內容，與儒家「以德治國」根本不同。

我們的「以德治國」是民主的倫理，平等的道德。主要是爲人民服務與集體主義原則。我們所說的「爲人民服務」即「我爲人人，人人爲我」。人與我，我與人是平等的，彼此相互服務。可見爲人民服務是平等互助的道德。這是前所未有的新道德。〔註3〕

〔註 3〕 魏英敏：《當代中國倫理與道德》〔M〕，北京：崑崙出版社，2001 年，第 118 頁。

我們所說的集體主義，則是人民大眾的功利主義。個人利益、集體利益、國家利益三者一致，統籌兼顧，公私結合，以公爲先。我們這裡所的集體主義不是利己主義，也不是利他主義。而是兩者的整合或揚棄。這也是我們新道德觀的卓越體現。

五愛，家庭美德五條，社會公德五條，職業道德五條。其具體的內容是：

五愛：「愛祖國、愛人民、愛勞動、愛科學、愛社會主義。」這「五愛」道德是對中國傳統倫理、道德，「仁者愛人」、「仁民愛物」、「民吾同胞，物吾與也」的批判繼承與革故鼎新。這也可以認爲是新時代的人道主義。

家庭美德：「尊老愛幼、男女平等、夫妻和睦、勤儉持家、鄰里團結。」這種家庭美德，是對儒家家庭倫理中家長專制主義、男女不平等道德的徹底改造，是根據我國社會主義經濟、政治、法律制度的要求和家庭制度的變遷，而提出的以夫妻關係爲主軸的新的平等、愛、和的道德。

職業道德：「愛崗敬業、誠實守信、辦事公道、服務群眾、奉獻社會。」這五條，是我們中華文化中的優秀的職業道德傳統，即「敬業」、「勤業」、「樂業」的光輝再現，並且有新的創造。這就是把職業作爲謀生的手段與對社會的盡職奉獻連結起來。

社會公德：「文明禮貌、助人爲樂、愛護公物、保護環境、遵紀守法。」這裡把行爲舉止文明要求與社會公共場合中的道德準則結合起來。目的是建立一種人與人、人與物、人與自然、人與社會環境的和諧一致。此外還有「愛國守法、明禮誠信、團結友善、勤儉自強、敬業奉獻」基本的道德規範。這既是社會大眾的行爲準則，又是個人的道德品質。

（二）「以德治國」論的特點

上述這些就是「以德治國」的基本內容。它的特點可以概說如下：

第一，以「爲人民服務」爲核心，而展開的社會主義道德規範體系，既包含有黨德、政德，又包含有民德的內容。兩者有分別又有聯繫，充分體現了社會主義道德先進性與廣泛的群眾性相結合的特點。

第二，「爲人民服務」作爲社會主義道德的核心，包含有極豐富的內容，恰如《公民道德建設實施綱要》所說：「要引導人們正確處理個人與社會、競爭與協作、先富與共富、經濟效益與社會效益等關係。」這就意味在這些矛盾、對立的關係中保持相對平衡，這樣可以和諧統一。這不是別的，恰是公

正原則的體現。接著又說：「尊重人、理解人、關心人、發揚社會主義人道主義精神……」〔註4〕

可見「為人民服務」作為社會主義道德的核心，包含有人道主義、集體主義、公正等原則。

第三，與時俱進，勇於創新。我們的社會主義的道德體系不論是核心規範，一般原則，還是家庭道德，職業道德，社會公德等等都體現出對中華民族傳統美德、革命道德的繼承與借鑒，也體現了對西方倫理文化積極成果的認同與吸納。同時我們的道德與市場經濟體制相適應，有利於人們樹立自主自強意識，民主法制意識，平等競爭意識，總之，我們的道德可謂中西合璧，綜合創新。

第四，權利與義務，目的與手段相統一。正如《公民道德建設實施綱要》所說：「要保障公民依法享有政治、經濟、文化、社會生活等各方面的民主權利，鼓勵人們通過誠實勞動和合法經營獲取正當物質利益。引導每個公民自覺履行憲法和法律規定的各項義務，積極承擔自己應盡的社會責任。」〔註5〕這就是說公民不只是權利的一方，也是義務一方；不僅是目的的一方，也是手段的一方。可見我們的道德是權利與義務，目的與手段相統一的道德，是一種全新的道德。

第五，教育與管理相配合。我們的道德，配合社會管理硬性的方式即通過經濟、行政、法律、法規強制性與懲罰性手段，如對破壞自然環境的罰款，或通過行政處分等達到管理社會的目的。同時又要特別注意家庭、學校、社會的道德教育。勸誡、引導、啟發人們樹立善惡，是非的觀念與情感，成為一個有道德的人。

《公民道德建設實施綱要》的指導思想明確地指出，「重在建設」、「以人為本」、「努力提高公民道德素質，促進人的全面發展」、「培養一代又一代有理想、有道德、有文化、有紀律的社會主義公民」。〔註6〕

〔註4〕 本書編寫組：《公民道德建設實施綱要學習讀本》〔M〕，北京：人民出版社，2001年，第4頁。

〔註5〕 本書編寫組：《公民道德建設實施綱要學習讀本》〔M〕，北京：人民出版社，2001年，第3頁。

〔註6〕 本書編寫組：《公民道德建設實施綱要學習讀本》〔M〕，北京：人民出版社，2001年，第2頁。

四、提高全民道德素質的步驟與關鍵

提高全民道德素質是個長期的教育過程和實踐過程。那麼，如何貫徹這個指導思想，落實提高全民道德素質的任務呢？

（一）道德教育的過程

第一步是家庭倫理教育，這是道德教育的啓蒙階段，從胎教到幼兒再到兒童教育。幼兒，兒童的倫理關係，較爲單純，局限在家庭範圍內，主要是父母、祖父母（或外祖父母）、兄弟（姐妹）此外無他。這個階段倫理教育的主要方式，是依據父母的權威和以身作則，對兒童耳濡目染，潛移默化，養成敬老人，孝父母，友兄妹的良好品德。

其第二步是學校倫理教育。這是青少年成長的關鍵時期。此時的倫理關係，除家庭倫理外，增加了師生倫理、學友倫理。這是人格、人生觀、世界觀、價值觀形成的關鍵時期。校園的倫理氛圍十分重要。教師的身教也極爲重要。在這個階段上，將有計劃地進行倫理、道德知識的傳授、學習、認同與實踐。這個階段上養成立志、勤奮、勇敢、友誼、同情、知恥、節儉等品德，對青年人的成長幾乎具有決定性的意義。

第三步則是社會倫理教育，主要是職業倫理教育。這個時期是人的中年時期，倫理關係擴大了，不只是家庭倫理、學生時期的倫理、更重要的是職業關係、同事關係倫理，這是全部倫理教育的繼續與發展階段，這時倫理教育是實踐性的、應用性的倫理教育，而且是群眾性的自我教育與相互教育。

中年或成年人的倫理本質上是角色倫理。所謂角色倫理是社會的期待、大眾的要求、職業規定的道德規範。角色倫理內化爲個人德性倫理，主要有貴公、忠誠、正直、愼獨、創新、責任等。角色倫理，尤其是職業中的角色，是通過做事來做人的倫理。脫離做事來做人，是不可想像的，也是無從做起的。記得 18 世紀德國著名哲學家黑格爾曾經說過，人做什麼事，他也就是什麼樣的人。人不是別的正是他的一系列行爲。

職業角色倫理、內化爲職業道德品質，如愛崗敬業、辦事公道等。

人是個角色叢。但這個角色叢，從宏觀上分類，不外是家庭生活中的角色，社會公共生活的角色，職業生活中的角色。〔註7〕總之，每個人都是個角

〔註 7〕 魏英敏：《新倫理學教程》〔M〕，北京：北京大學出版社，1992 年，第 520 頁。

色叢。這些不同的角色對人有不同的道德要求。這個不同中有同，這個同就是由各種角色道德抽繹出來的最一般的社會道德準則內化爲人的品質（作爲人的最一般的共同性良好品質）。換言之這種內化的品質要求，經過人頭腦的過慮、篩選、改造、製作，構成人的基本道德素質（道德品質）即德性。這種德性，就是人在社會生活中如同波濤洶湧的大海中的堤壩，可以守住「家園」，「萬無一失」。即使人有了過失，這種良好的德性，可以使人們很快的得以糾正。

（二）道德教育與實踐的關鍵，在於把外在的道德他律變成內在的道德自律，即塑造良好的德性

人在社會生活中，不斷地從現實出發，向理想的目標前進。一個目標實現了，就成爲新的現實，新的現實又成爲向新的理想目標前進的出發點。人就是這樣不斷地追求理想，不停地前進。〔註8〕現實與理想的矛盾運動，構成人一生起伏不不、波瀾壯闊的圖景。人在事業上是如此，在道德上亦應作如是觀。從一個普通人，不知道德爲何物的人，變成一個有道德的人，從一個有道德的人，變成一個道德高尚的人。這是一個歷史的過程。這個過程完結了又會有新的道德人格昇華的過程。

在這個過程中，人的德性具有關鍵性意義。人的德性有許多項目，那麼，什麼是最基本的德性呢？

基本的德性與社會基本的普遍的道德原則或規範（即國民公德）密切相關，兩者如同手心手背一樣。我認爲從家庭生活、社會公共生活（公共場所）、職業生活中的道德規範，概括、提煉出社會普遍性的道德要求（即前面所說的各種角色道德之一般），即國民公德或稱爲公民道德，亦即人人必需遵守的最基本的道德原則。把它們內化爲的基本的道德品質。這也就是說，把外在道德準則，變成內在的德性，把社會的道德要求，變成內心的信念。

按照上述思路，思考下去，探究下去，那麼，我們就可以說社會主義道德核心「爲人民服務」即總原則內在的包含有集體主義、人道、公正、誠信四個原則。這四個原則化爲人的內在德性，依次爲貴公（與集體主義相對應）、仁慈（與人道相對應）、正直（與公正相對應）誠實（與誠信相對應）。從貴公、仁慈、正直、誠實這些基本的德性中還可以引申或派生出諸多二級

〔註8〕 朱德生：《形上之思》〔M〕，瀋陽：遼寧人民出版社，2001年，第55頁。

德性。例如：

「貴公」可派生出無私、勇敢、廉潔。

「仁慈」可派生出寬恕、同情、友愛。

「正直」可派生出坦誠、直率、爽朗。

「誠實」可派生出忠誠、誠懇、憨厚。

人的基本的及其派生的諸種德性，是人之爲人的重要標誌。

當然人的德性不只這些，還有優良道德傳統形成的諸種好的德性，諸如節儉、勤勉、慎獨、感恩、知恥、責任心等等，總而言之，人要成爲有道德的人、道德高尚的人，認同、踐履社會諸種道德規範是遠遠不夠的。服從道德規範的人，未必是一個有道德的人。

眞正有道德的人，必須具有內在的良好德性。這種良好的德性是共性與個性的統一，德行與德性的統一，自由與必然的統一，他律與自律的統一。這樣他的外在倫理行爲，才是可靠的眞正的道德行爲。

誠信與市場經濟

誠實守信原則是市場經濟的基石

作為經濟倫理原則的誠實守信，不同於社會一般性的誠信準則，它帶有經濟活動的特色。首先，商品生產者、銷售者向顧客或客戶提供的商品，務必貨真價實、名實相符、質價相當。其次，履行契約、遵守承諾。

一切商業活動、貿易往來，如商品交易、進出口貿易、房地產開發、金融信貸等等，必須簽訂協議或合同。協議或合同也就是契約。其中誠實守信是它的靈魂，沒有誠實守信的理念和原則，任何協議或合同都將是一紙空文。

誠實守信，在這裡不只是道德理念與原則，而且也是法律的理念或原則。例如《中華人民共和國反不正當競爭法》第二條明確規定「經營者在市場交易中應當遵循自願、平等、公平、誠實信用的原則，遵守公認的商業道德」。

有獎銷售、商標、商業廣告力求真實可信，任何弄虛作假、欺騙、誇張宣傳，都是違背誠實守信的原則。市場經濟是交換經濟，一切商品的交換活動，都要求交換雙方誠實守信、履行合同，不弄虛作假、不坑蒙欺詐。可見誠實守信是市場經濟內生的一種倫理原則。

市場經濟是競爭經濟。競爭不僅是物質技術的競爭、商品質量的競爭、人才資源的競爭，更是企業形象與信譽的競爭。

歷代商家，恪守不渝的信條是「誠召天下客」、「譽從信中來」。他們都十分注意企業或商場的形象與聲望。歷史上先秦時代，以及近代徽商晉商等非

常注意誠信，所謂「良賈」、「義商」就是佐證。辛亥革命以及後來的許多愛國商人他們重視商業信譽是舉世公認的。例如，世界級超級巨富李嘉誠一生中恪守不諭的信條就是誠信。他說：「我經常教導他們（指子弟與員工），一生之中，最重要的是守信。我現在就算再有多 10 倍的資金，也不足以應付那麼多的生意。而且很多是別人來找自己的，這些都是因爲守信的結果。」

1999 年初，20 多位歐洲經銷商雲集青島與海爾一下子簽訂了 8000 多萬美元的合同。經銷商說，海爾產品質過硬、信譽可靠，我們經銷得放心。

相反，不講誠信的企業，在市場上就沒有立足之地。這方面國內外的例子不勝枚舉。講誠信或講信用，可以帶來巨大的經濟效益，即財源將滾滾而來。市場主體追求誠信，努力照誠信原則辦事，乃自然之理，這再次證明誠信是市場經濟內生的道德理念。不只如此，講誠信、講信用，還可以帶來巨大的社會效益，使人與人之間彼此依賴，眞誠地合作。

當前我國市場經濟乃至整個社會誠信危機分析

今天中國社會面臨「三信」危機。首先是市場信用危機，假貨充斥市場，沒有什麼產品沒有假的，打假打不勝打，商業往來不守合同，不履行協議屢見不鮮。其次是信任危機，對政府官員不信任，認爲他們以權謀私是相當普遍的，經常欺上瞞下、謊報成績、撈取政治資本、騙取榮譽。近年來對教師（尤其中小學）、醫生也越來越不信任，認爲他們想方設法在撈錢。再次是信仰危機，沒有理想，沒有信念，沒有精神寄託。認爲共產主義是空想，馬列主義過時了，毛澤東思想不靈了，鄧小平理論也沒什麼了不起，不過是黑貓白貓而已。

最糟糕的是人們普遍滋生一種不良的心態：懷疑一切。認爲什麼都不值得信賴，除了自我之外，誰都不能相信。

在日常的交往中，首先假定對方是不值得信任的。如去商店裏買瓶酒，人們總是問，這酒是不是假酒？而不是問，這酒是好酒嗎？聽了一場英雄人物的模範事跡報告，心想他眞的做得這樣好嗎？怕是自我吹噓吧。看到電視上報導某個貪官被處決，首先不是認爲罪有應得，而是說，這個傢夥準是沒有後臺，該他倒黴了。這種議論當今社會大眾眞實心理的寫照。造成人們信用危機，信任危機、信仰危機的原因是什麼？

第一，歷史的原因，長期「左」的思想政治路線，以言治罪，害得人們

不敢說眞話。這種餘毒至今猶存。君不見，有單位領導壓制民主，不准群眾反映眞實情況，竟說：「你若砸我的碗，我就端你的鍋」。

第二，在一些部門裏從上到下，言行脫節，說的做的常常南轅北轍。說得好聽，做得難看。有的領導甚至暗示或明示下屬做假。

第三，制度不健全，政策不一貫，經常朝今夕改。政府、黨的工作缺少透明度，加上官員行爲缺乏自律，又沒有強有力的監督，因而可信度低。

第四，市場經濟是追求利潤最大化、效用最大化。它的負面影響就是爲了私人利益，不惜觸犯法律和道德。所謂「名牌」、「精品」、「綠色」常常是靠不住的。

第五，馬列主義理論研究，宣傳囿於原有的認知水平，沒有因時勢的變遷而更新。

第六，蘇聯、東歐的演變與解體，便在思想發生了一系列的誤解和困惑，以爲社會主義不行了。

第七，西方超級大國向伊拉克宣戰的理由是所謂他們有核武器或生化武器，事實證明，這是欺騙或謊言。一些大的跨國公司如美國的安然、安達信，弄虛作假、欺騙客戶。這些超級政治家、企業家之所爲，不僅使他們個人名譽受損，而且在全世界造成一個巨大的衝擊波，使得人們什麼都不敢相信了。

解決「三信」危機的對策

首先，借鑒、學習外國經驗，實行誠信立法。目前許多西方國家，很重視信用管理的立法工作。如美國有《個人信用保護法》、《個人信用限制計劃》、《信用平等機會法》、《公平信用報告法》等。此外，還有全美信用管理協會。

一些國家還建立有個人公共信用和企業公共信用登記咨詢系統。我國目前尚未建立完備的信用體系，對規範信用系統，淨化信用環境，改善市場經濟運行狀況極爲不利。當務之急是對現有的有關誠信的法律進行調整、補充和修正。如1995年2月頒佈的《中華人民共和國廣告法》、《中華人民共和國反不正當競爭法》對虛假廣告，對假冒僞劣產品，懲治力度不夠，執行起來又常常以罰代法。

筆者認爲對假冒僞劣產品，凡致人以傷殘或要人命的，如假酒使飲者瞎

眼、或致死者，應追究刑事責任、處以死罪。對這種圖財害命，不擇手段的人，必須嚴懲。如果以行政法規處以罰款，必罰到破產的境地，否則不足以震攝犯罪行為。

第二，構建官員從政法或官員道德法，對黨、政府官員從制度、法律、道德三方面進行監督，尤其加大法律監督力度。對官員權力加以限制，越權執法、或濫用權力就是犯法。執法犯法罪加一等，封建社會能夠做到的，我們為什麼做不到？對一些不法官員貪得無厭、鑽政策空子化公為私，或假借各種名堂侵犯群眾利益，如肆意撕毀土地使用承包合同、置農民生死於不顧，藉口企業重組，攫取公有財產把企業變成個人私產而大量解雇職工，使他們流離失所者，均應治罪。凡個人財產來源不明者，一律以貪污論處，這要學習香港回歸前廉政公署的經驗。

對那些說假話、造假政績、或者騙取上級和群眾信任的幹部或謊報、瞞報、不報真實情況，給政府、人民造成嚴重經濟、政治或聲譽、形象損失者均應撤職、降職、開除公職，或參照歷史上「欺君妄上」之罪，定一條：「欺上瞞下罪」，摘掉烏紗帽，或流放邊遠地區勞動改造。否則不足以糾正謊言成災、假冒偽劣這一社會公害。

第三，在全社會造成。「說真話光榮」、「說假話恥辱」的輿論環境。說真話、講真情要表揚、鼓勵，甚至獎勵；對說假話，說話不算數或說大話者輕的批評教育，重的懲處。

對那些打擊、迫害說真話、講真情的人給予行政，或法律的懲罰。非如此，人們不敢把真話、真實情況講出來。

第四，構建多元化的社會信用中介機構，發揮他們咨詢、溝通、監督誠信原則的實施作用，防止欺詐行為的發生。

第五，建立個人或公司的誠信檔案，以供社會監督。以謊言度日者，或以假冒偽劣為生的企業，予以「暴光」或列入另冊。否則不足以使這些人改惡從善，棄舊圖新。

第六，在全社會大力倡導誠信原則。加強誠信道德教育，誠信是立國之本，立業之本，也是立人之本。誠信是古今中外一以貫之的優良道德傳統，理應成為社會主義社會的重要的道德原則。

誠信是市場經濟的靈魂，沒有誠信，就沒有市場經濟。要完善市場經濟，就必須講求誠信、建設誠信。

構建和諧社會從我們自己做起

　　社會和諧是中國特色社會主義的本質屬性，是國家富強，民族復興，人民幸福的重要保證。構建社會主義和諧社會，要從我們自己做起。

　　鄧小平同志說，社會主義的本質是「解放生產力，發展生產力，消滅剝削，消除兩極分化，最終達到共同富裕」。解放生產力、發展生產力，是消滅剝削、消除兩極分化的前提條件和物質基礎。消滅了剝削，消除了兩極分化，才能達到共同富裕的目的。這不論是對中國，還是對世界各國來說，都是如此。建設和諧社會，既是我們現階段的重大任務，又是長遠的偉大目標。建設和諧社會是社會主義社會的本質屬性，我們所要建設的中國特色社會主義，不僅是富強的、民主的、文明的社會，而且是和諧的社會。

　　眾所周知，我們經過28年的改革開放，社會生產力有了很大提高，人民群眾生活水平普遍得到改善，這是一方面；另一方面，我國在深化改革中，社會經濟關係、資源與分配方式等發生了重大變化，出現了一些新問題和新矛盾。在這樣的歷史條件下，構建和諧社會，人人有責。那麼，作爲社會的一員，應該做些什麼呢？

　　首先，要樹立正確的和諧理念。什麼是和？什麼是和諧？《國語‧鄭語》中記載西周末年思想家史伯對鄭恒公的忠告：「夫和實生物，同則不繼。以他平他，謂之和。故能豐長而物生之。若以同裨同，盡乃棄矣。故先王，以土與金木水火雜，以成百物」。「和實生物，同則不繼」，「和」是生命的法則，自然的定理。「和實生物」是不同的東西相互調和、融合，互濟、互補，對立統一，產生新事物，生機盎然。

　　據先秦時代的思想家們的見解，「和」是有差別的統一，即不同事物，

不同人之間的協調融合，亦即對立統一。「同」是無差別的統一，即絕對的同一。

孔子說：「君子和而不同，小人同而不和」(《論語‧子路》)。這話的意思是，有修養的人講「和」，不是「一團和氣」的和，不是完全一樣的「和」，而是彼此保留個性，保留自己特殊性的「和」。這樣的「和」，是真正的「和」，與「同」有本質的差別。而小人則相反，他們主張「同而不和」，即完全一樣，毫無二致的等同，即無差別、無矛盾的「同」。這樣的「同」與「和」，是南轅北轍的。「和而不同」是辯證法，「同而不和」是形而上學；「和而不同」，生機勃勃；「同而不和」，死氣沉沉。

共產黨執政實行民主集中制的原則，就是讓不同意見充分發表，經過討論，達成共識，形成決議。少數服從多數，允許保留不同意見，並保護少數不受歧視，不受打擊迫害。這就是說，不要求絕對服從。要求絕對服從，就是壓制不同意見，就會「同而不和」。「同而不和」，百害而無一利。

除認識「和」與「同」的區別，理解「和」的含義之外，還要認識和諧與矛盾的關係。構建和諧社會，是否就是構建一個沒有矛盾的社會呢？否。矛盾是普遍存在的，矛盾無處不在，無時不有。沒有矛盾，就沒有事物；沒有矛盾，就沒有社會；沒有矛盾，就沒有世界。但是，矛盾又各有不同，即矛盾各個特殊，矛盾的性質、情況、表現各不一樣。可見，「和諧」不是沒有矛盾，它是一種特別狀態下的矛盾，即「差別」。但是，有差別的矛盾，不是對抗的，這種矛盾具有緩和性和相對穩定性。並且，和諧狀態下的矛盾雙方或多方，彼此互濟互補，相互滲透，並且，久而久之，還會產生出新質和新生事物。

我們構建和諧社會，一定要正視社會中存在的矛盾，進而分析矛盾，解決矛盾。那種無視矛盾，躲避矛盾，害怕矛盾的態度是錯誤的。當然，矛盾的性質不同，解決矛盾的方法要不同，應當調和矛盾，化解矛盾，轉化矛盾，不要激化矛盾，更不要人為地製造矛盾。一言以蔽之曰：化解矛盾，安定團結，調動一切積極因素，朝著建設富強、民主、文明、和諧的偉大國家的目標堅定不移地奮鬥下去。

其次，正確處理各種矛盾。第一，處理好人與自然的矛盾。今天，我們的一些土地在沙化和荒漠化，植被、森林不斷減少，清潔淡水緊張，等等。我們要以友好的態度去對待自然界，絕不能再做損害大自然的事情。比如，

從現在起，我們應拿起布袋子或籃子去買菜，不再用塑料袋，這樣，一個月、一年下來會減少多少污染啊！第二，處理好人與社會的矛盾。社會是我們生活的基地和環境。作爲社會中的一員，我們要尊重組織，履行自己的職責，盡自己的義務，忠於職守，同時又要維護自己的權益。組織與成員間要經常溝通對話，有了矛盾要及時化解。這樣，就不會發生對抗性的矛盾，彼此和諧相處。每個社會成員都要弄清一個道理，社會給予我們的遠遠超過我們給予社會的。因此，我們不應只是向社會索取，應當奉獻社會。如果人人懂得了這個道理，那麼我們就會形成良好的社會關係。第三，處理好自我與他人的矛盾。我與他人，這個「他」可能是親人、熟人或陌生人。我與這些人打交道，發生這樣或那樣的關係或聯繫，產生各種分歧與紛爭是不可避免的。我們要恪守道德黃金律：「己所不欲，勿施於人」。要善待他人，寬恕他人，幫助他人，嚴以律己。第四，處理好自我矛盾。一是處理好主觀的我與客觀我的矛盾；二是處理好理與欲的矛盾；三是處理好義與利的矛盾；四是處理好理想與現實的矛盾。這些矛盾處理好了，心理平衡，身心自然和諧。身心和諧，有利於人與自然、人與社會、人與他人的和諧。我們每個社會成員都應當從我做起，從身邊小事做起，從現在做起，爲整個社會的大和諧作出自己的努力。

共產主義道德教育在
經濟改革中的任務

　　共產主義道德在當前的作用究竟是什麼？《中共中央關於經濟體制改革的決定》指出：「在創立充滿生機和活力的社會主義經濟體制的同時，要努力在全社會形成適應現代生產力發展和社會進步要求的，文明的、健康的、科學的生活方式，摒棄那些落後的、愚昧的、腐朽的東西；要努力在全社會振奮起積極的、向上的、進取的精神，克服那些安於現狀、思想懶惰、懼怕變革，墨守陳規的習慣勢力。這樣的生活方式和精神狀態，是社會主義精神文明的重要內容，是推進經濟體制改革和物質文明建設的巨大力量。」這就給共產主義道德教育在當前的任務指明了方向，即為創造文明的、健康的、科學的生活方式，為在全社會振奮起積極的、向上的、進取的精神而鬥爭。

一

　　共產主義道德教育在當前的首要任務，就是破除阻礙經濟改革，阻礙建立科學的生活方式和振奮進取精神的舊道德意識、舊習慣勢力。

　　首先，要破除循規蹈矩、安分守己的理想的人格觀念。

　　循規蹈矩，安分守己向來是我們中同人的理想人格，即做人的標準。這個做人的標準，孔夫子講的很明白，子曰：「《詩》三百，一言以蔽之，曰『思無邪』。《論語・為政》）又說：「君子有三畏：畏天命，畏大人，畏聖人之言。」（《論語・季氏》）還有什麼「非禮勿視，非禮勿聽，非禮勿言，非禮勿動」。（《論語・顏淵》）在這種理想人格的長期薰陶下，使我們中華民族養成了一種安於現狀，不圖進取的民族性格和民族心理，這就是所謂「知足者常樂，

忍事者安然，「不求有功，但求無過」。這些保守的東西，嚴重地禁錮了人們的頭腦，束縛了人們的手腳，無可諱言，這是造成中國封建社會長期停滯不前的思想原因之一。

循規蹈矩，安分守己的道德意識，在現實生活中的表現一是一切都要從經典著作中找根據，凡是經典著作中沒有記載的，不能做，二是前人立下的規章制度，不得改變，一切按老規矩辦，三是一切皆決於上，上級沒講過的，決不能幹。上級講了，有了文件，也要「一看、二慢、三通過」。這種舊的道德意識不克服，這種精神狀態不改變，經濟體制改革，社會生活方式的轉變，就不可能順利地實現。我們必須克服循規蹈矩，安分守己的做人哲學，從新的實踐出發，創造出新的觀念，新的規章制度。

其次，重義輕利、安貧樂道的道德觀念，同我們經濟改革的現實不相容，也應予以否定。

儒家倫理、道德的傳統觀念之以，就是重義輕利，安貧樂道。於日；「君子喻於義，小人喻於利」；「君子懷德，小人懷土，君子懷刑，小人懷惠」（《論語・且仁》）、「君子謀道，不謀食……君子憂道，不憂貧」（《論語・衛貢公》）在孔孟看來，做一個正人君子只能講義，不能言利。似乎，人們只應該「安貧樂道」，「貧而樂」。這種偏見，對中國的道德意識毒害甚大，在現實生活中的表現：一是在一個相當長的時期裏，重政治輕經濟，重精神輕利益，打倒「四人幫」之後，特別是黨的十一屆三屆全會以來，情況有了很大的改變，但它的流毒依然沒有肅清。一些企、事業單位的領導，官僚主義嚴重，經營管理不善，工作不負責任，給國家造成巨大的浪費和損失，但他們並不感到痛心，而有關的高一級的領導又不去認真地追究其經濟上、法律上的責任，就是明顯的例證。二是往往把個人利益與個人主義混為一談，忽視人民群眾的利益。似乎講個人利益，就是鬧個人主義。這種狀況，現在已經不多見了。但是不為人民謀利益，不關心群眾疾苦的現象，在某些單位，卻程度不同地存在著。三是怕富，「富則修」的錯誤觀念，曾一度普遍盛行。這種錯誤的認識，直到今天，還可以見到它的蹤影。有許多人不想窮也不敢富，害怕有朝一日，政策變了，因富得罪。《中共中央關於經濟體制改革的決定》明確指出：「社會主義的根本任務就是發展社會生產力，就是要使社會財富越來越多的湧現出來，不斷地滿足人民日益增長的物質和文化的需要。社會主義要消滅貧窮，不能把貧窮當作社會主義」。可見，不克服重義輕利，安貧樂道的

舊道德觀念，就不能正確的理解、執行黨和政府現行的方針、政策，不可能大膽地實行經濟體制的改革。

再次，小資產階級絕對平均主義的平等觀也是妨礙經濟改革的一種保守的，甚至是反動的舊道德意識。

絕對平均主義是小資產階級、小資產者經濟利益，在思想意識和道德觀上的反映，是社會生產力不發展，物質產品匱乏，在人們的心理上、道德意識上必然造成的結果。絕對平均主義的平等觀，在歷史上曾經起過進步作用，往往成為農民起義軍的口號和綱領。如南宋初年鍾相農民起義軍曾提出「等貴賤，均貧富」的口號。太平天國領袖洪秀全曾提出：「有田同耕，有飯同食，有衣同穿，有錢同使，無處不均勻，無人不飽暖」的主張。這些口號和主張表達了被壓迫的農民，小生產者對封建等級制度的憤怒和對地主階級超經濟剝削的反抗，。無疑具有歷史進步意義。但在社會主義時期，絕對平均主義的平等觀，卻是反動的。它在現實生活中的表現：一是曲解「各盡所能，按勞分配」的制度，這就是所謂「幹不幹一個樣，幹多幹少一個樣，幹好幹壞一個樣」，二是不許「冒尖」，把「共同富裕理解為「同步富裕」；三是無論做什麼事情都要整齊劃一，不許參差不齊，要求絕對平衡。這種絕對平均主義的平等觀，在經濟生活中的危害，就是「鐵飯碗」、「大鍋飯」，扼殺了人們勞動積極性，造成勞動紀律鬆弛，懶惰風盛行，生產停滯下降，阻礙生產力的發展。

絕對平均主義的平等觀，近年來受到了很大的衝擊，但它的陰魂不散。許多地方，許多單位，他們一面反對平均主義，一面又在實行平均主義，這是他們的改革收效甚微的原因之一。由此看來，徹底否定小資產階級絕對平均主義的平等觀，是進一步搞好經濟改革的關鍵之一。

最後，唯利是圖，見利忘義的資產階級生活信條，也是阻礙、甚至破壞經濟改革的舊道德意識，也要徹底地破除，

唯利是圖，見利忘義的舊思想，在經濟改革時期容易死灰復燃。這種意識在日常生活中的表現：一是「一切向錢看」，致使許多人逐步失去社會主義主人翁責任感，產生了新的雇傭觀點。二是迷信金錢的作用，認為只有用鈔票才能調動人們的積極性，否認或取消政治思想工作。

「一切向錢看」不是社會主義的口號。經濟改革的目的是建立充滿生機的社會主義經濟體制，發展生產力，使全體社員成員共同富裕起來，絕不是

提倡人人都不顧一切地向錢看。正如鄧小平同志所說：「我們提倡按勞分配，承認物質利益，是爲全體人民的物質利益而奮鬥，每個人都應有他一定的物質利益，但是這決不是提倡各人拋開國家、集體和別人，專門爲自己的利益而奮鬥，決不是提倡各人都『向錢看』，要是那樣社會主義和資本主義還有什麼區別呢？」(《鄧小平文選》，第 297 頁)

二

在經濟改革中，共產主義道德教育，不但有破除舊道德意識、舊習慣勢力的任務，而且還有樹立新的道德意識，新的行爲準則的任務。概括說，有以下幾個方面：

首先，堅持共產主義的理想和紀律教育。

鄧小平同志在全國科技會議上的講話，特別強調理想和紀律問題。他說；「有一點要提醒大家，就是我們在建設具有中國特色的社會主義社會時，一定要堅持發展物質文明和精神文明，堅持五講四美三熱愛，教育全國人民做到有理想，有道德，有文化，有紀律。這四條裏面，理想和紀律特別重要。(《光明日報》一九八五年三月九日)。

理想之所以特別重要，是因爲革命的理想，共產主義理想，是我們中華民族的精神支柱。它曾經鼓舞中國共產黨人和廣大人民群眾不屈不撓地爲中國革命的勝利而鬥爭。今天的經濟改革與共產主義的理想極爲密切。經濟改革的最終目的是實現共產主義的偉大理想，而共產主義偉大理想則是推動經濟改革順利進行的精神動力，也是抵制和糾正不正之風的思想武器。我們前進的道路仍然不是平坦的、筆直的，而是曲折的、坎坷不平的，有許多困難、障礙和阻力。這就特別需要共產主義的理想，激勵我們的鬥志，堅定我們的信心。

紀律之所以特別重要，是因爲紀律是革命勝利的保證，也是貫徹中央政策，順利地進行經濟改革的保證，阻礙改革的不正之風，爲什麼制止不住？這同黨紀、政紀、軍紀，企事業單位的紀律鬆弛有關，所以必須加強紀律教育。鄧小平同志說：「有理想，有紀律，這兩件事我們務必時刻牢記在心」。(同上)

其次，開展勤勞節儉的傳統美德教育。

如何才能使國家繁榮昌盛，使人民群眾富裕幸福呢？這就需要勤勞和節

約。當然，提倡勤勞節儉，並不意味著我們永遠只能過苦日子，不要去追求物質生活水平的提高。社會主義的目的，就是要使全體社會成員人人都富裕起來。但這個富裕，一定建立在發展基礎上。人民群眾的富裕和幸福是我們黨為之奮鬥的目的。這個目的實現是個歷史的過程，而不是一步登天。生產決定消費，消費水平受生產發展水平的制約。沒有生產的發展，消費水平就無法提高，即使將來生產高度發展，社會產品極大豐富，節儉的美德，也不能否定。當然那時節儉的內涵會有變化，但它有一個基本的精神不會變，這就是計劃開支，量入而出，量力而行。經濟建設，生產勞動要精打細算：注意節約資源、能源，原材料，降低成本，提高效率和效益。我們黨把我國人民勤儉節約的美德加以發揚光大，結合我國的實際情況，提出了艱苦奮鬥、勤儉建國的方針。這個方針具有極大的道德意義。我們必須堅持勤儉辦工廠，勤儉辦商店，勤儉辦一切事業，在任何時候、任何地方都必須愛惜人力，物力和財力。厲行節約，反對浪費。「節約是社會主義經濟的基本原則之一」。

第三，大力進行熱愛知識，熱愛科學的教育。

知識和智慧，無論在中國，還是在西方，都被看作是重要的道德範疇。一是希臘羅馬時代，智慧、勇敢、公正與節制四大品德範疇，智慧之德居首位。中國古代有所謂「知、仁、勇」三大德之說。知德也處於第一重要的地位。新中國成立後，愛科學（包括愛知識）成為共產主義道德的重要規範。憲法把它規定為社會主義社會全體公民必須遵守的社會公德之一。要迅速提高勞動生產率，達到和趕上世界先進水平，就必須懂得和掌握先進的科學技術。知識、智慧，信息、腦力勞動對經濟改革和發展生產的作用日益重要。據國外統計，當代物質財富、百分之六十以上是由腦力勞動者運用智慧和信息創造的，只有百分之四十的財富是由體力勞動創造的。因此，學習文化知識，掌握科學技術刻不容緩。我們要通過道德教育、道德評價的方式，努力造成人人學習文化知識，掌握科學技術的社會風尚。

第四，認真總結改革者的品質和行為，積極宣傳他們英勇無畏的精神和高尚的情操。

既然改革是一場深刻的革命，它必然會遇到各種阻力，既有「左」的干擾，又有舊框框、老套套以及習以為常的傳統觀念的束縛，所以特別需要勇於創新的開拓精神和品質。鄧小平同志說，「幹革命，搞建設，都需要有一批

勇於思考，勇於探索，勇於創新的闖將，沒有這樣一大批闖將，我們就無法擺脫貧窮落後的狀況，就無法趕上更談不上超過國際先進水平」。(《鄧小平文選》，第 133 頁) 鄧小平同志在這裡所說的，「勇於思考」，「勇於探索」、「勇於創新」，就是改革者所具備的品質和行為。當然改革者優秀的品質和情操，不限於勇於思考、探索和創新，還有公而無私、高度的愛國心，勇敢無畏的精神等等，都值得認真的總結和概括。同時應把這些品質和情操作為共產主義道德在個人品行方面的重要範疇加以闡述和解釋，以便使更多的人學習這些優秀的品質和情操，從而推動經濟改革深入發展。

三

經濟改革促進了共產主義道德的發展，共產主義道德反過來推動經濟政治改革的深入進行。但從經濟關係決定道德，道德要為自己所屬的經濟關係服務的觀點看，共產主義道德教育要更好的為經濟改革開道，共產主義道德本身必須隨著經濟改革的發展，不斷變革它的內容和教育方法。

首先，從內容上看，要研究共產主義道德的階段性和現實性。

人所共知，共產主義道德產生於資本主義社會，發展於社會主義社會，完善於共產主義社會。這就是說，共產主義道德發展分為三個階段。資本主義社會的共產主義道德，又稱之謂工人階級的道德，它在全社會不占主導地位，它只是無產階級和它的先鋒隊的道德，這種道德是為推翻資本主義社會，建立社會主義社會服務的。這是共產主義道德發展的第一階段。社會主義社會的共產主義道德，又叫社會主義道德。它在全社會屬於統治地位，是工人階級道德，也是全民道德。它是為建設社會主義的物質文明和精神文明服務的。這是共產主義道德發展的第二階段。未來共產主義社會的共產主義道德，這是在全社會占絕對統治地位的，獨一無二的道德，它的階級性完全消失，純粹是全民道德。它是為建設高度發達的物質文明和精神文明，為人的個性全面自由發展服務的道德。這三個階段上的共產主義道德，既有聯繫又有區別。在當今社會主義現階段，我們講共產主義道德，不能照搬資本主義時代那些特定的內容和要求，因為時代已經發展了，再講過去的一套，當然不能滿足今天的需要。但也不能把未來共產主義社會的道德，硬拿到今天實行。毫無疑義，這是脫離現實的過高要求。我們只能從社會主義社會這個歷史階段的現實出發，從多種經濟形式即多種所有制同時並存，而社會主義

公有制又居於主導地位的實際出發，來研究共產主義道德的內容、原則、規範及其對人們行為的要求。既要考慮到共產主義道德的階級性，又要注意它的全民性。這就是它的階段性問題。而現實性，就是從社會主義現行的經濟，法律制度和黨的總政策的實際出發來講共產主義道德。經驗證明，脫離現行的經濟，法律制度，和黨的總的方針政策，講共產主義道德是無效的。例如，社會主義的分配製度，是「各盡所能，按勞分配」。因此對人們勞動態度的道德要求，就是誠實的勞動，能夠做到這一點，就是合乎道德的，否則，就是不道德的。如果不講誠實勞動，而講不計報酬、不講條件的共產主義勞動態度，並以此為尺度來要求所有的人，則是不現實的。我們只能引導人們逐步達到共產主義勞動態度的境界，而不能要求人們馬上做到。這就是共產主義道德現實性問題。

其次，從教育方法上說，要研究共產主義道德的層次性與可接受性問題。

所謂層次性，就是用系統論方法來觀察研究共產主義道德體系。共產主義道德體系是一個包括一系列原則、規範、範疇在內的多層次結構。講清層次性，極為重要，因為不同層次的原則、規範、範疇則有不同的調節範圍，適合不同覺悟水平的人的需要，也有利於把他們的道德水平、精神境界，從一個層次提高到另一個層次。

所謂可接受性，就是根據人們不同的經濟地位、實際利益和認識水平，進行不同層次的道德教育。只有講清層次性，人們才能更好的接受、領會和實踐共產主義道德。

在經濟改革的新時期，我們實行開放、靈活、改革的政策，目的是調動各方面的積極性，加快實現四個現代化的步伐。我們不但允許個體經濟、國家資本主義的經濟存在和發展，而且允許國外華僑、外國資本家在中國同我們合資，或獨資開辦企業。人們地位不同，身份不同，從事生產，創辦企業目的不同，思想覺悟水平參差不齊。由此看來，闡明共產主義道德的多層次性，研究道德教育的可接受性，顯得特別重要。例如，愛國主義作為共產主義道德的一種規範，它本身具有高低不同層次。較低的層次，則是愛本鄉本土，愛祖國的山河、文化和優秀的歷史傳統。較高的層次，愛國同愛社會主義，同無產階級的國際主義相聯繫。對一個僑居國外數十年，而對共產黨和社會主義缺乏瞭解的同胞，我們只能要求他們愛自己的故土，愛中華民族，

不能要求他們馬上就愛社會主義，就具有無產階級國際主義的精神。這樣，他們就可以接受。

對共產黨員來說，要求他們大公無私，全心全意爲人民服務，是可以的，也是應該的。對普通群眾來說，顯然不能立即提出這樣的要求。我們只能要求他們遵守社會主義社會的社會公德，並用共產主義道德較高層次的原則引導他們一步步地提高，讓他們逐漸接受，逐漸成爲一個共產主義者。

共產主義道德是人類道德發展的新階段，反映了社會道德進步的總趨勢。只要我們從實際出發，實事求是地闡明它的內容，用科學的方法宣傳、解釋它的規範，人們是完全可以接受的。對此，我們應當有足夠的信心。

理想與現實、權力與責任
—— 就反腐倡廉的若干問題與領導幹部談心

　　以權謀私、權錢交易、公權私用、利用手中的權力侵吞國家、集體或群眾利益的現象比比皆是，群眾對此怨聲載道，無可奈何。

　　反腐敗，中央決心很大，百姓也雙手贊同，但做起來，非常艱難。君不見，把河北省省委前書記程維高拉下馬，一個正直的幹部與之鬥爭了整整八年，八年時光真夠長的！我們當年抗戰，打日本也不過八年而已。可見反腐敗，何其艱難啊！

　　為什麼要反腐敗？反腐敗有什麼價值？如何去反？中央領導同志、中紀委的負責同志講過無數次，中央紀委下達的文件，也多得很，中共十五屆六中全會還特意作了《關於加強和改進黨的作風建設的決定》。

　　所以，關於反腐問題似乎已無話可說了，該說的都說了，該寫的都寫了，還有什麼好說好寫的呢？

　　但是，筆者覺得還是有話可說的。

第一，現實與理想

　　我們的現實，是改革開放、發展社會生產力建立市場經濟體制。

　　眾所周知，我們的經濟體制，或曰經濟制度，是公有制為主體、多種所有制經濟共同發展。而且，非常明確在現階段發展私有經濟。私有經濟小的叫個體經濟，大一點的曰民營經濟。個體經濟也好，民營經濟也罷，本質上是「私有制」，這是毫無疑問的。「私有制」與「公有制」不同，這是人所共知的常識。那麼，這裡就有一個問題，發展「私有制」經濟與社會主義的本

質是否一致？與我們共產黨人的社會理想建立「天下爲公」的大同社會，即過去常說的共產主義社會，是否一致？

一些人的頭腦裏發生了混亂，以爲發展私有制經濟，就是改變了社會主義道路，放棄了共產主義的理想與信念。於是以權謀私，大行其道，率先建立自己的「私有制」。

這是對的嗎？不對。這是大錯而特錯！共產黨人、共產黨的組織，倘若放棄了共產主義的理想與信念，放棄了社會主義本質就是「解放生產力，發展生產力，消滅剝削，消除兩極分化，最終達到共同富裕」的觀點。那麼，不是糊塗，就是背叛。

當然，實現共產主義的理想，不是一蹴而就的事，這是需要幾代、幾十代人的艱苦努力，但人類社會，要走向世界大同，那是遲早的事。今日最發達的資本主義，它的前途也是科學社會主義，即共產主義。

人類社會歷史運動的規律，就是從原始公有制社會，到私有制社會，再到高水平的共產主義公有制社會。這是鐵的邏輯，任何人都無法改變的規律。

端正態度，認清社會發展的大趨勢，堅持我們的理想和信念，可以減少盲目性，減少以權謀私的可能性。自然也會減少毀滅仕途的可能性。最近，據有關報導河北省國稅局前局長李眞因貪污受賄罪（達千萬元）被判死刑。在獄中他接受採訪時說道：「人可以沒有金錢，但不能沒有信念，喪失信念，就要毀滅一生。」這是多麼慘痛的教訓啊！多麼可悲的下場！

第二，公權公用，抑或公權私用

權是什麼？權是一種控制力量，強制力量，是法律、道德或宗教賦予的，或明示給人們的。

權有權利、權力之分，前者與義務相對應，後者與責任相關聯。

權力，往往與政權、黨權、軍權密切相關，與人民大眾切身利益緊密相聯。無論黨權、政權、軍權，本質上都是各種不同群體成員權利的讓度。如政權，就是人民大眾權利的讓度。人民大眾讓出一部分權利，委託少數人，能夠代表他們意志與利益的人，組成一個領導集團，或一個政府，爲委託人服務，以維持社會或國家的運轉，保護他們的生命、財產、安全與維護共同體的秩序。

可見，權力具有「公共性質」，是「公權」，不是「私權」。「公權」不言，

而喻，是爲人民大眾服務的，爲捍衛、維護人民的利益服務的。因此，我們人民政府的宗旨，我們黨的宗旨是爲人民服務的，我們政府的領導幹部是人民的服務員、辦事員，不是騎在人民頭上作威作福的官老爺。

中國封建社會歷史漫長，有數千年之久。縣長本來官不大，不過「七品」而已。老百姓說，七品芝麻官，沒什麼了不起。可就是這個七品官，稱作「縣太爺」，百姓被稱之爲「子民」。當官的不論大小，都是百姓的「父母」，百姓都是他們的「子女」，所以「官」有「父母官」之稱。官、民是對立的。「官」的權力是皇帝或上級加封的，與百姓沒什麼關係。因此，他們只對上級負責，對皇帝負責，不對百姓負責。

這種思想根深蒂固，以至於影響到現在。今天我們的一些幹部已「改名換姓」，不稱同志，更不能直呼其名，一律稱之爲「官」。

他們完全忘記了毛澤東、鄧小平、江澤民的教導，權力是人民大眾給的，要爲人民大眾謀利益。共產黨的「官」不是「官」，是人民大眾的勤務員。他們即使沒忘記高層領導的教導，也只是掛在口頭上，裝點門面而已。

他們手裏握有的大小不同的公共權力，已經「私有化」了，變成個人私權。這叫「公權私用」，實質上是「權力異化」。老百姓找他們辦事，可眞難。難找到人，難辦成事。記得上個世紀 80 年代就有「門難進、人難見、臉難看、理難辦、事難辦」的說法，至今沒有多大改變，甚至變本加厲。辦事不「意思」「意思」就沒門兒。不用說私對公，就是公對公的辦事，也得「意思」「意思」，否則就刁難，就拖著不辦，就推諉。你有什麼辦法呢？更有甚者，權錢交易，或「權力尋租」，甚至賣官鬻爵，辦事情怎麼對自己有利就怎麼辦。

「公權私用」，拿了公共權力爲自己牟私利，爲家庭牟私利，爲親朋好友牟私利。是可忍，孰不可忍也！這是當今百姓不信任政府，不信任「官員」的根本原因之所在。當然不是所有領導幹部都這樣，但有一些人是這樣，就不得了啊！

第三，對上級負責與對群眾負責

人們還記得已故毛澤東主席說過，對領導機關負責與對群眾負責是一致的。因爲上級機關是人民利益的眞正代表。

今日情況有所不同，即使相同，一般的幹部們的確是把對上級負責與對群眾負責分開了。認爲對上級領導負責至關重要，這關係自己的烏紗帽，關

係自己的權力、地位、榮譽與利益。對群眾無所謂。因爲他們的「官」是上級給定的。他們沒有弄明白，上級的權力又是誰給的呢？難道不也是百姓給的嗎？怎麼可以只對上級負責而不對群眾負責呢？

於是乎，「唯命是從」、「唯唯諾諾」成爲官場上一種通行的準則。「唱反調」、「說眞話」的很少。看上級眼色行事，上級的命令、指示明知不正確也照辦無誤。上級讓他們造假，他們就造假。上級要他們挪用公款，他們就挪用公款，讓他們解決自己子女升學、就業、提幹，他們就都一一照辦。

老百姓失業、失學、安全無保障，甚至生計無著落，他們卻視而不見、聽而不聞。就是有所見，有所聞，也是知難而退。有時即使做了，也只是做點表面文章，應付一下。這樣又怎麼能不脫離群眾呢？若長此以往，如何得了？如果對領導負責與對群眾負責發生不一致，或有了矛盾該怎麼辦？我認爲要優先對群眾負責。

首先是對群眾負責。爲了群眾的利益，向領導冒死進諫。這才是好樣的。中國封建社會尚有「從義不從君，從道不從父」之說，今天是社會主義的新時代，難道連這一點都做不到嗎？大不了「丟官罷職」嗎！但這比起維護群眾利益，對群眾負責說來，又算得了什麼？實在算不了什麼大事。正如胡錦濤總書記所言：「群眾利益無小事」啊！「情爲民所繫，權爲民所用，利爲民所謀」。這才像一個共產黨員的樣子！一個人民公僕的樣子。

第四，榮譽與利益

我們的幹部，不論大小，從一定意義上說，是一種榮譽。這種榮譽，不是金錢能衡量的。人民大眾給了你權力，給你「官」做，實際上是對你的信任、擁戴與尊重。這是無上的榮耀。幹部是德才兼備的人，是社會的精英分子，社會的精華，社會的榜樣，芸芸眾生之中的佼佼者。

當幹部、做領導，應倍加珍惜這種榮譽，而不要玷污這種榮譽。但從某些幹部的所做所爲看，他們不珍惜這種榮譽，處處伸手、事事佔先，與民爭利毫不相讓。「文革」以來，一些幹部認爲自己多年來做黨政工作「吃虧」了。「挨鬥」、「挨整」，不但沒撈到什麼「好處」，反而把身體弄垮了，所以下定決心，從此不再「吃虧」。這種錯誤的經驗教訓，流傳甚廣，以至今日的當權者也受到了影響。

我們黨的好傳統，黨員、幹部在戰爭時期，「衝鋒在前，退卻在後」；在和平時期，「吃苦在前，得利在後」，竟被一些人忘得一乾二淨。許多幹部事

不想多幹，可是工資一分不能少，獎金、補貼等待遇「就高不就低」。如高校黨政幹部，有的本來是職業官員，還得弄個「教授」頭銜，哪個補貼高就拿哪個，名利全撈，一個也不能丟。

如此這般，群眾怎麼看幹部呢，可想而知了。當幹部、做領導，尤其當共產黨的幹部，做人民政府的領導，就得有「吃虧」的準備。為人民大眾「吃虧」絕對沒有壞處。眼前吃虧，最終不會吃虧。人民大眾是有良心的，自己過上好日子，不會讓幹部過孬日子。幹部、領導在為人民大眾謀利益時，也包括了他們自己的利益在內，這就是「我為人人，人人為我」，只不過不要追求分外之所得。

當幹部、做領導的生活待遇不能與企業家或「白領」階層比。要與大眾比，這才合乎邏輯。與大眾相比，幹部、領導的待遇不低了，總體來說是高於大眾的。不以此為滿足，硬要追求「高標準」，那怎麼不脫離群眾呢？怎麼能不「想著」去貪污受賄呢？

幹部、領導首先想到的應當是人民大眾的利益，要全心全意為大眾謀利益，這才是正道。把人民大眾利益，永遠擺到第一位，自己利益放到其次的位置上，這樣人民大眾就會擁戴你，你在大眾心中，就是一個高尚的人，一個純粹的人。否則就是「小人」、偽君子。

第五，吃喝與其它

幹部吃喝風，越演越烈，據說，每年財政支出上千億元。從中央部門到鄉、村一級政權都有所謂「招待費」。

這筆錢，用來做什麼不好呢？中央三令五申，不准大吃大喝，可是誰聽了呢？我行我素，照吃不誤。「不吃白不吃，吃了也白吃，吃不吃？吃。」老百姓起初意見很大，現在已司空見慣，習以為常，不再反對了。甚至認為，只要給我們帶來更多的利益，給企業帶來更大的好處，吃點、喝點也沒什麼！

真的是沒什麼嗎？不是。這是百姓無可奈何的感歎！其實吃喝風的危害，遠不只是財政的巨大支出，同時也腐化了黨風、政風與民風。有歌謠唱道：「筷子一舉，可以可以」，「酒杯一端，政策放寬」。受損害的是百姓的利益，國家的財產。俗話說：「吃人家的嘴軟，拿人家的手短。」吃、喝完了，就沒事了嗎？不！你要給人家辦事，須知「沒有免費的午餐」。

歷史的教訓不可忘記。1963 年「四清」時有個說法：「懶、饞、占、貪、

變」。越呆越懶，越吃越饞，越占越想占，越貪越想貪。最後的結局，就是蛻化變質。這是規律。因此，奉勸諸位幹部、領導，別受商人吃吃喝喝的風氣影響，他們可以，而領導、幹部不可以。因為，若如此，你就不能秉公執法，照章辦事。

領導、幹部從前到農村、工廠辦事，或檢查工作，多半吃「派飯」，如到百姓家，與之同吃，或到職工食堂，與職工共進餐，吃完了要付錢與糧票，這是聯繫群眾的好作風。

如今，經濟發展了，生活改善了，確實沒必要再吃「派飯」，或進職工食堂吃粗茶淡飯了。但按中央規定，最多「四菜一湯」，也就可以了。或吃「自助餐」、「份餐」也可以。這樣既節儉，又不浪費，何樂而不為呢？節儉與群眾同甘共苦，打成一片是好傳統，千萬丟不得。

以上五點，全都是從思想認識上講的，但到此為止，還不能解決腐敗問題。

要解決腐敗問題，必須從制度上、機制上想辦法。

這辦法是什麼？有以下幾點，可以考慮。

第一，以法治吏。研究、制定公務員《從政法》，或《公務員道德法》。學習西方國家的經驗，國務院、全國人大及各級政府、人代會均應設道德辦公室，以咨詢、指導公務員的行為，凡違背道德法，或從政法者，都要受到批評教育或給予處罰。

第二，改善黨的領導體制。黨權應當是有限的，而不是無限的。黨的第一書記權力必須受到黨章、憲法的制約。從根本上肅清封建餘毒，廢除一切特權，剷除家長製作風。

黨的領導依毛澤東的原本思想是「出主意，用幹部」。黨制定方針政策，通過黨在各級政府部門的幹部貫徹執行。黨的領導機關予以監督、指導。黨政分開，不可以黨代政，越俎代庖。否則黨要管黨就是一句空話。

精簡黨的機構與人員，多採用兼職，否則兩套國家管理機構，不僅政出多門，機構重疊，人浮於事，而且百姓不堪重負。所謂「減負」，就泡湯了。

黨的機構、領導方式應與時俱進，進行改革，不能幾十年不變。什麼都可以改，唯黨的領導體制不改，是不合理的，與當今這個時代不合拍。

第三，調整或頒佈國家、政府組織法，或編製法。政府機關，從中央到地方，應設什麼機構，應有多少幹部或公務員，必須明確，多一個也不行，

工資卡死。更不可因人設廟，因人設事。否則，吃皇糧的人太多，「食之者眾，生之者寡」是危險的。

第四，改善監督機制，讓監督部門真正發揮其監督作用。現在紀委在同級黨委的領導下，對同級黨委實行監督，這是不可能的，事實也證明是無法監督的。這樣下去，紀委只能監督普通黨員，不能監督或不能充分監督黨的領導幹部，這種狀況必須改變。

人大代表對政府行使監督職能，可是人大代表許多是各部門、各地方黨政一把手，這不合理，也不符合現代民主政治的要求，根本無法監督政府。因為這等於自己監督自己。因此，黨政官員應不做人代會代表，但可列席會議。以便更好地聽取人大代表對政府工作的批評與建議。

第五，新聞立法，給新聞機構以更多、更大的輿論監督權力。西方的新聞機構，被稱作「第四種權力」，新聞記者被稱為「無冕之王」，中國不必完全學習西方，因為我們有自己的國情。但新聞機構的監督權的本質沒有原則性差別。

新聞立法，要保護新聞記者的言論自主與自由，免受政府的不必要干涉，並保障其人身與工作的安全。否則，像現在這樣，新聞記者的監督如對政府、領導幹部的違法行為的曝光，受到限制，或要經哪一級領導批准。無疑，這種監督不會真正起到監督作用，對國家的長治久安、社會的穩定都是不利的。當然政府或領導幹部不必擔心造謠、誹謗之類的事情發生。如果發生此類事件，那麼以誹謗問罪，繩之以法就是了。

與此同時，應允許老百姓在報章雜誌上發表對國家大事的意見和看法，開展對領導幹部的批評，實行「言者無罪，聞者足戒」，「有則改之，無則加勉」的政策。任何藉口「穩定」不准百姓發表不同政見，不准百姓批評的做法，都是背離民主政治的方針、且與共產黨宗旨與傳統背道而馳的。